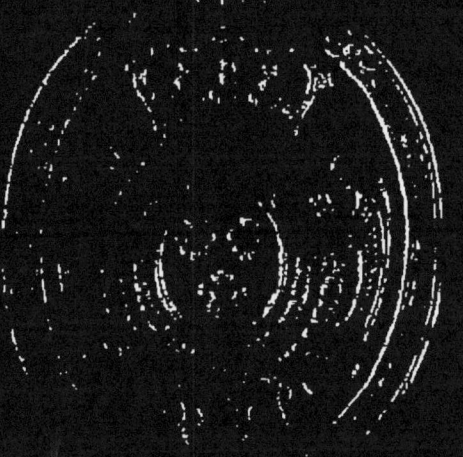

NOUVEAU VOYAGE AUX ISLES DE L'AMERIQUE,

CONTENANT

L'HISTOIRE NATURELLE DE CES PAYS, l'Origine, les Mœurs, la Religion & le Gouvernement des Habitans anciens & modernes.

Les Guerres & les Evenemens singuliers qui y sont arrivez pendant le long sejour que l'Auteur y a fait.

Le Commerce & les Manufactures qui y sont établies, & les moyens de les augmenter.

Avec une Description exacte & curieuse de toutes ces Isles.

Ouvrage enrichi de plus de cent Cartes, Plans, & Figures en Tailles-douces.

TOME SIXIEME.

A PARIS, AU PALAIS,
Chez GUILLAUME CAVELIER, dans la Grand-Salle, à l'Ecu de France, & à la Palme.

―――――――

M. DCC. XXII.
Avec Approbation & Privilege du Roy.

TABLE
DES CHAPITRES
contenus en la sixiéme Partie.

CHAP. I. DU Cacao, de sa culture, de ses proprietez, des differentes manieres d'en composer le Chocolat, & de s'en servir, pag. 1.

CHAP. II. Les Anglois s'assemblent à l'Isle de Mariegalante pour attaquer la Guadeloupe. Précautions du Gouverneur de cette Isle. Etat de ses troupes, 117

CHAP. III. Les Anglois s'approchent de la Basse-terre de la Guadeloupe. Ce qui se passa entre eux & nous jusqu'au jour de leur descente, 142

CHAP. IV. Les Anglois mettent leurs troupes à terre. Ce qui se passa depuis leur descente jusqu'à l'abandonnement du Bourg de la Basse-terre, 162

CHAP. V. Ce qui se passa de part & d'autre jusqu'à l'arrivée du secours de la Martinique, 187

CHAP. VI. Arrivée du secours de la Martinique, & ce qui se passa jusqu'à l'abandonnement du Fort, 202

CHAP. VII. Les Anglois entrent dans le Fort. Ils sont battus à la riviere des Gallions. Leur entreprise sur les trois Rivieres, 241

TABLE DES CHAPITRES.

CHAP. VIII. *L'Auteur se va reposer chez le Sr de Rochefort, au petit Cul-de-sac. Description de ce Quartier : des arbres appellez Cedres ou Acajous : des Pruniers de Monbin, & autres arbres,* 299

CHAP. IX. *Changemens qui arrivent dans la Mission des Jacobins. L'Auteur retourne à la Martinique, & est chargé du soin du Temporel,* 315

CHAP. X. *Remede dont les Missionnaires se servent pour guérir les Payens obsedez. Quelques pratiques des Negres. Etat des Missions des Jacobins,* 326

CHAP. XI. *Maladie extraordinaire dont les Bestiaux furent attaquez, qui tombe ensuite sur les Negres,* 339

CHAP. XII. *L'Auteur fait achever leur Convent du Moüillage. On le fait Superieur de la Martinique, & Vice-Prefet Apostolique. Flotte Angloise,* 347

CHAP. XIII. *Voyage de l'Auteur à la Guadeloupe. Ses diverses avantures. Combat naval,* 356

CHAP. XIV. *Des Poissons & des Coquillages que l'on trouve aux Isles d'Aves,* 401

CHAP. XV. *De l'Isle à Crabes, de Saint Thomas, & des Vierges,* 419

CHAP. XVI. *Des Isles de Saint Martin & de Saint Barthelemi. Prise d'un Navire Anglois,* 442

Fin de la Table des Chap. de la sixiéme Partie.

AVERTISSEMENT.

LA Compagnie des Libraires chez qui l'on trouve à Paris ces nouveaux Voyages, donnera incessament au public une Histoire generale d'Espagne, contenant ce qui s'est passé de plus remarquable pendant l'espace de 1800. ans sous la domination des Romains, des Vandales, des Gots, des Maures, de la Maison d'Austriche, & de la Maison de Bourbon à present regnante, jusqu'à la prochaine Paix de Cambray. Cet Ouvrage avoit été commencé par M. l'Abbé Dupin, & a été continué par Mr. l'Abbé de Belgarde. Il contiendra 3 vol. in 4 & 8, ou 10. in 12. que l'on fera imprimer tout à la fois.

Tout ce qui peut exciter l'attention d'un Lecteur curieux se trouvera rassemblé dans l'Histoire generale d'Espagne, soit par rapport à son antiquité, soit par rapport à la varieté des faits dont elle est embellie ; car on peut dire qu'on y trouve avec la verité le même agrément que dans les Histoires inventées à plaisir.

Tant de revolutions, tant de changemens de gouvernemens & de dominations sous des peuples barbares & policez fournissent une infinité d'evenemens qui réjouissent, qui surprennent & qui instruisent agréablement le Lecteur.

Si l'on veut remonter jusqu'à l'antiquité la plus reculée, on trouvera que les Celtes peuplerent les Gaules, les Isles Britanniques & l'Espagne. Les Pheniciens succederent aux Celtes, & passerent d'Afrique en Espagne où ils firent plusieurs découvertes le long des côtes de la Mer Mediterranée. Les Cartaginois firent aussi des tentatives pour s'établir dans quelques endroits de l'Espagne. Les Romains qui vouloient tout envahir & se rendre maîtres de l'Univers, leur firent la guerre, & les chasserent d'Espagne.

Dans la décadence de l'Empire Romain les Vandales, peuples barbares, s'emparerent de l'Espagne. Les Gots y vinrent ensuite, & furent chassez par les Maures dont la domination a duré en Espagne pendant sept ou huit siecles.

AVERTISSEMENT.

Enfin, Ferdinand le Catholique ayant renversé le Thrône du Roi de Grenade, chassa les Maures d'Espagne & les obligea de repasser la mer pour retourner en Afrique. Depuis la mort de Ferdinand Charles-Quint & les Princes de la Maison d'Austriche ont gouverné l'Espagne jusqu'à Philippe V. de la Maison de Bourbon, qui regne presentement, dont le Prince des Asturies son Fils aîné & l'heritier présomptif de la Couronne d'Espagne, vient d'épouser Mademoiselle de Montpensier fille de Mr le Regent.

MEMOIRES

MEMOIRE
DES
NOUVEAUX VOYAGES
Faits aux Isles Françoises
de l'Amerique.

SIXIÉME PARTIE.

CHAPITRE I.
Du Cacao, de sa culture, de ses proprietez, des differentes manieres d'en composer le Chocolat, & de s'en servir.

MONSIEUR DE CAILUS Ingenieur General des Isles Françoises & Terre-ferme de l'Amerique, vient de publier un Traité si complet du Cacao sous le titre d'Histoire naturelle du Cacao, qu'il semble que j'aurois dû me dispenser de donner au Public les remarques que j'ai fait sur cette matiere.

Tome VI.   A

En effet, il est difficile d'entrer dans un détail plus curieux, plus exact & mieux circonstancié que le sien, écrit avec plus de pureté, & dans des termes de botanique & de pharmacie aussi bien choisis. Il a parlé en maître, & semble avoir épuisé la matiere. Il a demeuré plusieurs années aux Isles, il s'y est fait une habitation où il a cultivé le Cacao, & il s'étoit posté au centre de la Martinique dans un endroit très-propre à la culture des arbres qui portent ce fruit, qu'il a suivi dans toutes ses circonstances avec une exactitude merveilleuse.

J'avois vû ses remarques avant qu'il les fit imprimer, & il avoit eu les miennes entre les mains pendant un assez long-tems, aussi-bien que mon traité du Sucre, qui auroient été imprimées bien auparavant les siennes, si mes incommodités ne m'en avoient point empêché. Cela ne gâtera rien, le Public aura deux Traitez au lieu d'un. Il trouvera dans l'un ce qui aura échapé à l'autre; car j'ai demeuré bien des années aux Isles, j'ai eu la conduite de nos biens pendant plus de dix ans; & comme il paroît par ce que j'ai écrit sur bien des matieres, qu'on ne peut guéres avoir été plus laborieux & plus curieux que je l'ai été, pour m'informer de tout ce qui regarde les Isles, j'espere qu'on trouvera encore la même chose dans ce que je vais dire du Cacao.

Le Cacao est le fruit d'un arbre appellé Cacoyer ou Cacaotier. On dit Caco & Cacoyer aux Isles. On dit Cacao & Cacaotier par tout ailleurs. Les François qui sont les derniers établis à l'Amerique ne doivent pas, ce me semble, joüir du privilege d'imposer des noms; cela est dû aux Espagnols, puisqu'ils ont découvert le Païs; & puisqu'ils disent Cacao, je le dirai comme eux.

D'ailleurs il me paroît qu'en disant & écrivant Cacao & Cacaotier, on empêche de confondre deux fruits & deux arbres très-differens en grandeur, en feüilles & en fruits qui sont les Cocotiers & les Cacaotiers, dont les premiers produisent les grosses noix, appellées Cocos, & les autres les Cacaos, dont on fait le Chocolat.

Le Cacao est aussi propre à l'Amerique, que le Caffé l'est à l'Arabie, & le Thé à la Chine & autres païs voisins.

Les Ameriquains s'en servoient avant que les Espagnols entrassent dans leur païs; ils en faisoient leurs delices, & y

A ij

étoient tellement accoûtumez, qu'ils regardoient comme la derniere de toutes les miseres de manquer de Chocolat, qui est le breuvage composé de ce fruit. C'est d'eux dont les Espagnols en ont appris l'usage & la préparation qu'ils ont ensuite perfectionné en y mêlant plusieurs ingrédiens qui le rendent plus agreable au goût & à l'odorat, que n'étoit celui dont les Indiens se servoient : nous examinerons ci-après s'ils ont bien ou mal fait.

Les arbres qui portent le Cacao croissent naturellement & sans culture dans une infinité de lieux de l'Amerique, qui sont entre les deux Tropiques. On en trouve des Forêts entieres aux environs de la Riviere des Amazones, sur la côte de Caraque & de Cartagene, dans l'Ithme de Darien, dans le Iucatan, les Hondures, les Provinces de Guatimala, Chiapa, Soconusco, Nicaragna, Costaricca & bien d'autres endroits qu'il seroit trop long de rapporter. Les Isles de Couve ou Cuba, Saint Domingue, la Jamaïque & Port-ric en ont quantité qu'on regarde à present comme sauvages, par rapport à ceux que l'on cultive, quoique dans la verité les fruits des uns & des autres soient également bons ; &

que s'il y avoit quelque préference à donner, je la donnerois assurément aux sauvages, & je ne suis pas seul de ce sentiment.

Les Antisles que l'on appelle petites Isles par rapport aux quatre grandes dont je viens de parler, n'ont pas été privées de ce fruit, sur tout la Martinique, la Grenade & la Dominique ; & comme on en a trouvé dans ces trois Isles, il peut y en avoir dans les autres qui sont habitées par les Anglois, & par les Sauvages. Il est vrai que je n'en ai point trouvé dans la Guadeloupe, quoique j'aie assez couru les bois de cette Isle ; mais cela ne prouve pas qu'il n'y en ait point. Ce qu'il y a de certain, c'est que les arbres de cette espece que l'on y cultive, y viennent en perfection, & rapportent de très-beaux fruits.

Il faut pourtant avoüer que la Martinique est celle de nos Antisles où les Cacaotiers viennent le plus aisement. On en a trouvé crûs naturellement & sans culture dans les bois, dans des endroits, qui assurément n'ont jamais été défrichez, ni habitez, qui ne le sont pas encore, & qui, selon les apparences, ne le seront de long-temps. On en a vû dans les Terres d'un Gentilhomme de

1696

Les Cacaotiers sont naturels à la Martinique.

la Paroisse de Sainte Marie, appellé M. de Merville, qui par leur hauteur, leur grosseur & la beauté de leurs fruits donnoient des marques d'une extrême vieillesse. Un nommé Brindacier fameux chasseur, & plusieurs autres personnes, qui ont été souvent à la chasse des Cochons-Marons, dans les lieux les plus éloignez du bord de la mer, & comme au centre de l'Isle, m'ont assuré d'en avoir trouvé dans plusieurs endroits ; & il est probable que ces arbres se seroient multipliez bien davantage, sans leur extrême delicatesse, & si leurs fruits tombant à terre n'avoient pas été dévorez par les animaux. Ces découvertes suffisent, à mon avis, pour prouver que ces arbres croissent aussi naturellement & aussi-bien à la Martinique que dans tout le reste de la Terre-ferme de l'Amerique.

Malgré ces avantages les François n'ont commencé à les cultiver que vers l'année 1660. Un Juif nommé Benjamin Dacosta fut le premier qui planta une Cacaotiere, c'est-à-dire, un plan ou verger de ces arbres ; mais les Isles ayant passé des mains des Seigneurs particuliers & propriétaires en celles de la Compagnie de 1664. les Juifs furent

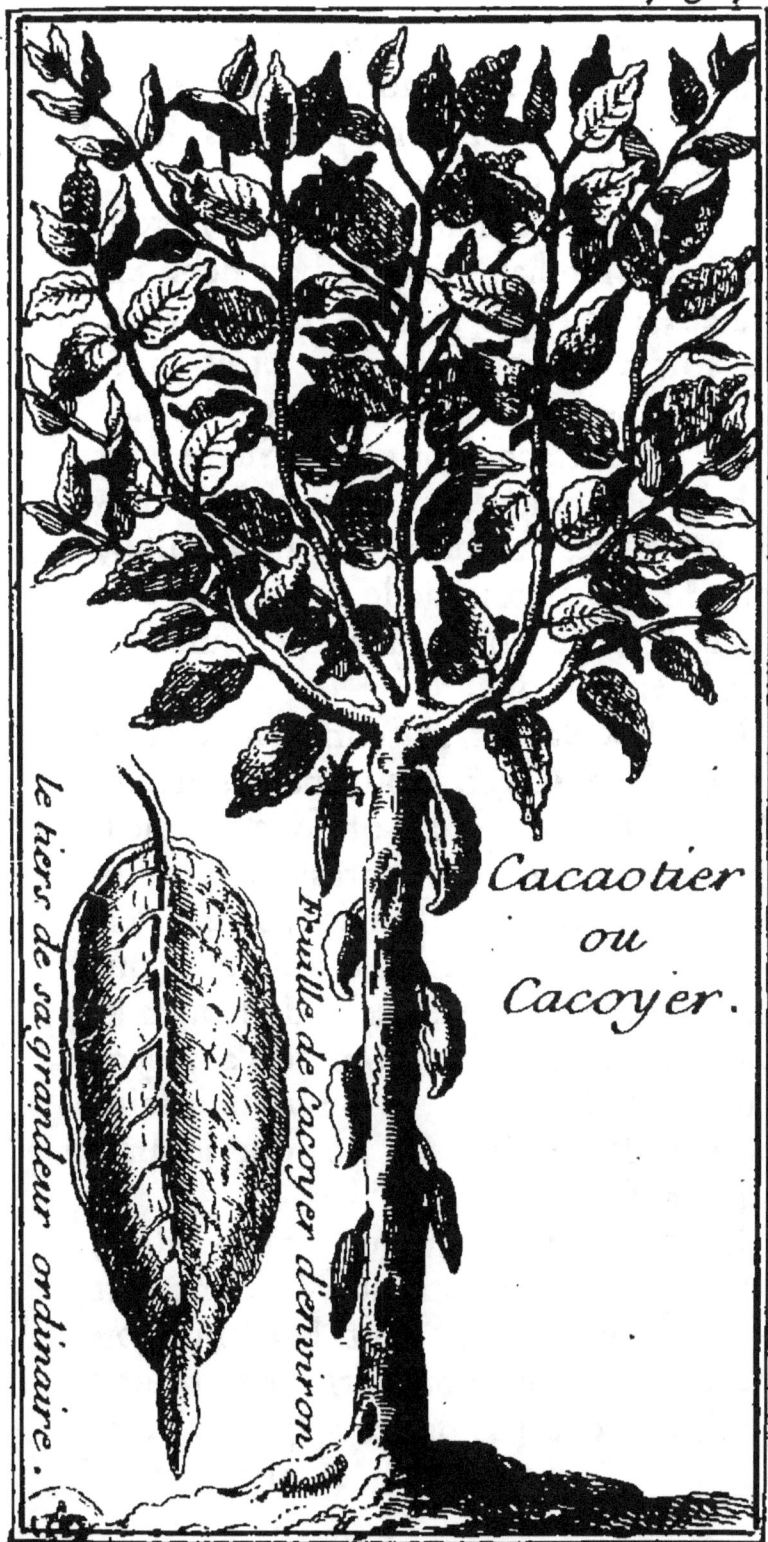

chaffez, & cette Cacaotiere étoit enfin tombée au S. Guillaume Bruneau Juge Roïal de l'Ifle en 1694.

Cependant comme le Cacao n'étoit pas une Marchandife d'un bon debit en France, parce que le Chocolat n'y étoit pas fort en ufage, & qu'il étoit chargé de très-gros droits d'entrée, les habitans ne s'attachoient qu'au Sucre, au Tabac, à l'Indigo, au Rocou, au Coton, & autres femblables marchandifes, dont le debit étoit facile & avantageux par la grande confommation qui s'en faifoit en Europe.

Le Chocolat étant enfin venu à la mode, & le Cacao trouvant des débouchemens de tous côtez, on fongea ferieufement à cultiver les arbres qui produifent le Cacao vers l'année 1684: c'eft à peu près l'âge des Cacaotieres, qui ont fuivi de plus près celle de Benjamin Dacofta, & dont le nombre s'augmenteroit tous les jours, fi on vouloit faire un peu d'attention fur ce que je dirai dans la fuite.

Le Cacaotier fauvage, c'eft-à-dire, celui qui n'eft point cultivé, vient fort grand, fort gros & fort branchu ; on arrête celui que l'on cultive de maniere qu'il n'excede pas douze à quinze pieds de hauteur, non seulement afin d'avoir plus de facilité à cueillir le fruit, mais encore afin qu'il soit moins exposé au vent & au trop grand air; car c'est un arbre d'une delicatesse surprenante. Son écorce est brune, vive, mince & assez adhérante au bois qui est blanchâtre, leger & poreux; il a ses fibres longues, droites, point meslées, assez grosses, & ne laisse pas d'être souple. En quelque saison qu'on le coupe, on y remarque beaucoup d'humidité & de séve: ce qui peut venir aussi-bien de sa nature que du terrain où il veut être planté, qui doit être de bon fond, frais & humide. Dès qu'en taillant une branche on n'y remarque pas une abondante séve, on peut compter que l'arbre n'a pas long-temps à vivre.

La feüille est pour l'ordinaire de huit à neuf pouces de longueur; elle en a quelquefois davantage, rarement moins, si ce n'est à des arbres avortez ou plantez dans un méchant fond. Elle a dans sa plus grande largueur un peu plus du tiers de sa longueur. Elle est pointüe par les deux bouts, & attachée aux branches par une queüe forte & bien nourrie, de deux à trois poûces de longueur. Sa couleur par-dessus est d'un verd vif,

& plus chargé par-deſſous. Le contour de la feuille, à commencer à ſon plus grand diametre juſqu'à ſa pointe, eſt d'une très-belle couleur de chair ; & cette partie eſt ſi tendre & ſi delicate, que le moindre vent, ou les raions du ſoleil la grillent très-facilement. Les fibres ou nervures qui ſoûtiennent la feuille approchent beaucoup de celles de la feuille du Ceriſier, leur nombre dépend de la grandeur de la feuille.

On ne voit jamais cet arbre entierement dépouillé de ſes feuilles, celles qui tombent ſont remplacées auſſi-tôt par celles qui ſont prêtes à paroître.

Il fleurit & porte du fruit deux fois chaque année, comme preſque tous les arbres de l'Amerique. On pourroit même aſſurer qu'il produit pendant toute l'année, puis qu'on ne le trouve jamais ſans fleur ou ſans fruit. Cependant les recoltes les plus abondantes ſe font vers les Solſtices, c'eſt-à-dire, vers Noël & la Saint Jean ; avec cette difference pourtant que celle de Noël eſt toûjours la meilleure.

Fleurs du Cacaoyer.

Si on conſidere le fruit du Cacaotier il y a lieu de s'étonner qu'un ſi gros fruit vienne d'une ſi petite fleur. Je croi que c'eſt une des plus petites qu'il y ait au monde. Le bouton qui la renferme n'a pas deux lignes de diametre, ni trois de hauteur. On y remarque pourtant dix feuilles, lorsqu'il est ouvert, qui forment une petite coupe ou calice, au centre duquel est un petit bouton allongé, cantonné ou environné de cinq filets & de cinq étamines. Les feuilles sont de couleur de chair pâle avec des taches & des pointes rouges. Les filets sont d'un rouge de pourpre, & les étamines sont d'un blanc argenté, & le bouton est d'un blanc plus matte : c'est ce bouton qui produit le fruit. Ces fleurs n'ont aucune odeur; elles ne viennent jamais seules, mais toûjours par bouquets dont la plûpart tombent à terre, aussi-bien l'arbre ne pourroit ni soûtenir les fruits, si toutes les fleurs noüoient, ni leur donner la nourriture necessaire.

On ne voit point ces fleurs au bout des branches comme aux arbres d'Europe, elles sortent depuis le pied de l'arbre, jusqu'au tiers ou environ des cinq grosses branches. On remarque qu'elles naissent aux endroits où il y avoit eu des feuilles lorsque l'arbre étoit encore jeune; comme si ces endroits, où l'on voit encore la marque de la queüe de la feuille, étoient plus tendres

& plus faciles à pénétrer, ou à s'ouvrir que le reste.

Les fruits qui succedent à ces fleurs ressemblent à des Concombres pointus par un bout, partagez dans toute leur longueur comme les Melons à côtes, parsemez de petits boutons & autres inégalitez. L'écorce de ce fruit selon sa grosseur & l'âge de l'arbre qui l'a porté, peut avoir depuis trois jusqu'à cinq lignes d'épaisseur, & le fruit entier depuis sept jusqu'à dix poûces de longueur, sur trois à quatre pouces de diametre. {Fruits de Cacao.}

La grosseur de ce fruit fait sentir la raison pourquoi la nature l'a placé au tronc de l'arbre & au gros des cinq branches principales qui sortent de la tête de l'arbre; car s'il venoit au bout des branches, il seroit impossible à l'arbre de soûtenir un fardeau si pesant, les branches romperoient, & le fruit seroit perdu.

On remarque des Cacaos de trois couleurs; les uns sont d'un blanc pâle, tirant un peu sur le verd; les autres sont d'un rouge foncé; les troisiémes sont rouges & jaunes. Cela se doit entendre de l'écorce; car le dedans & les amandes qui y sont renfermées, sont toutes de la même couleur, même substance, même goût; ce qui fait que ces trois {Couleurs des Cosses.}

A vj

couleurs ne font pas trois especes de Cacaos. Il n'y en a qu'une seule dans les Isles comme dans la Terre-ferme, n'en déplaise à François Ximenés & autres Ecrivains qui l'ont coppié, qui en font quatre especes, parce qu'ils ont vû des arbres de quatre grandeurs differentes, sans faire refléxion que cette difference de grandeur & de grosseur peut venir de l'âge de l'arbre, du terrain où il est planté, de son exposition au soleil, ou au vent, & des accidens qu'il a eu dans sa croissance.

C'est peut-être la bevüe de cet Ecrivain qui a engagé le Sr. Pomet Marchand Epicier Droguiste de distinguer le Cacao en gros & petit Caracque, gros & petit des Isles. Je n'ai jamais entendu parler de cette distinction, ni en Amerique, ni en Espagne, ni en Italie. Je conviens qu'on trouve des amandes de Cacao plus grosses les unes que les autres, comme on trouve sur un même Pommier des pommes de differentes grosseurs; mais comme on ne s'est pas encore avisé de faire des differentes especes de pommes, à cause de cette seule circonstance, aussi les gens de bon sens ne doivent pas faire quatre sortes de Cacaos, à cause qu'ils trouvent des amandes de groffeurs differentes. Je leur enfeignerai dans la fuite à connoître le Cacao de Caracque d'avec celui des Ifles Antifles & celui de Saint Domingue, Couve, & la nouvelle Efpagne.

Les Coffes, comme on dit aux Ifles, ou les Gouffes, pour parler plus correctement, font d'une couleur de chair pâle par dedans. Elles renferment une fub- stance, pulpe ou mucilage de couleur de chair pâle, affez legere, & très-delicate, imbibée d'une liqueur aigrette, à peu-près du goût des pepins de Grenade.

Amande des de Cacao.

C'eft cette pulpe qui environne les amandes que nous appellons Cacao; elles y font attachées par des petits filamens extrémement delicats, qui partent du gros bout de l'amande qui y portent la nourriture, & la fait croître.

On trouve prefque fans y jamais manquer vingt-cinq amandes dans chaque Coffe. Il eft très-rare d'en trouver moins, fi ce n'eft dans des Coffes avortées, ni d'en trouver un plus grand nombre. Les arbres qui font puiffans, bien nourris & de dix à douze ans, n'en portent pas plus que les jeunes, mais elles font plus groffes; & c'eft toute la difference que j'ai remarqué dans les Cacaotiers des

Isles du Vent & de Saint Domingue. Comme je n'ai point vû ceux de la Côte de Caracque & de la nouvelle Espagne, je n'en puis pas parler positivement. Je croi pourtant, & avec une probabilité assez bien fondée, que c'est la même chose qu'aux Isles, & que la grosseur des amandes supplée au nombre qui seroit necessaire pour remplir la capacité des Cosses, qui sont assurément plus grosses.

Les Amandes, Graines ou Cacaos des Isles sont longues depuis neuf jusqu'à douze lignes ; elles sont plus ovales que rondes, pointuës par les deux bouts, mais inégalement, y aiant un bout plus gros que l'autre ; elles ont depuis cinq jusqu'à sept lignes de diametre. La chair en est blanche, tirant tant soit peu sur la couleur de chair. Elle est compacte, assez pesante pour son volume ; lorsqu'on la tire de la Cosse, elle est huileuse & amére, fort douce au toucher & couverte d'une pellicule de même couleur, fort unie.

Lorsqu'on tire de terre des graines qui y ont sejourné deux ou trois jours, & qui se disposent à rompre leur enveloppe, on voit que la substance de l'amande n'est autre chose que deux feuilles plisfées & engagées l'une dans l'autre d'une maniere admirable, qui partent d'un petit pistille rond & long d'environ une ligne, posé au gros bout de l'amande, qui est le germe de l'arbre, & qui pousse en terre la racine qui le soûtient & qui le nourrit.

Le Cacao des Isles du Vent est le plus petit. Celui de Saint Domingue, de Couve & de Port-ric est de même figure, c'est-à-dire, comme je viens de le décrire, mais toûjours plus gros, mieux nourri, & plus pesant. Celui de la Côte de Caracque est plus plat & plus grand, & ressemble beaucoup à nos grosses féves de marais : voila toute la difference que l'on remarque entre tous les Cacaos.

Lorsqu'ils sont secs, ils sont tous d'un rouge brun. Je ne sçai où le Capitaine Dampiere a appris qu'il y avoit des Cacaos blancs. Je sçai par une infinité de personnes qui ont trafiqué au Mexique, aux Côtes de Guatimala, de Cartagene & de Caracque, qu'ils n'ont jamais entendu parler de cette espece de Cacao ; mais ce n'est pas la plus grosse bevetie de cet autheur.

Ce que je viens de dire suffit pour donner une Idée assez distincte du Cacaotier & de son fruit, dont je décrirai la nature, l'usage & les propriétez, après que j'aurai donné la maniere de planter & de cultiver l'arbre qui le porte, celle d'en accommoder le fruit pour le transporter dans toutes les parties du monde, & d'en connoître la bonté ou les défauts.

Choix du terrain pour une Cacaotiere

En parlant de la maniere dont on fait les nouveaux défrichez, ou les nouvelles habitations, j'ai dit que ceux qui destinoient leur terrain pour faire une Cacaotiere, devoient avoir un soin tout particulier de laisser de fortes lizieres de grands arbres qui environnent cet endroit, ou du moins qui le couvrent sur tout du côté qui est exposé aux vents reglez qui soufflent ordinairement dans le païs. Mais comme il peut arriver de grands accidens par la chute de ces arbres, lorsqu'ils sont renversez par quelque ouragan, il est plus seur de faire des lizieres doubles ou triples d'orangers, de corossaliers, ou de bois immortel, parceque ces arbres par leur souplesse resistent puissamment au vent, & qu'au pis aller leur chute ne peut être d'une extrême consequence, c'est-à-dire, qu'ils ne peuvent pas briser, en tombant, les Cacaotiers qui seroient à côté d'eux, comme des arbres plus gros & plus branchus ne manqueroient pas de faire. Je dois encore adjoûter à cet avis, qu'il est très-bon de couvrir ces lizieres de quelques rangs de bananiers & de figuiers du païs. Ce que j'ai dit de ces plantes dans ma premiere partie, & la description que j'en ai fait, montre qu'elles croissent fort vîte, qu'elles garnissent beaucoup, & font un très-bon abri, outre l'utilité qu'on trouve dans leur fruit.

Ce n'est pas assez qu'une terre soit bien à couvert des vents, il faut qu'elle soit vierge, quand on la veut mettre en Cacaotiere ; c'est-à-dire, qu'elle n'ait jamais servi. Les Cacaotiers demandent tout le suc & toute la graisse de la terre. L'expérience a fait connoître à plusieurs habitans qu'il est inutile de les planter dans des terres qui ont servi, quoiqu'on les ait laissé reposer pendant plusieurs années ; & que quelque soin qu'on se donne, ou ils ne viennent point ; ou s'ils viennent, ils durent très-peu, & ne rapportent jamais de beau fruit, ni en abondance. La raison de cela est que le Cacaotier est un arbre extrêmement delicat dans toutes ses parties ; il ne pousse qu'une seule racine, assez petite

& tendre, qui ne penetre dans la terre qu'à proportion de la facilité qu'elle trouve à y entrer, & à s'y nourrir. Il est vrai que cette racine principale qui est comme le pivot de l'arbre, est accompagnée de quelques autres plus petites, mais qu'on ne peut regarder que comme de la chevelure qui s'étend autour du pied de l'arbre sans entrer dans la terre plus de deux ou trois pouces ; de sorte que si la terre est dure, seche & usée, comme sont toutes les terres des Isles pour peu qu'elles aient servi, la racine principale n'a pas assez de force pour la percer & la pénetrer, & elle est contrainte de se recourber sur elle même, d'où il arrive, que ne trouvant pas la fraîcheur & la graisse qui lui est necessaire, elle se seche bien-tôt, & l'arbre qu'elle soûtenoit a le même sort ; au lieu que quand elle rencontre une terre neuve, qui n'a point été foulée, & qui a encore toute sa force, elle la pénetre aisément, elle s'y étend, s'y fortifie ; & y trouvant la fraîcheur & le suc en abondance, elle produit un bel arbre, & des fruits en quantité.

Il faut encore avant de se déterminer à mettre un terrain en Cacaotiere, le sonder en plusieurs endroits ; car rien n'eſt ſi ordinaire que de trouver des terres graſſes & belles, chargées de beaux arbres, & qui cependant n'ont pas de profondeur. J'ai remarqué dans un autre endroit que les arbres de l'Amerique ont peu de racines en terre ; la nature les ſoûtient par des cuiſſes larges qui occupent beaucoup de terrain, ou par des racines qui courent tout autour de leur pied, n'entrant preſque point dans la terre. Le climat toûjours chaud & humide leur donne le moien de croître & de pouſſer continuellement & ſans interruption, ſans que leur racine travaille ſous terre, comme il arrive dans les païs froids, ou du moins dans ceux où l'hiver ſe fait ſentir, dans leſquels la racine croît & ſe fortifie dans la terre, pendant que le reſte de l'arbre demeure dans l'inaction. Le Cacaotier eſt preſque le ſeul des arbres de l'Amerique dont la racine pouſſe en terre ſans interruption, & ſans que l'arbre ceſſe de croître, & de produire des fleurs & des fruits ; c'eſt pour cela qu'il a beſoin d'une terre profonde ; de ſorte que ſi à quatre, cinq, ou ſix pieds au deſſous de la ſurface de la terre il ſe trouve des bancs de rocher, ou des amas de pierres, il eſt certain que dès que la racine y est arrivée, elle se recourbe sur elle même, elle cesse de profiter, & l'arbre qu'elle entretenoit, dépérit à veüe d'œil.

Il n'en est pas de même des terrains où l'on trouve du sable à une distance raisonnable au dessous de la superficie, ou bien une terre grasse, ou, comme on dit, une terre à potier, ou un terrain graveleux. La racine du Cacaotier s'en accommode ; quoi qu'elle les perce avec peine, elle y pénétre & s'y établit ; & & si elle n'en tire pas autant de suc que d'une bonne terre franche, du moins elle n'est pas obligée de se recourber, ce qui la fait secher infailliblement.

J'ajoute encore une autre qualité au terrain que l'on destine à faire une Cacaotiere. Il faut qu'il soit frais ; les lieux bas, unis, voisins d'une riviere, coupée par quelques petits ruisseaux sont admirables pour cet usage. Il ne faut pas non plus qu'ils soient d'une trop grande étendüe, ni aussi trop resserrez ; les arbres seroient étouffez dans ce dernier cas, & trop exposez au grand air, à la chaleur & au vent dans le premier.

Etendüe des Cacaotieres.

Une Cacaotiere de deux cent pas en quarré, mesure des Isles, c'est-à-dire, de cent toises ou environ, est d'une bonne grandeur. Il vaut mieux separer en plusieurs quarrez de cette grandeur son terrain & les couvrir de bonnes haies, que de l'exposer aux inconveniens dont je viens de parler, en faisant un plan d'arbres d'une plus grande étenduë.

Les revers des costieres, ou les terrains qui ont beaucoup de pente, quelque bonne qualité qu'ils puissent avoir d'ailleurs, ne sont jamais bons à faire une Cacoyere : outre qu'ils sont toûjours plus exposez aux vents & plus difficiles à couvrir, il est certain qu'ils durent très-peu, que les racines des arbres sont bien-tôt dessechées. La raison en est evidente, on ne doit souffrir aucunes herbes sous les Cacaoyeres ; il est donc facile aux eaux qui tombent d'emporter la terre, & d'exposer en très-peu de temps les petites racines rempantes, & ensuite la racine principale à paroître à decouvert & à manquer de fraîcheur, de suc & de nourriture.

Supposé donc que la terre soit telle que je viens de dire, les arbres qui la couvroient, abbatus & brûlez avec leurs souches, les lizieres plantées & en état de parer le vent, aussi bien que les bananiers qui les doivent couvrir, on doit labourer tout le terrain à la houë

Maniere de planter les arbres.

le plus profondément qu'il est possible. Je sçai que bien des gens negligent cette préparation, mais elle m'a toûjours paru necessaire, & elle l'est en effet. Un terrain labouré est plus en état de recevoir également dans toute son étenduë la pluie & les rosées ; on arrache en labourant des racines & de petites souches d'arbrisseaux ou des plantes qui ne paroissent point, & qui venant à croître & à grener, donneroient bien de l'exercice à ceux qui seroient chargez du soin de la Cacaotiere. D'ailleurs un terrain labouré est toûjours plus uni, & par consequent plus aisé à diviser, & à tracer. C'est à quoi on ne manque jamais de travailler aussi-tôt que le terrain est en état. On se sert pour cela d'un cordeau de la longueur de tout le terrain, divisé par des nœuds ou par des marques, de huit en huit pieds, & on plante en terre un piquet à chaque division. Lorsqu'un rang est achevé, on leve le cordeau, & on l'étend à huit pieds de distance des premiers piquets, observant qu'il soit bien pararellement, & que les piquets soient en quinconche. J'en ai dit la raison dans mon Traité du Tabac. Ceux qui en voudront sçavoir davantage, prendront la peine, s'il leur plaît, de consulter M. de la Quintinie dans son excellent Traité du Jardinage & de la culture des arbres ; & c'est ainsi qu'on trace & qu'on partage le terrain que l'on veut planter en Cacaotieres : ce qui fait voir qu'un terrain de cent toises, ou de deux cent pas en quarré peut contenir cinq mille six cent vingt cinq pieds d'arbres.

Il y a des habitans qui plantent leurs arbres à six pieds les uns des autres, & il s'en trouve d'autres qui les mettent de cinq en cinq pieds. Les premiers prétendent que cette distance est suffisante, & que le voisinage des arbres fait que le terrain étant plutôt couvert, les mauvaises herbes y peuvent moins venir, & la Cacaotiere être entretenuë dans la propreté qu'elle doit avoir avec bien moins de travail. Ces raisons seroient bonnes, si la trop grande proximité de ces arbres ne les empêchoit pas de croître, & de trouver suffisament de la nourriture pour porter de beau fruit; car, comme je l'ai dit ci-devant, ces arbres veulent une terre de beaucoup de suc, & produisant comme ils font deux fois chaque année, des fruits très-gros, il est certain qu'il leur faut un terrain considerable, soit pour étendre leur branches, soit pour y trouver de la nourriture.

Ceux qui les plantent de cinq en cinq pieds, ont pour eux la raison que je viens de rapporter des premiers ; en effet les arbres étant proches les uns des autres, couvrent bien-tôt leur terre, & empêchent les herbes d'y croître ; & quand on leur objecte que les arbres sont trop voisins, ils disent que leur intention est d'en couper la moitié dès qu'ils s'appercevront qu'ils commenceront à se nuire les uns aux autres, & de laisser ainsi dix pieds de distance entre les rangs, comme les Espagnols le pratiquent. Il n'y a rien à dire à cela, si on l'executoit ; mais il paroît bien dur à un habitant de couper la moitié de sa Cacaotiere, quand elle rapporte, ou de se priver ainsi de la moitié de son profit ; on aime mieux laisser tous les arbres sur pied, en se flatant qu'ils trouveront assez de quoi s'entretenir, & à la fin on se trouve la duppe de sa folle esperance, & on voit tous les arbres perir les uns après les autres, sans être à temps d'y apporter du remede.

Bien des expériences m'ont convaincu que la plus juste proportion qu'on pouvoit donner aux arbres, étoit de huit pieds de distance des uns aux autres aux

Antilles

Antilles; car aux grandes Isles & à la Terre-ferme où les terres sont plus profondes & plus grasses, on doit y donner jusqu'à dix & douze pieds, afin que les arbres qui sont pour l'ordinaire plus grands & plus gros, aient tout le terrain qui leur est necessaire.

On fait les plans ou allées les plus droites qu'il est possible, non seulement pour l'agrément, mais encore afin de voir avec plus de facilité le travail des esclaves qui peuvent moins se dérober de la veüe du maître, ou du commandeur dans une Cacaotiere bien alignée, que si les arbres étoient plantez au hazard, & en confusion. Outre que dans les recoltes on est moins exposé à laisser du fruit aux arbres, parce qu'on les cüeille en suivant les allées les unes après les autres.

Le terrain étant ainsi disposé, on attend le dernier quartier de la lune, & que le temps soit pluvieux, ou du moins sombre & disposé à donner de la pluye. On prend des Cosses de Cacao, qui sont en état d'être cüeillies, on les ouvre, on en tire les amandes, & sur le champ on les met en terre. Il est certain que si on differoit un peu à les planter après qu'elles sont tirées de la

Maniere de planter les amandes

coſſe, l'air qui agiroit deſſus, les ſecheroit aſſez pour les empêcher de lever.

On met ordinairement trois amandes, ou trois graines, pour parler comme on fait aux Iſles, autour de chaque piquet, éloignées d'environ trois poûces les unes des autres. Si le terrain a été labouré tout recemment, on ſe contente de faire un trou avec un piquet de trois à quatre poûces de profondeur, & d'y couler l'amande enſorte qu'elle y ſoit droite, le gros bout en bas, & on la couvre legerement de terre. Si le terrain n'a point été labouré, on remüe la terre autour des piquets avec un petit inſtrument fait comme le fer d'une houlette, on y fait un trou, & on y introduit l'amande.

La raiſon qui oblige de mettre trois amandes à chaque piquet, eſt afin d'avoir de quoi remplacer celles qui viennent à manquer, comme il arrive aſſez ordinairement. Quand cela ne ſe trouve pas, & que les arbres ont un pied & demi, ou deux pieds de hauteur, on choiſit celui qui eſt de plus belle apparence, pour le laiſſer en place, & on leve les deux autres, pour s'en ſervir à remplir les lieux qui en manquent, ou pour les planter en d'autres endroits

C'est aussi à ce dessein qu'on fait des pepinieres.

J'ai demandé à des habitans habiles pourquoi ils ne plantoient pas toutes leurs amandes en pepiniere pour les lever ensuite, & les planter à demeure dans les terres qu'ils avoient destiné pour cela. Ils m'ont assuré que l'expérience leur avoit appris, que les arbres plantez de cette maniere ne reussissoient pas bien, parceque leur principale racine étant très-delicate, il étoit impossible, quelque soin qu'on se donnât de la tirer de terre sans l'endommager, ou en elle même, ou dans la petite chevelure dont elle est garnie, & de la placer dans un autre endroit, sans changer un peu la situation ou la direction de quelques unes de ses parties, ce qui suffisoit pour l'empêcher de reprendre, & de produire un belle arbre.

J'ai eu occasion plus d'une fois de me convaincre par ma propre expérience de cette verité, & de voir que des arbres ainsi transplantez, mouroient malgré toutes les précautions que j'avois prises, pour mettre la racine en terre sans la comprimer ni la forcer le moins du monde. J'en est fait déchausser plusieurs, & j'ai toûjours trouvé que la racine étoit recourbée au lieu d'être perpendiculaire comme elle doit être ; de maniere que le feul expédient qu'il y a à prendre pour remplir les vuides d'une Cacaotiere, eft de planter des amandes au lieu où les arbres ont manqué, foit que les amandes n'aient pas levé, foit que la tige ait été rompuë ou mangée par des infectes.

La delicateffe extraordinaire du Cacaotier oblige de prendre de grandes précautions, afin qu'il ne foit pas brûlé par le foleil. Les lizieres dont j'ai parlé cidevant ne le peuvent garentir que du vent, le foleil lui eft auffi pernicieux fur tout dans le commencement; c'eft pourquoi on ne manque jamais de planter du Manioc en même temps qu'on met les amandes en terre. On a vû dans la premiere partie ce que c'eft que cet Arbriffeau, il eft inutile de le repeter ici. On fait deux rangées de foffes de *Maniere de couvrir les jeunes Cacaoyers.* manioc dans toutes les allées, de maniere qu'elles font éloignées des piquets d'environ un pied & demi, outre l'avantage qu'on en retire en préfervant les jeunes arbres de la trop brûlante ardeur du foleil, on emploie utilement le terrain par un arbriffeau fi neceffaire qu'on ne s'en peut jamais paffer, ni en avoir jamais trop, & on empêche les mauvaises herbes de croître & de gâter la Cacaotiere; car il faut être d'une exactitude infinie à sarcler & à la tenir propre, rien n'étant si contraire à ces sortes d'arbres que les mauvaises herbes, qui ne manquent jamais de croître dans les terres neuves, qui en consomment tout le suc & la graisse; & qui y produisent une infinité de gros vers, de loches, de mille-pieds, de criquets & autres insectes, qui s'attachent d'abord au Cacaotier, mangent ses feüilles, coupent le bourjeon, & le font mourir en très-peu de jours.

On est obligé de sarcler sans cesse, jusqu'à ce que le Manioc étant dévenu grand, couvre entiérement la terre, & empêche ainsi les mauvaises herbes de pousser.

On arrache le Manioc au bout de douze ou quinze mois ; c'est à peu près le temps qu'il lui faut pour avoir sa grosseur & sa maturité selon son espece; & sur le champ on en plante d'autres, mais en moindre quantité, c'est-à-dire, qu'on ne met qu'un rang de fosses au milieu des allées ; & pour avoir moins de peine à tenir la terre nette, on plante entre le Manioc & les Cacaotiers, des Melons d'eau, ou des Melons ordinaires, des Concombres, des Giraumons, des ignames ou des Patates, parceque les feüilles de ces plantes couvrant la terre, l'empêchent de produire de mauvaises herbes, la tiennent fraîche sans nuire au Cacaotier, & fournissent des choses très-utiles à une habitation.

Il y a des habitans qui plantent le Manioc un mois avant de planter le Cacao. Je les ai imité, quand j'ai eu occasion de le faire, & je m'en suis bien trouvé, parceque ce mois d'avance que le Manioc avoit sur le Cacao, lui donnoit lieu d'être en état de le couvrir, & de le défendre par son ombre des ardeurs du soleil, dès qu'il sortoit de terre, & à moi le temps de sarcler les premieres herbes que la terre produisoit, ce qui n'étoit pas un petit avantage.

Production de l'Amande.

L'Amande est pour l'ordinaire sept ou huit jours en terre, avant de pousser dehors. Plusieurs expériences m'ont assuré qu'elle pousse en même temps par les deux bouts ; Celui qui est le plus gros rompt la pellicule dont l'amande est couverte, & le petit pistille pousse en terre, & fait la grosse racine ; l'autre bout fait l'arbre, & sort de terre couvert de cette même pellicule, comme un bouton qui en s'épanoüissant acheve de la rompre, & la fait tomber. Quand ce bouton est tout-à-fait éclos, on voit qu'il ne renfermoit que deux feüilles plissées & engagées l'une dans l'autre d'une maniere admirable, d'une couleur de chair vive, tendres & delicates au delà de l'imagination.

Quinze ou vingt jours après qu'il est sorti de terre, il a cinq à six poûces de hauteur, & quatre ou six feüilles ; elles viennent toûjours couplées, & s'étendent fort également autour de leur centre commun, qui est toûjours un bouton, au dessous duquel elles sortent à mesure que le tronc s'éleve. A dix ou douze mois, l'arbre à près de deux pieds de hauteur, & douze, quatorze, jusqu'à seize feüilles. A vingt ou vingt-quatre mois, il arrive à la hauteur de trois pieds & demi, & souvent de quatre, & pour lors ce bouton qui avoit toûjours paru au centre des deux dernieres feüilles, s'ouvre & se partage en cinq branches, rarement en six, & jamais en sept. On coupe la sixiéme & la septiéme branche, parce qu'elles gâteroient la division ordinaire des branches de cet arbre, qui fait une partie de sa beauté. Pour lors les feüilles cessent de venir sur le tronc, elles croissent sur les branches maîtresses, qui en s'élevant & grossissant, en produisent d'autres plus petites, pendant que le tronc croît & grossit à proportion de la fraîcheur & du suc que le terrain lui fournit.

Il commence à fleurir à deux ans & demi. Les personnes intelligentes font tomber ces premieres fleurs, afin que l'arbre se fortifie davantage ; à trois ans on en laisse quelques-unes, & lorsqu'il a quatre ans on n'y touche plus, parce qu'il est assez fort pour porter du fruit, sans que cela l'empêche de croître, & de se fortifier ; il augmente en croissant le nombre de ses fleurs, & la beauté de son fruit qui devient plus gros, plus rempli, & de meilleure qualité, à mesure qu'il grossit en vieillissant ou qu'il trouve un meilleur fond, & une nourriture plus abondante.

Accidens qui arrivent aux Cacaotiers. S'il n'arrivoit point d'accidens aux Cacaotiers, il est certain qu'à six ans ils seroient dans leur force & rapporteroient des fruits très-beaux & en quantité ; mais ils sont sujets à tant de disgraces, qu'on regarde comme une espece de miracle, lorsqu'ils arrivent à cet âge sans avoir rien éprouvé de fâcheux.

Les accidens les plus ordinaires qui leur arrivent sont la chute des arbres qu'on a eu l'imprudence de laisser trop proche d'eux, qui par leur pesanteur rompent les branches de ces arbres delicats, & souvent les écrasent entierement. En second lieu les tempêtes & les coups de vent furieux qu'on appellent ouragans leur sont encore plus funestes. Car si les lizieres dont ils sont couverts viennent à être arrachées ou brisées par la violence des vents, les Cacaotiers sont bien-tôt dépoüillez de leurs feüilles, brisez, renversez, déracinez, ou entierement arrachez. J'ai été témoin plus d'une fois de semblables désolations, rien n'est plus triste, ni plus affreux. Si les arbres sont arrachez, & que la maîtresse racine soit tout-à-fait hors de terre, il est inutile de penser à les replanter, c'est un travail perdu, ils ne reprennent jamais : mais s'ils sont renversez de maniere que la grosse racine soit encore en terre, du moins la meilleure partie, il faut bien se garder de les vouloir redresser, l'expérience à fait connoître qu'on achevoit de les faire mourir par cette manœuvre, parce qu'on ébranle de nouveau ce qui a déja souffert, & qu'on ne peut jamais le remettre dans sa premiere situation. Ce qu'il y a à faire dans cette occasion est de couvrir promptement & sans perdre de temps, le pied de l'arbre & tout ce qui paroît de ses racines, avec de bonne terre, & de faire soûtenir avec de petites fourches plantées en terre, le tronc & les principales branches, afin que le poids des feüilles lorsqu'elles auront poussé, & des fruits, ne le fassent pas pancher davantage, & ramper sur la terre. Ces arbres ne laissent pas de produire, & la nature, au bout de quelque temps, produit un jet droit que l'on conserve avec soin pour devenir le tronc de l'arbre, quand il portera du fruit; car pour lors on coupe celui qui étoit panché, & l'arbre se trouve ainsi tout renouvellé.

Mais l'accident le plus funeste qui puisse arriver à une Cacaotiere, & auquel il n'y a point de remede, c'est quand les maîtresses racines trouvent un tuf ou un banc de pierres; car pour lors elles s'étendent inutilement sur la pierre, & n'y trouvant pas de nourriture, elles sont contraintes de se recourber sur elles-mêmes, ce qui suffit pour les faire sécher, & ensuite les arbres qu'elles soûtenoient. C'est pour cette raison que j'ai dit ci-devant qu'il étoit de la derniere importance de bien sonder le terrain avant d'y planter une Cacaotiere, si on ne veut pas travailler en vain, ou tout au plus pour un petit nombre d'années; ce qui ne pourroit manquer de tourner à la confusion & au dommage de ceux qui entreprendroient un établissement sans cette précaution.

Cependant comme il est presque impossible, sur tout dans les petites Isles, de trouver un terrain, quelque bon qu'on se le figure, qui soit sans pierres, on doit être content pourveu que par diverses sondes on ait reconnu que la terre a six pieds de profondeur, & que les pierres qui sont dessous ne font pas un banc.

Depuis la chute des fleurs jusqu'à la parfaite maturité du fruit il ne se passe qu'environ quatre mois ; on reconnoît qu'il est meur, de quelqu'une des trois couleurs marquées ci-devant, qu'il puisse être lorsque l'entre-deux des côtes qui partagent les cosses commence à changer de couleur & à devenir jaune : pour lors on le ceüille. On dispose les negres qu'on destine à cet ouvrage un à un à chaque rangée d'arbres, chaque negre a son panier ; & suivant la file qu'on lui a marqué, il ceüille tous les fruits qui sont meurs, sans toucher à

Maturité du Cacao & maniere d le ceüillir.

B vj

ceux qui ont encore besoin de quelque temps pour le devenir. On n'emploie aucun instrument pour cela, & on ne secoüe point l'arbre, on rompt la queüe qui attache le fruit, en la tordant un peu avec une petite fourchette de bois, ou en l'arrachant ; & lorsque les negres ont leurs paniers remplis, ils les portent à un bout de la Cacaotiere & font une pile ou un amas de tout ce qu'ils ont ceüilli.

Lorsqu'on a ceüilli tout ce qui étoit meur, & que selon la grandeur de la Cacaotiere, ou la quantité du fruit, on en fait une ou plusieurs piles, on tire les amandes des cosses. Pour cet effet les negres coupent avec un couteau les cosses par le milieu de leur longueur, on les brisent en frapant dessus avec une pierre, ou un morceau de bois. On trouve les amandes environnées de la pulpe ou mucillage dont j'ai parlé ci-devant ; on ne prend pas beaucoup de peine à les en separer, on n'en ôte que le plus gros, & on les met dans des paniers pour les porter à la maison.

Il n'est pas necessaire de vuider les cosses aussi-tôt qu'elles sont ceüillies, on peut les laisser en pile dans la Cacaotiere deux ou trois jours, sans craindre qu'elles se gâtent ; le seul danger qu'il y a, est qu'elles peuvent être dérobées ; mais qui a du bien, doit être exposé à en perdre, d'ailleurs il faut donner lieu au proverbe qui dit, qu'il faut que tout le monde vive, larrons & autres. On ne s'avise gueres de porter les cosses à la maison pour les y ouvrir; outre que ce transport seroit penible pour les negres, il engageroit encore à un autre travail qui seroit de transporter autre part les cosses vuides, qu'on a regardé jusqu'à present aussi inutiles que les Marons d'Inde. On les laisse donc pourir dans la Cacaotiere où elles peuvent servir de fumier pour engraisser la terre.

On met les amandes aussi-tôt qu'elles sont à la maison dans des caneaux ou grandes auges de bois, ou dans un quarré de planches un peu élevé de terre. On les couvre de feüilles de balizier, & de quelques nattes, & on met dessus des planches & des pierres pour les tenir bien serrées, & bien pressées.

Maniere de lefaire fermenter ou ressuer.

On les laisse en cet état quatre ou cinq jours, pendant lesquels on a soin de les remuer & retourner tous les matins. Elles fermentent pendant ce temps là, elles perdent la couleur blanchâtre qu'elles avoient en sortant de la cosse, & deviennent d'un rouge obscur.

On prétend que sans cette fermentation elles ne se conserveroient pas, qu'elles moisiroient, ou que si elles étoient dans un lieu humide, elles pourroient germer. On doit regarder ce dernier cas comme impossible, puisque pour peu qu'on tarde à les mettre en terre en sortant de la cosse, elles ne germent jamais ; comment germeroient-elles seules & privées du suc & de la fraîcheur de la terre ? Ce que cette fermentation opere est de les décharger de l'humidité superfluë dont elles étoient imbibées ; de maniere qu'il ne leur reste plus que l'huile qui les conserve, & dans laquelle on doit penser que consiste la meilleure partie de leur bonté.

C'est encore une erreur grossiere de quelques voiageurs qui ont debité serieusement qu'on les met dans une lessive, dont la composition est un mistere, où après avoir trempé quelque tems on les fait secher à l'ombre, & que sans cette préparation on ne pourroit pas les transporter sans qu'elles se corrompissent. Tout cela est aussi vrai comme ce qu'ont écrit des gens mal informez, de la lessive où ils prétendoient qu'on faisoit boüillir le clou de gerofle, la mufcade, le poivre, & le caffé avant de les tranfporter en Europe, de crainte qu'on ne les femât ou plantât en Europe, & qu'on ne privât ceux qui les y tranfporte d'Afie du profit qu'ils font fur ces marchandifes.

Lorfqu'on a retiré les amandes ou graines de Cacao, du lieu où elles ont fermenté, ou pour parler comme aux Ifles, où elles ont reffué, on les étend fur des claies, ou dans des caiffes plattes dont le fond eft à jour, & on les expofe au foleil pour les faire fecher. On a foin de les remuer & de les retourner de tems en tems, & de les mettre à couvert pendant la nuit, & lorfque le tems eft humide, ou qu'il pleut; parce que l'eau ou l'humidité les gâteroit infailliblement. Trois jours de foleil & de vent fuffifent pour les fecher entierement, après quoi on les met dans des futailles, dans des facs, ou en grenier, jufqu'à ce qu'on trouve l'occafion de s'en défaire. Elles fe confervent tant qu'on veut fans fe gâter, pourveu que le lieu où elles font gardées foit fec, & qu'on les expofe au foleil deux ou trois fois l'année. Il eft vrai que leur bonté n'augmente pas à mefure qu'elles

Comment on les fait fecher.

vieilliſſent, parce que leur huile ſe conſomme peu à peu; & que venant ainſi à ſe ſecher, elles perdent la ſubſtance & la vertu qu'elles avoient auparavant.

J'ai remarqué ci-devant que les coſſes renferment, ſans y manquer, preſque jamais vingt-cinq amandes, & j'ai éprouvé pluſieurs fois qu'il faut environ quatre cent amandes ſeches pour faire le poids d'une livre. Cela ſe doit entendre du Cacao des Iſles, qui eſt le plus petit; il en faut moins à Saint Domingue, & à Couve ou Cuba, où il eſt plus gros; & il n'en faut pas trois cent pour le Cacao de Caracque qui eſt le plus gros de tout: de ſorte que ſeize coſſes produiſent une livre d'amandes ſeches; mais comme la peſanteur du Cacao diminuë au moins de la moitié en ſechant, huit coſſes donnent une livre d'amandes vertes.

Produit ordinaire des Cacaotiers.

J'ai vû des arbres chargez de deux cent cinquante-deux coſſes, & en particulier j'en ai admiré de cette ſorte au quartier du pain de ſucre de la Martinique. Il eſt vrai que c'étoient des arbres de vingt ans, grands, forts, en bonne terre, & bien à couvert du vent, mais il eſt rare d'en trouver de ſemblables. Les habitans ne comptent leurs recoltes que sur le pied d'une livre ou une livre & demie par pied d'arbre à la recolte de Noël, & d'une livre à celle de la S. Jean, lorsque leurs arbres ont depuis cinq ans jusqu'à huit; après cela s'il n'arrive point d'accidens aux arbres, qu'ils soient bien entretenus, qu'ils trouvent une terre fraîche, profonde & bien grasse, ils en peuvent esperer davantage, sur tout à la recolte de Noël qui est toûjours meilleure que celle de la S. Jean. La raison de cette difference vient de la difference des deux saisons que l'on trouve aux Isles; c'est-à-dire, de la saison seche, & de celle des pluies; cette derniere commence ordinairement dans le mois de Juillet, & finit en Novembre, ou au commencement de Decembre. Ce que j'ai dit ci-dessus suffit pour faire comprendre que les pluies sont très-necessaires aux Cacaotiers, au lieu que la secheresse qui regne pour l'ordinaire depuis Noël jusqu'à la S. Jean leur est contraire.

Il est certain que quand les Cacaotiers ont trois ans & demi ou quatre ans, leurs branches, toûjours fort chargées de feüilles, couvrent tout l'espace qui est entre eux; & que les feüilles qu'ils quittent au commencement de la faison des pluies, & qu'ils reprennent en même tems, & à mesure qu'elles tombent, sont en assez grande quantité, pour occuper & couvrir toute la terre aux environs, & empêcher par consequent la production des herbes. Cependant cela ne suffit pas entierement, parce que la force de la terre, la chaleur & l'humidité du climat, en produisent toûjours malgré l'ombre & les feüilles qui la couvrent, en beaucoup moindre quantité ; je l'avoüe, mais toûjours assez pour nuire à la fin aux arbres, qui demandent une extrême propreté, & qui veulent occuper seuls tout leur terrain. De sorte qu'il faut le repasser & le nettoier de tems en tems.

Entretien des Cacaotiers.

Il faut encore avoir soin de rechauffer les pieds des arbres, parce que les pluies dégradent sans cesse, & emportent la terre, sur tout dans les lieux qui sont en pente, & découvrent ainsi les petites racines, que j'ai dit qui ne faisoient que serpenter autour de l'arbre à deux ou trois poûces en terre. Or ces racines ne sçauroient être exposées à l'air sans se secher, & sans priver en même tems l'arbre du suc qu'elles lui portoient, & causer par consequent une diminution considerable du fruit. C'est donc une necessité de les couvrir de bonne terre, après avoir bien labouré tout au tour, pour faciliter à la pluie & à la rosée le moien de pénétrer la terre & de les humecter.

On ne doit pas negliger de tailler les bouts des branches, soit qu'ils soient secs, soit pour les renouveller. Cela se doit faire après la recolte de la S. Jean, & un peu avant le commencement des pluies. Ceux qui entendent la culture des arbres fruitiers, sçavent assez la consequence de cette précaution, & combien la negligence sur ce point-là est préjudiciable. Les Espagnols, quoique fort indolens, & fort paresseux, n'y manquent jamais; aussi voit-on que leurs Cacaotiers, toutes choses proportionnées, sont bien plus beaux que les nôtres, & qu'ils rapportent de plus beau fruit, & en plus grande quantité. J'ai vû à la Martinique de fort belles Cacaotieres perir peu à peu, & manquer enfin tout à fait faute de ces précautions.

On voit par tout ce que je viens de dire que le travail d'une Cacaotiere n'est pas si petit qu'on pourroit se l'imaginer, quoique dans la verité il soit bien au-dessous de celui d'une sucrerie, & de la dépense que cette manufacture exige.

On en sera convaincu par la lecture de mon Traité du sucre qui est à la fin du dernier Tome. Ainsi je conseille à tous ceux qui ont des terres propres aux Cacaotiers, de les y emploier sans penser à s'élever au rang des sucriers, & je puis les assurer qu'ils y trouveront mieux leur compte, seront obligez à bien moins de dépense, & se délivreront d'une infinité d'embarras & de chagrins qui sont inseparables d'une sucrerie.

Plusieurs expériences m'ont assuré que vingt negres peuvent entretenir & cultiver cinquante mille pieds de Cacaotiers, & faire encore du manioc, du mil, des pois, des pasates, des ignames & autres vivres beaucoup au delà de ce qu'il en faut pour leur entretien. Or ces 50000. arbres bien entretenus, donneront au moins les uns portant les autres, bon ou mal, cent mille livres d'amandes qui étant venduës à sept sols six deniers la livre, qui est un prix fort mediocre, & le plus bas auquel le Cacao ait jamais été vendu, produisent trente sept mille cinq cent francs, qui est une somme d'autant plus considerable, qu'elle revient presque toute entiere dans la bourse du maître, à cause du peu de dépense qu'il faut faire pour l'entre-

Revenu d'une Cacaotiere.

tien des esclaves qui cultivent les arbres, qui est cependant la seule & unique dépense à quoi l'on soit obligé.

Il n'en est pas de même d'une sucrerie; pour qu'elle produise la même somme en sucre blanc ou brun, il faut trois fois autant d'esclaves, des moulins, des charettes, des bœufs, des chevaux, une quantité d'ouvriers de toutes sortes, & par dessus tout des raffineurs chers & insolens au dernier point. Qu'on compare la dépense d'une sucrerie & celle d'une Cacaotiere, qui auroient donné le même revenu, & l'on verra par la difference qui se trouvera entre l'une & l'autre, qu'une Cacaotiere est une riche mine d'or, pendant qu'une sucrerie ne sera qu'une mine de fer; sur tout à present que le chocolat commence d'être plus en vogue qu'il n'a été cidevant, non seulement parce qu'on reconnoît tous les jours ses bonnes qualités, mais encore par le bon marché auquel il doit être, depuis que le Roi a eu la bonté de reduire à deux sols par livre les droits d'entrées du Cacao François par son Edit du mois d'Avril 1717.

Il faut à present parler de la nature du Cacao. J'avoüe que ce n'est pas une petite affaire pour moi; je respecte les

Nature du Cacao.

Anciens qui en ont écrit, & j'ai pour Monsieur de Cailus, qui en a écrit le dernier, une estime toute particuliere. Je voudrois les accorder, mais la chose ne me paroît pas praticable. Colmencer & les Ecrivains Espagnols Medecins & autres disent tous que le Cacao est froid & sec. Monsieur de Cailus, avec quelques Medecins nouveaux, dit qu'il est temperé ; qui de tous ces autheurs a raison ? On en jugera sur ce que je vais dire. On ne peut pas disconvenir que le Cacao ne soit huileux & amer ; or tout ce qui est huileux & amer, est chaud, & d'autant plus chaud qu'il est plus huileux & plus amer. Selon Mr. de Cailus il n'y a point de fruit dont on puisse tirer plus d'huile que du Cacao, ni qui soit d'une plus grande amertume ; donc, selon Monsieur de Cailus, il n'y a point de fruit qui soit plus chaud; comment donc le fera-t-il temperé ? sera-ce en y mêlant du sucre, de la canelle, un peu de gerofle & d'essence d'ambre ; mais toutes ces drogues sont très-chaudes, & quoi qu'elles ne doivent entrer dans la composition du Chocolat qu'en petite quantité, n'est-il pas visible que la chaleur qu'elles renferment, étant jointe à la chaleur moderée du Ca-

Hist. natur. du Cacao, page 53. Ibidem page 11.

cao, doit faire un composé très-chaud. Je croi qu'un autre que Monsieur de Cailus auroit de la peine à se tirer de cet embarras; mais comme il a de l'esprit infiniment, il ne manquera pas de nous développer dans sa reponse les raisons qu'il a eu de prendre ce parti; & se sera un éclaircissement nouveau que j'aurai procuré au public, & dont il m'aura telle obligation qu'il jugera à propos.

Les Espagnols justifient aisément la pratique universelle qu'ils ont de mêler avec le Cacao quantité d'ingrédiens fort chauds; ils le croient très-froid, & quelques-uns d'eux ont poussé la chose si loin, qu'ils ont dit que c'étoit une espece de poison si froid, qui faisoit tomber en ptisie ceux qui en prenoient avec excès; sur ce principe ils ont raison de mêler avec le Cacao une quantité considerable de canelle, de sucre, de chilé ou piment, ou de graines de bois d'Inde, de cloud de gerofle, d'ambre de musque, & sur tout de vanille, ingrédiens très-chauds, comme tout le monde en convient : car de prendre une chose très-froide sans ces puissans correctifs, se feroit s'exposer à de grands inconvéniens, & peut-être à une mort prématurée. Les

Autheurs Espagnols qui nous ont donné le plus exactement la composition du chocolat, assurent que le Cacao étant mêlé avec ces drogues, compose un tout extrémement temperé. Leur raisonnement me paroît bon ; & suivant leur principe, il est bien suivi, & trés-vrai.

Page 72. L'Autheur de l'Histoire Naturelle du Cacao prouve la bonté du chocolat par la consommation prodigieuse qui s'en fait dans toute l'Amerique, soit chez les Espagnols, les Portugais, & les Indiens; soit chez les François, les Anglois & les autres Européens établis dans ces païs là. Il pourroit ajoûter, sans craindre de se tromper, que cette consommation n'est pas moindre dans l'Espagne, le Portugal, & l'Italie, qu'on en use encore beaucoup en Angleterre & dans tout le Nord ; & que sans le prix excessif où il a été jusqu'à present en France, l'usage s'y en feroit établi aussi fortement que celui du Tabac ; & il assure ensuite que de tous ces peuples si différens, qui en usent sans distinction d'âge, de sexe, & tres-souvent sans regle & sans moderation, pas un ne s'est encore plaint d'en avoir reçû la moindre incommodité, qu'ils ont éprouvé

au

au contraire, qu'il étanche la soif, qu'il rafraîchit, qu'il engraisse, qu'il répare dans un instant les forces perduës ou abbatuës par le travail, qu'il fortifie, qu'il procure un doux sommeil, qu'il aide à la digestion, qu'il adoucit, & qu'il purifie le sang; en un mot, qu'il conserve la santé, & qu'il prolonge la vie. Je conviens de tout cela avec lui, rien n'est plus vrai : mais il faut aussi qu'il convienne avec moi, que tous ces peuples, à l'exception des François des Isles, prennent le chocolat accommodé à la maniere Espagnole. Si donc le Cacao accommodé à la maniere Espagnole, c'est-à-dire, mêlé avec tant d'ingrédiens si chauds, est encore temperé (car il faut qu'il le soit pour produire tous ces bons effets) ne doit-on pas conclure, que de lui-même il n'est pas temperé, mais froid, puisqu'il a besoin de tant de chaleur étrangere pour être rendu temperé, ou que malgré tant de choses chaudes auxquelles on le joint, il est encore temperé.

Le public portera là-dessus son jugement, voilà l'affaire instruite, on me dispensera de dire ce que j'en pense; car il y a de part & d'autre des raisons qui m'empêchent de me déterminer pour l'un ou l'autre partie ; & d'ailleurs je respecte trop Monsieur de Cailus pour conclure contre lui.

Bien des gens prétendent que le Cacao de Caraque, ou pour parler plus juste, tout celui de la nouvelle Espagne, & tout celui qui vient depuis Cartagene jusqu'à Comana, est meilleur que celui des Isles. La prévention a plus de part dans cette opinion que la verité. On croit avec fondement que ce sont les Hollandois qui l'ont fait naître, parce que commerçant beaucoup sur cette côte, dont ils enlevent presque tout le Cacao, ils ont interêt d'en vanter la bonté, afin de le vendre plutôt, & plus cher.

Il n'est pas surprenant que les Espagnols tiennent le même langage ; tout le monde sçait que leur vanité naturelle ne leur permet pas d'estimer quoi que ce soit qui n'est pas Espagnol ; & d'ailleurs doivent-ils estimer & loüer le Cacao des Isles qu'ils connoissent assez peu, & préjudicier ainsi à celui qui croît sur leurs terres.

Je conviens que le Cacao de Caraque croissant dans des terres basses, humides, plus grasses, & plus profondes que les nôtres, & les arbres qui le portent étant plus vieux, plus gros, & mieux nourris que ceux de nos Isles, il doit être aussi plus gros, & les arbres en porter une plus grande quantité. Je conviens encore que les amandes contiendront plus d'huile, cela est très-naturel, elles sont plus grosses; peut-être même qu'elles conserveront leur huile plus long-tems, parce que leur volume les soûtiendra plus aisément contre la secheresse. C'est accorder beaucoup, & convenir peut-être de trop de choses; mais je ne conviendrai jamais qu'il y ait plus de substance nourrissante, plus d'huile, plus de vertu dans une livre de Cacao de Caraque, que dans une livre de Cacao des Isles, quand on les supposera tous deux dans le même degré de fraîcheur ou de secheresse.

D'ailleurs que nous importe que nôtre Cacao conserve son huile moins de tems que celui de Caraque; puisque nous le pouvons avoir tous les jours, frais, &, pour ainsi dire, à la sortie de l'arbre, au lieu que celui de Caraque a souvent traîné plusieurs années dans les magasins d'Hollande & de Cadis, où assurément on y a eu du tems de reste pour le secher, & laisser évaporer son huile, qui est la principale partie de sa bonté.

Ce que je viens de dire est si vrai, que les Espagnols même achetent indifferament l'un & l'autre selon qu'ils y trouvent leur compte, en préferant toûjours le nouveau au vieux. J'en puis parler comme témoin oculaire, puisque m'étant trouvé à Cadis à la fin de 1705. dans un vaisseau de Marseille nommé le Saint Paul, appartenant à Monsieur Maurellet, & commandé par le Sieur Ganteaulme, en compagnie de deux autres vaisseaux qui venoient aussi bien que nous de la Martinique, & qui avoient une partie considerable de Cacao des Isles & de Caraque, on les vendit également aux Espagnols; & comme je m'étonnois qu'ils achetoient nôtre Cacao aussi cher que celui de Caraque, sans y faire de difference dans le prix, ils me dirent qu'ils ne remarquoient aucune difference intrinseque de l'un à l'autre, quand le nôtre étoit recent ; & que c'étoit à cause de cela qu'ils l'achetoient pour le mêler avec le leur qui étoit vieux, & par consequent sec & moins huileux. Ce fut de ces mêmes Espagnols que j'appris ce que j'ai rapporté ci-dessus, que la grosseur de celui de Caraque ne servoit qu'à lui faire conserver son huile plus long-tems ; au lieu que la petitesse du nôtre donnoit lieu à une plus prompte évaporation. Ils m'apprirent encore que selon la qualité des Cacaos, c'est-à-dire, selon qu'ils sont vieux ou recens, & par consequent secs, ou pleins d'huile, ils proportionnoient la quantité des uns & des autres pour faire un mêlange qui les pût faire consommer tous deux sans diminuer la bonté du chocolat.

Je vis la verité de ce que je viens de rapporter, quelques jours après; car m'étant trouvé chez le Marquis de la Rosa Vice-Amiral des Gallions, qui a épousé une de nos creolles de la Martinique, où l'on faisoit une quantité considerable de chocolat, je remarquai qu'on y emploia moitié par moitié le Cacao des Isles, & celui de Caraque : & la raison qu'on m'en donna, fut que leur Cacao de Caraque étoit vieux & presque sec, au lieu que celui de la Martinique étant frais, & encore tout plein de son huile, il bonifioit, & ranimoit, pour ainsi dire, celui de Caraque. Il me semble que ces témoignages suffisent pour prouver la bonté du Cacao des Isles.

En quelque païs qu'il croisse, pourveu qu'il soit bien préparé, il est constant qu'il a une infinité de bonnes qualitez ; il est nourrissant, & en même tems d'une très-facile digestion : chose qui ne se rencontre jamais dans aucune espece des autres alimens. Il aide à la digestion, sans exciter dans le sang un mouvement plus violent que l'ordinaire. Bien-loin de cela rien n'est plus propre à l'adoucir, & à maintenir dans les humeurs cet équilibre, qui est la cause de la santé : il peut suffire tout seul à la nourriture des personnes de quelque âge qu'elles soient. Ce que j'ai dit du Sieur Monel dans ma premiere partie en est une preuve, mais qui ne convainqueroit pas si elle étoit seule ; j'en pourrois rapporter à centaines ; de peur d'ennuyer le Lecteur, je me contenterai de l'assurer que les petits habitans qui cultivent le Cacao dans les gorges des montagnes du quartier de l'Ouest de Saint Domingue, ne nourrissent leurs enfans d'autre chose. Ils leur donnent le matin du chocolat avec du mahis, & c'est leur dîné & leur soupé tout ensemble, sans qu'ils aient besoin d'autre chose le reste de la journée. On reconnoît la bonté de cet aliment par l'embonpoint, la vigueur & la force de ces enfans. Ce que je vais dire sera une preuve qu'il est specifique pour la pthisie. Depuis que j'étois au

Qualitez du Chocolat.

monde, & jusqu'à l'âge de trente ans que j'allai aux Isles, j'avois toûjours été d'une maigreur effroïable; j'avois une faim canine qui me dévoroit, & plus je mangeois, plus je devenois maigre & sec; de maniere que les medecins assuroient que j'étois étique dans toutes les formes; & que j'avois peu de tems à vivre. Malgré leur arrêt j'allai aux Isles, j'eus la maladie de Siam presque en arrivant, & aussi-tôt que je commençai d'user de chocolat, j'engraissai à veüe d'œil; & quoique je travaillasse beaucoup, je commençai à joüir d'une santé que je n'avois jamais goûté auparavant.

J'ai encore remarqué qu'il est aperitif, qu'il tient le ventre libre, & qu'il provoque une sueur douce après qu'on l'a pris, qui aide beaucoup à la transpiration.

Il est certain qu'il épure les esprits bien mieux que le caffé dont le mouvement violent, & l'agitation qu'il cause dans le sang & dans les humeurs, ne peuvent manquer à la fin d'être très-préjudiciables à la santé.

Mais il faut pour cela que le chocolat soit bien fait; c'est-à-dire, que le Cacao dont il est composé soit bon, sain & frais, qu'on ne mette dans sa composition que la quantité de sucre & d'épiceries absolument necessaires pour corriger sa froideur, si on le suppose froid, ou pour ne le pas rendre excessivement chaud, si on le suppose temperé : car à quoi servent ces drogues si chaudes, & si odoriferentes qu'on y mêle sans discretion ? Elles le rendent, je l'avoüe, plus agréable au goût & à l'odorat, mais ce ne peut être qu'en corrompant sa nature, & en détruisant ses bonnes qualitez.

Voici differentes manieres dont on prépare le chocolat dans l'Amerique, & en Europe, je les rapporterai comme je les ai vû pratiquer, & j'y ferai en passant quelques remarques.

Préparation du Chocolat.

On fait brûler ou rôtir les amandes du Cacao, dans une poêle, comme on fait brûler le caffé. Cette premiere preparation est universelle & absolument necessaire ; elle sert pour dépoüiller le Cacao de la pellicule dure & seche qui le couvre, & pour exciter dans ses parties, qui sont très-compactes, un mouvement dont elles ont un veritable besoin, pour donner issuë à l'huile dont elles sont remplies.

On les fait brûler plus ou moins selon le goût different de ceux qui s'en servent. Les Espagnols, & à leur imitation les François qui demeurent en Europe, les Italiens, & des Peuples du Nord le font brûler jusqu'à ce que les amandes soient toutes noires. Les Indiens & les François qui demeurent en Amerique le brûlent beaucoup moins. Les premiers prétendent que la pâte en devient plus fine, & que le sucre s'y incorpore plus facilement. Il est vrai que les amandes qui sont rôties jusqu'à l'excès qu'ils les rôtissent, se pillent plus aisément, & se passent plus facilement sur la pierre : elles ne sont presque plus alors que du charbon ; mais ne voit-on pas que leur substance est alors entierement changée, l'huile exhalée & dissipée, & qu'à peine elles conservent assez d'amertume pour faire connoître ce qu'elles ont été. Quant à la couleur noire qu'elles acquiérent, que fait cela à la bonté du chocolat ? A-t-on plus de plaisir à boire une tasse d'encre, qu'une liqueur grise ou tout au plus un peu brune ?

Les Indiens & les François de l'Amerique sont, selon moi, les plus sages ; Ils ne brûlent les amandes qu'autant qu'il est necessaire pour ôter avec facilité la pellicule qui les couvre, & pour exciter dans leurs parties le mouvement qui y est necessaire, mais sans endommager la substance, & sans la priver de son suc, & de cette huile spiritueuse, qui fait la plus grande partie de sa bonté. Aussi voïons-nous que le chocolat fait aux Isles est plus nourrissant, plus huileux; & que pour absorber son amertume, il demande une plus grande quantité de sucre.

Lorsque les amandes sont rôties, & mondées de leur peau, on les pile dans un mortier de bronze ou de marbre. On se sert dans l'Amerique d'un mortier de gayac, qui est un bois très-dur, & presque sans pores; le pilon est du même bois. C'est ainsi qu'on réduit les amandes en pâte; mais comme elle seroit encore grossiere & inégale, on la broïe sur une pierre avec un rouleau de fer poli, afin d'achever d'écraser les parties qui ont échappé au pilon, & la rendre la plus fine, la plus unie, & la plus deliée qu'elle puisse être.

Pierres à Chocolat. Les pierres dont on se sert doivent être fermes, elles doivent être un peu poreuses, afin que le feu qu'on met dessous les échauffe plus facilement; mais elles ne doivent point être sujettes à s'éclater, ni à se calciner, & leur grain doit être assez dur pour ne point s'égrainer, parce qu'il gâteroit la pâte; elles doivent encore être polies avec soin, & nettoiées, lavées & bien essuiées aussi-tôt qu'on a cessé de s'en servir. On leur donne ordinairement quinze à dix-huit poûces de large, sur deux pieds & demi de longueur. Elles sont creusées dans toute leur longueur, de sorte qu'elles sont concaves; on leur laisse trois à quatre poûces d'épaisseur. On ménage aux quatre extrémitez quatre pieds d'environ quatre poûces en quarré, & de six poûces de hauteur, pour soûtenir la pierre, & la tenir assez élevée de terre, pour pouvoir mettre du feu dessous.

Le rouleau dont on se sert est ordinairement de fer bien poli: on en fait aussi de marbre, j'en ai vû de bois de gayac, & de pain d'épice. Ceux de fer ont environ deux poûces de diametre; leur longueur est égale à la largeur de la pierre, & outre cela une poignée à chaque bout d'un poûce de diametre, & de six à sept poûces de longueur; on donne à ceux de marbre ou de bois la même longueur, mais beaucoup plus de diametre, afin que leur grosseur supplée au manque de leur pesanteur.

Dans les païs aussi chauds que les Isles il n'est pas necessaire de mettre du feu sous la pierre, la chaleur du climat suffit, sur tout lorsqu'on travaille au soleil.

Maniere de travailler la pâte. Celui qui travaille est à genoux devant la pierre, si elle est posée à terre, ou de bout si elle est sur quelque table, afin d'agir avec plus de force. On met quelques toilles autour de la pierre pour récüeillir les fragmens de la pâte qui tombent. Aux Isles on se sert de feüilles de Balisier ; rien n'est plus propre & à meilleur marché. On met peu de pâte à la fois sur la pierre, on la broie en l'étendant & la pressant fortement avec le rouleau, à peu-près comme les pâtissiers étendent la pâte qu'ils veulent rendre fine & feüilletée. On la ramasse à mesure qu'elle s'étend sur la pierre, avec un couteau pour le remettre sous le rouleau jusqu'à ce qu'à l'œil & au toucher on la juge de la plus grande finesse où elle puisse arriver : car c'est dans ce travail que consiste la bonne façon du chocolat, dont il faut que les parties se dissolvent si parfaitement dans l'eau où on le fait boüillir, qu'il ne reste rien au fond de la chocolatiere, ou des tasses, qui puisse faire connoître la maniere qu'on a emploié.

Lorsqu'on veut conserver long-tems le chocolat, ou l'envoier dans des païs

Françoises de l'Amerique.

éloignez, il est plus à propos de ne mêler dans la pâte ni sucre, ni épiceries, on se doit contenter de la bien travailler sur la pierre; & après qu'on l'a laissé rasseoir, refroidir, & sécher à moitié à l'ombre, on en fait des pains comme de petites briques, ou des cilindres du poids qu'on juge à propos, qu'on laisse achever de sécher à l'ombre, & qu'on enveloppe ensuite dans du papier. De cette maniere il se conserve long-tems, & n'est point sujet à se moisir, comme il arrive presque toûjours quand il y a du sucre, qui étant très-susceptible de l'humidité, y produit par consequent la moisisure. La pâte de Cacao seul devient dure, & conserve mieux dans cet état son huile.

Mais lorsqu'on le veut préparer entierement, voici comme je l'ai vû pratiquer en Espagne, & en Italie. Pour faire cent livres de chocolat du plus fin & du meilleur, on prend quarante livres de pâte de Cacao bien travaillée sur la pierre, on y mêle soixante livres de sucre bien blanc, bien sec, bien pilé; deux livres de canelle, quatre onces de gerofle, & dix-huit onces de vanille pilées ensemble avec la quantité de musque & d'essence d'ambre que l'on juge à propos; & pour em-

Composition du Chocolat à l'Espagnole & à l'Italienne.

pêcher que le sucre ne se fonde en le mêlant avec la pâte, & la travaillant sur la pierre, on y joint quelques poignées de farine de féves passée au tamis de soie; & lorsque toutes ces choses sont bien incorporées ensemble, ensorte que la blancheur du sucre ne se fait plus remarquer, on laisse un peu refroidir la masse, après quoi on la met dans des moules de fer blanc, ou bien on en fait des tablettes, qu'on laisse achever de refroidir sur une table bien propre, & qu'on enveloppe ensuite dans du papier.

Il y a des gens qui mettent le Cacao & le sucre par égales portions; mais il arrive toûjours que le sucre n'est pas suffisant pour absorber l'amertume du Cacao, & pour donner du goût à la liqueur dans laquelle on le fait dissoudre, de sorte qu'on est obligé d'ajoûter du sucre en le faisant dissoudre; on évite cet embarras en le faisant, comme je viens de l'expliquer.

Lorsqu'on veut se servir de ce chocolat, on met dans la chocolatiere autant de tasses d'eau que l'on veut faire de tasses de chocolat; & lorsque cette eau a boüilli quelques momens, on y jette autant d'onces de chocolat qu'il y a de tasses d'eau. On remuë fortement avec le moulinet pour diſſoudre la matiere, & on remet la chocolatiere au feu pour lui faire prendre quelques boüillons ; on remuë de nouveau avec le moulinet, afin de faire élever le chocolat en mouſſe, & on emplit ainſi peu à peu les taſſes.

On ne peut pas dire que le chocolat compoſé de cette maniere ne flatte extrémement le goût & l'odorat ; mais auſſi on ne peut pas nier que toutes ces drogues étant exceſſivement chaudes ne faſſent un compoſé d'une chaleur exceſſive, quand même nous ſuppoſerions que le Cacao fût froid ; que ſeroit-ce ſi nous le ſuppoſions temperé ? D'où je conclus que cette eſpece de chocolat, bien-loin d'être utile à la ſanté, comme naturellement il le devroit être, devient un aliment qui lui eſt entierement contraire, & dont les ſuites ne peuvent être à la fin que très-fâcheuſes.

Nous le préparons aux Iſles d'une maniere bien plus ſimple, à la verité, mais qui ne le prive d'aucune de ſes bonnes qualitez ; & qui le rend très-ſain & très-nourriſſant.

Maniere dont on compoſe le Chocolat aux Iſles.

On ne brûle le Cacao, comme je l'ai dit ci-devant, qu'autant qu'il eſt neceſſaire pour le dépoüiller facilement de ſa peau ; cela eſt ſuffiſant pour mettre ses parties en mouvement, sans danger de faire exhaler la meilleure partie de son huile, comme il ne manque jamais d'arriver quand il est trop brûlé. Aussi remarquons-nous qu'il demande bien plus de sucre que celui qui est trop brûlé; marque infaillible que son huile n'est pas consommée, & que sa substance est dans son entier.

On le travaille sur la pierre avec soin, & on ne neglige rien pour rendre la pâte très-fine, & très-delicate.

Soit qu'on le fasse pour le consommer dans le païs, ou pour l'envoier en Europe, on n'y met jamais ni sucre, ni épiceries. Le musque, l'ambre & la vanille en sont toûjours bannis. On doit croire que ce n'est ni le défaut de ces drogues, ni leur cherté qui en empêche l'usage; car on sçait assez qu'il y a peu de gens au monde qui se fassent plus honneur de leur bien que nos Insulaires; mais l'expérience qu'ils ont que ces drogues changent entiérement la nature du chocolat, & que d'une des meilleures choses du monde, elles en font une des plus mauvaises & des plus dangereuses, de sorte qu'ils se contentent de joindre au sucre qu'ils y mettent, en le dissolvant, tant d'eau chaude, tant soit peu de canelle en poudre, avec une très-petite pointe de gerofle, comme je l'expliquerai ci-après.

On dit que les Espagnols à l'incitation des Indiens mettent de l'achiotte, autrement du rocou, dans leur chocolat, pour lui donner une couleur rouge. Je doute que cela soit, à moins qu'ils ne mêlent cette couleur à mesure qu'ils veulent s'en servir : car j'ai vû bien des fois du chocolat de la nouvelle Espagne, qui très-assurément n'étoit point rouge, mais bien noir. J'en ai vû composer étant à Cadis, & je n'y ai point vû mettre cette drogue ; peut-être que cela se faisoit du tems de Colmenero, & de Thomas Gage, où les gens étoient encore assez simples, pour donner dans toutes les idées des medecins ; mais comme on se fait sage à ses dépens, après qu'on a été souvent trompé, il est à croire que les Indiens & les Espagnols sont revenus enfin de leurs préjugez en faveur des medecins, & qu'ils ont abandonné une pratique qui tout au moins étoit très-inutile, pour ne pas dire quelque chose de pis. On a vû par ce que j'ai écrit du rocou dans ma premiere partie, que de quelque maniere qu'on le fasse, il ne peut jamais avoir qu'une odeur fort defagréable ; & quant à la couleur qu'il donneroit au chocolat, il est certain qu'il y en faudroit mettre confiderablement, pour qu'il l'emportât fur la noirceur du Cacao brûlé au point qu'ils le brûlent, puifque tout le monde convient que le noir abforbe toutes les couleurs.

On avance quelque chofe de plus raifonnable, quand on dit qu'ils mêlent l'atolle avec leur chocolat. L'atolle est une efpece de lait, fait avec les grains de mahis ou bled d'Inde, lorfqu'ils font encore fi tendres qu'ils fe fondent en lait pour peu qu'on les preffe. Cette compofition ne peut être que très-nouriffante ; & s'il eft vrai que le mahis foit rafraîchiffant, je ne puis defapprouver cette maniere, fur tout pour les Efpagnols, dont la façon de vivre, & la couleur de leur peau, marquent qu'ils ont un extrême befoin d'être rafraîchis.

Il me femble qu'il eft auffi difficile de trouver l'étimologie du nom de chocolat, qu'il eft inutile de la fçavoir ; ce que les Autheurs en difent fait pitié. Il eft conftamment vrai que les Efpagnols en ont trouvé le nom, & l'ufage établi chez les Indiens, & qu'ils n'ont fait autre chofe que d'en répandre la connoifsance & l'usage dans les autres parties du monde, après l'avoir rendu plus agréable au goût & à l'odorat qu'il n'étoit auparavant.

Le vaisseau dont on se sert pour faire le chocolat s'appelle chocolatiere, comme on appelle caffétiere celui dont on se sert pour le caffé. Il est trop connu pour que je m'arrête à en faire la description ; on en fait d'argent, de cuivre étamé, de fer blanc, & de terre. Ces derniers ne vallent rien, parce que quand ils sont une fois échauffez, ils poussent sans cesse la liqueur en boüillons, qui la répandent dehors, sans donner le tems de faire agir le moulinet pour la faire mousser ; ceux d'argent ou de cuivre étamé peuvent y être plus propres, pourveu qu'ils n'aient pas un gros ventre, comme ils ont ordinairement, ce qui donne trop d'étenduë à la matiere, & fait perdre la plus grande partie de l'action du moulinet. On en fait de fer blanc battu, qui coutent peu, qui se nettoient aisément, & qui durent assez long-tems, leur figure est en cone tronqué ; on en fait de plusieurs grandeurs, ceux qui contiennent huit à dix tasses, comme j'enseignerai ci-après de le faire, ont environ huit poûces de hau-

Chocolatieres & leurs moulinets.

teur, trois poûces de diametre par le haut & quatre par le bas.

Le moulinet doit être d'un bois dur; on se sert de boüis en France, nous en avons aux Isles une infinité qui y sont propres; on lui donne à trois ou quatre lignes moins que le diametre du haut de la chocolatiere, & environ trois poûces de hauteur; on lui fait plusieurs hachûres assez profondes qui le font ressembler à une pomme de pin, afin que ces inégalitez aident à diviser davantage la matiere & la réduire en mousse, & on met au dessus de la pomme une plaque ronde de même diametre qui sert à tirer la mousse à mesure qu'on emplit les tasses. La pomme est jointe à un manche, comme une hampe de treize à quatorze poûces de longueur & de six à sept lignes de diametre, de même bois; il doit être rond & bien uni, afin de ne pas blesser les paulmes des mains, lorsqu'on le remuë, & qu'on le fait tourner dans la chocolatiere.

Quand on manque d'ouvriers pour faire un moulinet au tour, il n'y a qu'à choisir un morceau de bois rond de la longueur & de la grosseur que je viens de dire, & appliquer à un bout deux petites planchettes bien minces qui se croisent en entrant dans les deux fentes que l'on a fait au bout du bâton, avec une petite plaque ronde par dessus ; c'est un moulinet bien-tôt fait & sans dépense.

Cet instrument est absolument necessaire pour separer les parties de la pâte qui auroient peine à se dissoudre dans la liqueur. On le remuë fortement dans la chocolatiere, en le tournant entre les paulmes des deux mains que l'on tient étenduës. Ce mouvement acheve non seulement de faire dissoudre les parties de la pâte; mais ce qui est plus considerable, il réduit la liqueur en mousse plus ou moins épaisse selon la bonté du chocolat : car il est constant que plus la pâte est grasse, huileuse & fraîche, & qu'elle a été bien travaillée sur la pierre, plus elle produit de mousse, dont l'extrême delicatesse & la legereté font la plus grande partie de la bonté du chocolat.

Il y a des gens qui negligent de faire mousser le chocolat, & qui s'imaginent qu'il suffit que la pâte soit bien délaiée dans la liqueur, & qu'elle l'ait renduë épaisse. Je ne sçaurois mieux comparer ces sortes de gens qu'à ceux qui ne mettent point de différence entre un pain leger & bien levé, & un autre gras-

Qualitées du bon Chocolat.

cuit, pesant & mal-fait. Ce sera pourtant la même farine, en même quantité, mais travaillée par deux ouvriers différens, l'un habile & diligent, l'autre ignorant & paresseux ; ce sera le même pain, l'un qui donnera de l'appetit, qu'on mangera avec plaisir & sans crainte d'en être incommodé ; l'autre qui chargera l'estomach, & qui causera une indigestion dangereuse. La délicatesse de la mousse n'empêche point du tout que le chocolat ne soit très-nourrissant, sa legereté ne diminuë point sa substance; les gens qui s'y connoissent, & qui en usent ordinairement, se mettent peu en peine que la liqueur soit épaisse & solide presque comme une boüillie ; pourveu qu'ils y trouvent de la délicatesse, de la legereté & du bon goût, ils sont seurs de prendre le plus agréable, le mieux faisant, & le plus nourrissant de tous les alimens, & laissent sans peine aux gourmands & aux ignorans leur chocolat épais & pesant, plus propre à charger l'estomach, qu'à y produire un bon suc, & une nourriture agréable & de facile digestion.

La liqueur la plus ordinaire & la plus naturelle pour dissoudre le chocolat est l'eau.

Il y a des gens qui mettent du lait au lieu d'eau. Lorsque le lait est seul, il rend le chocolat trop épais, trop nourrissant & d'une plus difficile digestion. J'en ai pris quelquefois de cette maniere, & j'ai toûjours éprouvé qu'il me chargeoit l'estomach. Il n'en est pas de même, lorsqu'on le fait avec un tiers de lait & deux tiers ou trois quarts d'eau: Ce peu de lait aide à le faire mousser & à le rendre d'une très-grande délicatesse.

Les Anglois des Isles le font souvent avec du vin de Madere : j'en ai goûté une fois de cette façon par pure curiosité, & j'en ai été si content que l'envie ne m'est jamais revenuë d'en faire une seconde épreuve.

En parlant des boissons des Anglois dans ma premiere partie, j'en ai oublié une qui est assez singuliere : ils remplissent à moitié une jatte de vin de madere dans lequel ils mettent du sucre, de la canelle, & du gerofle en poudre, & ils achevent de remplir le vaisseau en tirant dessus du lait d'une vache. Ce lait fait mousser toute l'autre liqueur comme de la crême foüettée ; ils la boivent toute chaude, & à les entendre rien n'est plus agréable, plus sain, plus pectoral. En fera l'épreuve qui voudra,

Boisson Angloise appellée Saliboll.

il me suffit d'en avoir donné la recepte.

Je n'ai connu dans les Isles Françoises qu'une seule personne qui usa journellement de chocolat au vin de Madere; c'étoit un Capucin appellé le Pere *** qui étoit curé à la Martinique au quartier des Ances Darlet. Tout le monde s'étonna pendant long-tems qu'il ne faisoit qu'un repas par jour, & cela le soir & même assez tard, n'aiant pris en toute la journée qu'une tasse de chocolat; mais l'étonnement cessa, quand on sçut à la fin que cette tasse étoit une écuelle de bonne grandeur, dans laquelle il prenoit quatre onces de chocolat, avec six onces de sucre, & trois œufs dissous dans une bonne chopine de vin de Madere. Je suis seur que tout autre qu'un Capucin auroit pû demeurer vingt-quatre heures sans rien prendre, après une pareille tasse de chocolat.

Chocolat à la Capucine.

Voici une autre maniere de préparer le chocolat, dont je ne conseille à personne de se servir, à moins qu'on n'ait des raisons très-fortes de déloger promptement de ce monde. Elle fut mise en pratique à Rome en l'année 1706. par un homme venerable par son âge, ses vertus, son sçavoir & les charges qu'il avoit exercé; il se plaignit à son medecin

Chocolat à la Romaine.

decin d'une grande foiblesse d'estomach, & d'une froideur qui l'empêchoit de digérer, ce qui ne devoit pas paroître fort extraordinaire en un homme de soixante & quatorze ans, d'ailleurs cassé par l'étude & beaucoup d'autres travaux. Ce charlatan lui ordonna de prendre son chocolat à l'eau de vie, l'assurant que rien ne seroit plus propre à rétablir la chaleur naturelle qui lui manquoit, & à aider la digestion des alimens. L'ignorance avoit peut-être plus de part dans cette ordonnance que la malice ; peut-être aussi étoit-ce quelque expérience qu'il vouloit faire, dont ce venerable vieillard fut bientôt la duppe, puisque ce chocolat lui causa en peu de jours une inflammation de poitrine accompagnée d'une fiévre terrible qui l'emporterent en un lieu où il n'y a ni medecins, ni expériences à craindre.

J'ai pourtant appris d'une personne également recommandable par sa pieté & son sçavoir, qu'un certain Gouverneur de ***** avoit vécu un bon nombre d'années en prenant son chocolat avec de la meilleure eau de vie de Cognac, sans que cela lui causa la moindre incommodité ; peut-être qu'il s'y étoit accoûtumé de bonne heure, ou que sa compléxion étoit assez forte pour résister à tant de chaleur ; peut-être aussi étoit-il du sentiment des medecins Espagnols, & qu'il croïoit que le Cacao étoit un poison si froid, qu'il falloit le mêler avec tout ce qu'on pouvoit trouver de plus chaud pour le corriger.

Si des personnes curieuses veulent faire des expériences réiterées de cette recepte, & me les communiquer, j'aurai soin d'en avertir le public qui leur en aura obligation, aussi-bien que les marchands d'eau de vie.

Mais comme ce n'est pas assez de dire du bien d'une chose, sans donner les moïens de la mettre en pratique : voici comment nous faisons le chocolat aux Isles, & comment il seroit à souhaiter qu'on le fît par tout le monde.

Maniere de faire le chocolat en perfection. On se souviendra que j'ai dit que nous ne mettons point de sucre, ni d'épiceries dans la pâte de Cacao, ce qui fait que cette pâte devient très-dure, de sorte qu'on est obligé de la rapper ou avec une rappe ordinaire de fer blanc, ou avec un couteau. Il est plus expédient de n'en rapper que la quantité qu'on en veut emploier à chaque fois, parce qu'il le conferve mieux en pain, & fe feche bien moins que quand il eft en poudre.

Suppofé donc qu'on veüille faire huit taffes de chocolat d'une grandeur raifonnable, on met une chopine d'eau fur le feu dans un vaiffeau tel qu'il puiffe être, afin de la faire boüillir, & on met dans la chocolatiere deux onces de pâte de Cacao rappé en poudre, avec trois onces de fucre, & jufqu'à quatre onces lorfque la pâte eft récente & par confequent plus huileufe & plus amére; on y joint un œuf frais blanc & jaune, & tant foit peu d'eau froide ou chaude, cela eft indifférent; on y met de la canelle en poudre paffée au tamis de foie autant qu'il en peut tenir fur un liard, & fi l'on veut que la canelle ait un goût plus piquant & plus rélevé, on pile douze clouds de gerofle dans deux onces de canelle, pour compofer la poudre dont je viens de parler. On délaïe autant qu'il eft poffible la pâte, le fucre & la canelle avec l'œuf & le peu d'eau qu'on y a joint; & lorfque l'eau eft boüillante on la verfe peu à peu dans la chocolatiere, & on agite fortement la matiere avec le moulinet, non feulement pour bien feparer & diffoudre les parties du Cacao & du sucre; mais principalement pour la faire bien mousser; lorsque toute l'eau est dans la chocolatiere, & qu'on a bien fait agir le moulinet, on la met au feu, où on la laisse jusqu'à ce que l'écume ou la mousse soit prête à passer par dessus. On la retire pour lors, & on fait marcher fortement le moulinet, afin que cette mousse qui est la partie la plus huileuse du Cacao, se répande bien par toute la liqueur & la rende également bonne à la fin comme au commencement. On remet la chocolatiere au feu, & on a soin de faire agir le moulinet quand la matiere venant à boüillir, veut s'élever par dessus la chocolatiere; on la laisse prendre quelques boüillons, afin de lui donner une cuisson raisonnable, & on la retire du feu; pour lors on fait agir le moulinet; & à mesure que l'écume s'amasse en haut, on la fait tomber doucement dans les tasses à l'aide de la petite plaque ronde qui est au dessus de la pomme. On agite ainsi la matiere pour la réduire tout en mousse, du moins autant qu'il est possible, & ensuite on partage dans toutes les tasses le peu de liqueur qui reste dans la chocolatiere.

Plus le chocolat est frais & bien préparé, & plus il produit de mousse; elle doit être grise, épaisse & à petits yeux, & si legere qu'une tasse contenant plus d'un demi septier ne doit pas peser trois onces.

Marques du Chocolat bon & bien fait

Quand on veut mettre un tiers ou un quart de lait avec l'eau, il n'est pas necessaire d'y mettre d'œuf, ni de faire boüillir l'eau & le lait avant de les mettre dans la chocolatiere, il suffit que l'eau soit bien chaude; on fait le reste comme je viens de le marquer.

Il y a des gens qui au lieu de mettre la chocolatiere sur le feu, la mettent au bain-marie, prétendant que cela rend le chocolat plus délicat; j'en ai pris plusieurs fois de cette maniere sans y avoir trouvé de différence sensible d'avec celui qui avoit été fait simplement sur le feu. Tout ce qu'il faut éviter, est qu'il sente la fumée, & pour cela il est plus à propos de le faire sur un feu de charbon ou de braise, dans un petit fourneau, ou sur un réchaux, que dans la cheminée & à un feu de bois.

C'est une verité constante, & dont tout le monde peut s'assurer par les épreuves qu'on en peut faire, que le chocolat fait de cette maniere est d'une délicatesse & d'une bonté qui passe l'ima-

D iij

gination. Il est leger & très-nourrissant, il soûtient dans le travail lorsqu'on le prend à jeun ; & si on le prend après le repas, il aide à la digestion. En un mot, c'est un aliment tellement propre à toutes sortes de temperamens, que tous ceux qui en usent avec discretion s'en trouvent bien, & leur estomach s'y accoûtume tellement, qu'il a de la peine à s'en passer, & qu'il semble preferer celui-là seul à tous les autres alimens.

Au reste il ne faut pas s'imaginer que l'usage journalier du chocolat soit une dépense fort considerable ; il m'est fort aisé au contraire de montrer que c'est une veritable épargne; je ne parle pas de la presente année 1720 où les choses de toute espece sont à un prix excessif, car elle ne doit pas faire de regle ; je parle des années ordinaires les unes portant les autres, où l'on peut avoir la pâte de Cacao à vingt-cinq sols la livre, & même à beaucoup moins, puisque le Roi a réduit les droits d'entrée du Cacao à deux sols par livre ; & que la livre de bon sucre en pain ne doit valoir que 14. ou 15. sols. Cela supposé il ne faut pour huit tasses de chocolat que deux onces de pâte, qui reviendront à trois sols, & trois onces de sucre à deux sols six deniers, il ne faut pas pour six deniers de canelle, & pour un œuf ou un poisson de lait on peut mettre encore six deniers ; ce qui fait en tout six sols six deniers ou sept sols ; de sorte que quand on mettroit encore un sol pour le feu, il s'ensuivroit que la tasse de chocolat ne reviendroit qu'à un sol, & que quand un homme occupé à quelque travail que ce puisse être, seroit obligé de prendre deux tasses de chocolat le matin, il ne dépenseroit que deux sols, & soûtiendroit bien mieux le travail, que s'il avoit pris du pain & du vin qui lui auroient coûté bien davantage.

Cette dépense seroit encore moindre si on achetoit le Cacao, & qu'on le fît brûler & travailler chez soy ; & qu'au lieu de sucre en pain, qui est toûjours plus cher, on se contenta de prendre de bonne cassonnade qui feroit le même effet & seroit à bien meilleur marché.

J'avoüe que le chocolat préparé de la maniere que je viens de dire, est un peu plus long & plus difficile à faire, & qu'il demande un peu plus de sujettion : mais outre qu'on y est bien-tôt accoûtumé, peut-on nier que cette petite fatigue ne soit bien recompensée par la délicatesse, & la bonté que l'on y trouve. Il n'y a qu'à comparer celui-ci, avec celui qu'on fait à la maniere ordinaire pour être bien-tôt perfuadé de la verité que j'avance.

Il y a un grand nombre d'Autheurs qui parlent du Cacao, & du chocolat qui en eft compofé. Beaucoup n'ont fait qu'effleurer la matiere, d'autres en ont parlé fur le rapport d'autrui; & après avoir été trompez, ils ont trompé les autres; & d'autres enfin en ont parlé comme les aveugles-nez parlent des couleurs. Je veux bien par honnêteté mettre dans cette derniere claffe le Sieur Gemelli Careri, Autheur Italien d'un voyage autour du monde, dont on vient de nous donner la Traduction Françoife imprimée à Paris en fix volumes in 12. chez Etienne Ganeau en 1719. La defcription que cet Autheur fait du Cacao eft trop finguliere pour ne la mettre ici tout au long.

Defcription du Cacao par le Sr. Careri.

Le Cacao, dit le fieur Careri, doit tenir le premier rang entre les plantes des Indes, tant pour l'utilité qu'il rapporte à fes maîtres, que pour être devenu l'ingrédient d'une boiffon, dont prefque tout le monde fe fert, & qui eft fort agréable, fur tout aux Efpagnols. On feme le Cacao dans une terre chaude

& humide, son œil en haut, & bien couvert de terre : il paroît au bout de 15. jours, & est deux ans à croître de la hauteur de trois palmes ; alors on le transplante en l'arrachant avec toute la terre qui couvre ses racines ; on le met ensuite en alignement à 18. palmes loin l'un de l'autre, & une espece d'échalas à chacun pour le supporter, & des plantanes ou autres arbres fruitiers autour, parce qu'il croît parfaitement bien sous leur ombre : il faut outre cela rétrancher le pied des rejettons qui l'empêcheroient de s'élever, bien nettoier la place des mauvaises herbes, prendre garde que la plante ne souffre du froid, du trop d'eau & de certains vers qui ont coûtume d'y venir ; au bout de cinq ans elle devient épaisse comme le poing, haute de sept palmes, & raporte du fruit. Ses feüilles sont semblables à celles du chataignier, mais un peu plus étroites ; la fleur croît par tout sur le tronc & sur les branches comme aux jassemins, mais à peine en reste-il la quatriéme partie ; il sort de la fleur un petit épi, comme celui du bled des Indes, de couleur verdatre quand il n'est pas meur ; & lorsqu'il l'est, de couleur de chataigne, & quelquefois jaune, blanc & bleu. C'eſt-là dedans que l'on trouve les grains du Cacao avec beaucoup de duvet deſſus, au nombre de 10. ou de 15. On fait la recolte de ces épis un peu avant la nouvelle lune, on les ouvre avec un coûteau, & on retire le fruit que l'on met ſecher pendant trois jours à l'ombre, enſuite pendant trois autres jours au ſoleil, après cela encore à l'ombre, & puis au ſoleil, juſqu'à ce qu'il ſoit bien ſec. Ces arbriſſeaux ne rendent pas l'air bien ſain. Ainſi finit la deſcription du Cacao & du Cacaotier du Sieur Careri; elle eſt courte, mais elle renferme bien des ſottiſes; il ſemble que cet Auʈheur ait voulu ſe rendre ridicule de gaiété de cœur, & donner avis à tout le monde qu'on ne doit point ajoûter foy à ſa rélation toute entiere, puiſqu'il a été capable de nous décrire d'une maniere ſi éloignée de la verité, un arbre que pluſieurs milliers de perſonnes connoiſſent ſi parfaitement, qu'il eſt impoſſible qu'on s'y trompe. C'eſt même aparament pour cela qu'on a eu ſoin de mettre à la tête de ſa deſcription là planche que l'on a coppiée ſur celle de l'Hiſtoire naturelle du Cacao de Monſieur de Cailus, où cette prétenduë plante & ſes épis ſont représentez aussi naturellement qu'ils sont éloignez de la description qu'en fait le Sieur Careri.

Les tasses ou gobelets dont on se sert pour prendre le chocolat, sont de différentes matieres & de différentes figures. Les plus ordinaires sont de fayence fine ou de porcelaine ; quelques-unes ont des soucoupes de la même matiere où elles s'emboitent ; d'autres ont des soucoupes ordinaires, & se servent sur des cabarets de vernis de la Chine. On met quelquefois le gobelet plein dans un autre semblable qui est vuide, pour éviter de se brûler en le tenant à la main. On fait des gobelets d'or, d'argent & de vermeil ; mais ils ont cette incommodité de conserver trop long-tems la chaleur du chocolat dont on les a remplis ; de maniere qu'il faut attendre qu'il soit presque froid avant de pouvoir porter le vase à la bouche ; ce qui est un inconvénient considerable, parce que le chocolat veut être pris le plus chaud qu'il est possible, & à plusieurs reprises. Les tasses ou gobelets de fayence fine, ou de porcelaine un peu épaisse me paroissent les plus commodes.

Les Espagnols, du moins ceux de l'Amerique, se servent beaucoup de noix de cocos coupées horifontalement au tiers ou à la moitié de leur hauteur : ils y font un bord, deux ances & un pied d'argent ; cela eſt propre & répond aſſez bien au chocolat, puiſque la taſſe qui le contient croît dans le même endroit que le Cacao dont il eſt compoſé.

Les Indiens ſe ſervent de certaines calebaſſes d'arbre qui n'ont pas plus de trois à quatre poûces de diametre ; ils les coupent comme les cocos, dont je viens de parler, & leur font un pied de la même matiere. J'ai vû de ces taſſes, ou pour parler le langage de l'Amerique, de ces coüis qui étoient très-propres ; le dehors étoit taillé à l'Arabeſque, & les hachures remplies de différentes couleurs qui faiſoient un fort bon effet.

Il y a certaines taſſes ou gobelets d'un bois très-leger, doublé & recouvert d'une feüille d'argent aſſez mince, qui me paroiſſent très-commodes ; le chocolat y conſerve ſa chaleur auſſi longtems qu'il eſt neceſſaire pour être pris comme il faut, & le bois empêche que ſa chaleur ne ſe communique trop violament à l'argent. On fait de ces gobelets à Paris & à Rome.

Je me ſuis toûjours ſervi du terme de

prendre le chocolat, quand j'ai parlé de l'action que l'on fait en s'en nourrissant; parce qu'il est le plus propre & le plus significatif pour exprimer cette action; car on ne peut pas dire boire du chocolat, comme on dit boire de l'eau ou du vin; on ne peut pas dire aussi manger du chocolat, lorsqu'il est dissous dans quelque liqueur. Il est trop épais pour être bû, & trop clair pour être mangé; tout de même qu'on ne dit pas boire un boüillon, ou une medecine. Ces raisons me paroissent suffisantes pour authoriser l'usage de dire, prendre & non pas boire le chocolat.

Au reste je ne fais cette remarque que pour instruire, & pour décrasser un peu, s'il est possible, les petits habitans de Saint Domingue & des Isles du Vent, sur tout ceux du quartier de la grande Ance de la Martinique, qui disent communément boire la chicolade, au lieu de prendre le chocolat. Ils font un usage si ordinaire du chocolat, de l'eau de vie & du tabac, que ces trois choses leur servent d'horloges & de mesures itineraires : de sorte que si on leur demande à quelle heure ils sont partis d'un endroit, & quand ils sont arrivez, ils répondent je suis parti au

Horloges & mesures itineraires des petits habitans

coup d'eau de vie, & je suis arrivé à la chicolade; c'est-à-dire, qu'ils sont partis au point du jour, & qu'ils sont arrivez sur les huit heures du matin, parce qu'ils prennent de l'eau de vie immanquablement tous les matins au point du jour, & le chocolat sur les huit heures; & lorsqu'on veut sçavoir d'eux la distance d'un lieu à un autre, ils disent il y a deux bouts de tabac, ou trois bouts de tabac, c'est-à-dire, qu'on emploie le tems de fumer deux ou trois bouts de tabac, en allant de ce lieu-là à l'autre, parce que leur coûtume étant de fumer toûjours en marchant, ils ont remarqué combien ils ont fumé de bouts de tabac en faisant ce chemin.

Les Espagnols, & à leur imitation beaucoup d'autres nations, font des moüillettes, ou de petites tranches de pain commun rôti, ou du biscuit fait exprès, qu'ils trempent dans leur chocolat, & qu'ils mangent avant de le prendre. Cette méthode ne sçauroit être mauvaise, sur tout, s'il est vrai, comme ils le prétendent, que les flegmes, les conditez & les autres impuretez qui sont dans l'estomach, s'attachent à ce pain, & que le chocolat les y trouvant assemblées, les y consomme, ou les précipite plus facilement, ce qui n'est pas une petite vertu dans le chocolat.

Il est bon de se tenir en repos pendant quelques momens après qu'on l'a pris, parce qu'il excite une petite sueur, ou une moiteur qui ouvre les pores, & qui fait transpirer les humeurs mauvaises ou inutiles.

Il arrive encore presque toûjours qu'on a envie d'uriner quelques momens après qu'on a pris le chocolat : c'est une marque certaine qu'il est diuretique ; à quoi je dois ajoûter, qu'il est rare que les personnes qui en usent soient resserrées, ou qu'elles soient attaquées de maux de tête, de vertiges & d'obstructions ; & pour faire voir la difference des effets qu'il produit étant simplement composé de Cacao, de sucre & d'un peu de canelle, ou de toutes ces drogues chaudes que les Espagnols y mettent en quantité & sans discretion, il ne faut qu'observer que ceux qui usent de ce dernier chocolat, deviennent à la fin maigres & desséchez ; au lieu que ceux qui se servent du premier sont presque toûjours gras, d'une chair ferme & sans être jamais sujets aux infirmitez qui viennent d'une trop grande chaleur d'entrailles.

Les Medecins Italiens ont prétendu remédier à ces inconveniens en ordonnant à ceux qui traînent une vie languissante sous leur esclavage, de boire un grand verre d'eau fraîche avant de prendre leur chocolat; & de préferer celle de Nocera à toutes les autres. Il y a apparence qu'ils ont interêt à faire débiter cette eau, & qu'ils ordonneroient celle du Tibre toute bourbeuse qu'elle est, s'ils y trouvoient le même avantage. Mais sans entrer dans ce détail, il me semble qu'il leur seroit plus facile de corriger la composition de leur chocolat, en empêchant qu'il n'y entrât tant de drogues si chaudes, que de noier l'estomach d'une personne, pour éteindre un feu qu'on pouvoit se dispenser d'y allumer.

On se sert du chocolat pour faire de petites tablettes, des dragées, des pastilles qu'on appelle diablotins, & une espece de marmelade sur laquelle on met des pignons confits. Il seroit à souhaiter que l'usage de cet excellent aliment s'établît en France comme il l'est en Espagne & par toute l'Amerique; outre l'avantage que ceux qui en useroient en rétireroient, il est certain qu'il en reviendroit un très-considerable à tout

Avantage que l'usage du Chocolat peut produire au Roi.

le Roiaume en general, aux Isles qui le produisent en particulier & sur tout au Roi par les droits d'entrée qu'il en retireroit, qui, quelques modiques qu'on les suppose, produiroient toûjours de très-grosses sommes, qui pourroient s'augmenter selon les besoins de l'Etat, sans crainte qu'on cessa d'en prendre dès qu'on s'y seroit une fois accoûtumé. Il n'y a qu'à considerer que les droits sur le tabac, quelques grands qu'ils soient à present, ou qu'ils puissent être dans la suite, n'en diminueront jamais la vente ni la consommation, à cause de l'habitude, & de la necessité où l'on s'est réduit d'en prendre. Il semble même qu'on en consomme davantage à mesure qu'il devient plus cher; & il en est de même de toutes les choses qui se consomment par la bouche.

Ne voions-nous pas que les droits d'entrée du sucre blanc qui n'avoient été que de huit livres par cent, jusqu'en 1698. aiant été augmentez jusqu'à quinze livres, n'ont aucunement diminué la vente & la consommation de cette marchandise. On doit donc esperer avec raison, qu'il en sera de même du chocolat, quand le bon marché aura donné lieu au peuple de s'y accoûtumer, &

qu'il se fera convaincu par une expérience de quelques années de ses bonnes qualitez, & des avantages qu'on en retire; mais il faudroit pour cela donner des bornes à l'avarice extrême de ceux qui le vendent tout préparé dans les Caffez qui exigent huit ou dix sols d'une tasse de chocolat, qui ne leur peut pas revenir à deux sols quelques drogues qu'ils y mettent.

Il y a encore une autre réfléxion à faire, qui est que la consommation du chocolat attire necessairement après elle une plus grande consommation du sucre, qui augmentera par une suite necessaire les revenus du Roi par les droits d'entrée qu'il en retirera, & les profits des compagnies de Guinée & de Senegal par la vente d'un plus grand nombre de negres dont les habitans des Isles auront besoin pour accroître leurs habitations & leurs manufactures de sucre & de Cacao; ce qui retournera encore au profit du Roi par l'augmentation des droits de capitation, sans compter que cette augmentation de commerce donnera lieu aux marchands d'entretenir un plus grand nombre de vaisseaux & de matelots, & de faire des envois plus considerables des denrées & des marchandises de France, ce qui ne peut pas manquer d'apporter à tout le Roïaume des richesses qui en rendront tous les peuples heureux.

Il ne faut pas oublier que l'on tire du Cacao une espece d'huile ou de beurre qu'on peut emploier à differents usages. *Beurre de Cacao*

L'Autheur de l'Histoire du Cacao a donné une maniere de tirer cette huile qui ne réussit pas toûjours dans les païs froids comme la France, où l'on ne peut pas avoir le Cacao aussi frais & aussi huileux que dans les païs où il croît. Voici deux autres manieres de tirer cette huile.

Faites griller, monder & piller le Cacao comme pour faire du chocolat, & faites-le sur le champ boüillir à grande eau pendant une demie heure, mettez le tout chaud dans une toille, coulez-le, & pressez le mare; & lorsque l'eau commencera à se réfroidir, vous receüillerez facilement l'huile qui nagera dessus. Si elle ne vous paroît pas assez nette, il n'y a qu'à la passer dans plusieurs eaux chaudes, & la receüillir sur la surface quand l'eau sera froide. Cette huile se congéle aisément, & dévient en consistence de fromage gras, assez blanche, sans odeur, d'un bon goût; elle ne rancit jamais, & se conserve tant que l'on veut.

Voici l'autre maniere, mais qui n'est praticable qu'aux endroits où croît le Cacao.

Après que le Cacao a ressué, & avant de le faire secher au soleil, on le pile dans un mortier, comme si on le vouloit réduire en pâte, ce qui est bien-tôt fait. On le fait boüillir à grande eau, & on receüille l'huile qui surnage, & lorsqu'elle cesse de venir, on passe l'eau & le marc par une toile & on le presse fortement, l'arrosant toûjours d'eau boüillante pour achever d'en tirer toute l'huile qui est aussi bonne que l'huile d'olives, & que l'on peut employer aux mêmes usages. On prétend qu'elle est excellente pour les hemoroïdes. Il ne faut qu'en imbiber un peu de cotton, & l'appliquer sur le mal, la douleur cesse presque dans le moment. Si ceux qui sont sujets à cette incommodité ont soin de se servir de ce remede deux ou trois fois par mois, non seulement ils ne ressentent plus ces douleurs, mais cette huile attendrit tellement les vaisseaux hemoroïdaux qu'ils se purgent sans la moindre peine du sang qui les gonfloit, dont la plenitude & la retention causent ces douleurs si sensibles, & souvent si dangereuses.

Remede pour les hemoroïdes.

Lorsqu'on ouvre les coffes de Cacao aussi-tôt qu'elles sont ceüillies, & que l'on en tire la pulpe ou le mucilage qui environne les amandes, on en fait une espece de crême épaisse d'un blanc tirant sur la couleur de chair, d'un goût extrémement agréable, & qui est très-rafraîchissante. Il ne faut pour cela que la battre à peu près comme on bat le lait dont on veut faire du beurre, mais il faut moins de tems & moins de travail. Si on s'enpoudre cette crême d'un peu de sucre, & qu'on y répande quelques goutes d'eau de fleur d'oranges, on en fait un très-délicieux manger. On peut s'en servir aussi-bien que de l'huile pour nettoier le teint, en ôter les rougeurs, les élevures, les dartres courantes & farineuses, & generalement tout ce qui gâte la peau. On l'applique en maniere de pommade avec un papier broüillard par dessus. On prétend avoir des expériences très-sûres de la bonté de ce remede ; comme je n'en parle que sur la foi d'autrui, je n'ai garde de me rendre garand du succès ; ce que je puis assurer, c'est qu'il est très-rafraîchissant, & que s'il fait autant de bien, étant appliqué sur la peau, qu'il en fait quand on l'a mangé, on peut s'en servir en toute sûreté, & s'en trouver bien.

J'ai parlé dans ma premiere partie des amandes de Cacao confites, j'ai enseigné la maniere de les faire, je renvoie les curieux à cette endroit-là.

Si on veut confire le Cacao tout entier, c'est-à-dire, la cosse & les amandes tout ensemble, il faut les cueillir quand elles sont encore fort jeunes, & seulement de la longueur d'environ trois poûces; on les fait boüillir à grande eau pendant une heure, après quoi on fait trois ou quatre petites incisions le long de leurs côtes, & on les met tremper dans l'eau douce & fraîche que l'on change soir & matin, pendant six jours; on les larde ensuite d'écorce d'oranges confites, de citron, d'un peu de gingembre & de canelle, & on les met comme les amandes dans différens sirops pendant six jours, à la fin desquels on les met dans un sirop de consistance. Cette confiture est bonne & délicate; & quand elle est tirée au sec, elle fait un fort bel effet pour terminer une piramide d'autres fruits secs, ou pour cantonner un ananas, ou quelque autre gros fruit.

Il me semble qu'il ne seroit pas plus difficile de confire le Cacao, quand il approche de sa maturité, & qu'il e toute la grosseur qu'il peut avoir, que des limons de cinq & six poûces de diametre, & de ces grosses oranges de la Barbade qu'on appelle des Chadeques, puisque l'épaisseur des écorces de ces fruits n'empêche pas qu'on ne vienne à bout de les confire tous entiers.

J'ai pris du chocolat dans lequel il y avoit moitié Cacao & moitié noix d'acajou. J'expliquerai ci-après ce que c'est que ce fruit. En attendant je dirai que ce chocolat étoit fort bon, qu'il mouffoit à merveille, & qu'il conservoit assez le goût de la noix d'Acajou qui est très-agréable. Chocolat aux noix d'acajou

J'ai goûté d'une teinture de Cacao, c'est-à-dire, de Cacao brûlé, moulu & infusé dans l'eau chaude comme le caffé, elle me sembla d'un assez bon goût; mais comme je n'en ai pris qu'une seule fois, je ne puis rien dire des effets bons ou mauvais qu'elle pourroit produire. Teinture de Cacao

J'ai aussi mangé des massepains composez de Cacao & de noix d'Acajou au lieu des amandes ordinaires; à la reserve de la couleur qui étoit brune, ils étoient d'un très-bon goût. Massepain de Cacao.

La noix d'Acajou est bien meilleure que les amandes dont on fait la pâte des massepains; elle a plus de saveur, plus de legereté, plus de délicatesse. On pourroit faire de ces massepains en Europe comme aux Isles, parce que les noix d'Acajou se peuvent transporter par tout, & se conserver pendant un grand nombre d'année sans se gâter.

Il me reste à parler de la vanille avant de finir ce que j'ai à dire du chocolat, puisque malgré sa mauvaise qualité on la fait entrer dans sa composition.

Description de la vanille.

Les Espagnols l'appellent Banilla ou Vinello; c'est le fruit d'une plante assez semblable au lierre. Sa tige qui est de trois à quatre lignes de diametre n'est pas tout-à-fait ronde. Elle est assez dure, sans être pour cela moins liante & moins souple; l'écorce qui la couvre est fort mince, fort adhérente & fort verte; la tige est partagée par des nœuds éloignez les uns des autres de six à sept poûces. C'est de ces nœuds que sortent les feüilles toûjours couplées; elles ressemblent beaucoup pour la figure à celles du laurier, mais elles sont bien plus longues, plus larges, plus épaisses & plus charnuës; leur longueur ordinaire est de cinq à six pouces, sur deux & demi de large; elles sont épaisses presque comme un Loüis d'or, fortes & ploïantes comme du cuir, d'un beau verd vif & comme

ver-

vernissé par dessus, & un peu plus pâle par dessous.

Cette plante est incapable de se soûtenir par elle-même, aussi vient-elle toûjours aux pieds des arbres ; quelquefois elle tourne autour en montant, & quelquefois elle monte assez droit en s'accrochant aux inégalitez de l'écorce, aux nœuds, aux fentes, aux crevasses qu'elle rencontre par le moïen de certains petits filets noirs qui sortent d'autour de ses nœuds au nombre de cinq ou six de chaque côté, qui s'attachent à l'arbre par de petites fibres, comme de petites griffes presque imperceptibles, qui s'y acrochent si fortement qu'on a de la peine à les en separer. A mesure qu'elle croît, elle se fourche & se divise en plusieurs rameaux qui courent & se répandent sur toutes les branches de l'arbre où leur tige est appuiée ; & pour lors la tige semblant n'avoir plus besoin de s'attacher si fortement à l'arbre, s'en détache peu à peu, & le soleil brûle ses petits pieds ; de maniere qu'il ne reste qu'une cicatrice noire qui fait connoître l'endroit où ils ont été. Cette plante aime les lieux ombragez & frais; c'est pour cela qu'on ne la trouve guéres qu'auprès des rivieres, ou dans des lieux où la hauteur & l'épaisseur des bois la met à couvert des trop vives ardeurs du soleil.

Les endroits où l'on trouve la Vanille en plus grande quantité sont la côte de Caracque & de Cartagene, l'Ithme de Darien & toute l'étenduë qui est depuis cet Ithme & le Golphe de Saint Michel jusqu'à Panama, le Jucatan & les Hondures. On en trouve aussi en quelques autres lieux, mais elle n'est ni si bonne, ni en si grande quantité.

Il y en a quantité & de très-belle dans la Terre-ferme de Cayenne. C'est de cet endroit que j'ai eu celle que je viens de décrire, & voici comment.

Deux de nos Religieux qui passerent à Cayenne en 1697. en venant à la Martinique, furent parfaitement bien reçûs par les RR. Peres Jesuites qui ont soin du spirituel de ce païs-là ; ils les logerent chez eux, & les traiterent avec toute la politesse & toute la charité possible pendant tout le tems que le vaisseau demeura en rade ; nos Peres virent chez les Jesuites quelques pots remplis de ces plantes qu'on avoit préparé pour envoier en Europe, que le vaisseau qui étoit parti n'avoit pas voulu prendre : ils témoignerent en avoir envie, & aussi-tôt ces RR. Peres leur en firent present d'un pot où il y en avoit trois pieds parfaitement bien repris: ils en eurent soin pendant le voïage, & étant arrivez à la Martinique, ils me le donnerent.

Je fis aussi-tôt mettre ces trois plantes en terre au pied d'un Cacaotier, & j'eus soin de les faire arroser jusqu'à ce que je les visse assez bien reprises & assez fortes pour se passer de ce secours. Elles profiterent très-bien, en moins de huit mois elles couvrirent tout l'arbre contre lequel je les avois appuïées ; cela m'obligea d'en lever deux pieds que je transplantai aux pieds de deux autres arbres où ils reprirent très-bien.

J'appris dans la suite de deux Officiers de Cayenne qui passerent à la Martinique, en allant en France, que je pouvois provigner ces plantes tant que je voudrois, & qu'il n'y avoit qu'à en couper les tiges ; & après avoir fendu en quatre le bout qui doit être enterré, les mettre dans de bonne terre, & avoir soin de les bien arroser jusqu'à ce qu'elles eussent bien repris. Je provignai de cette façon plusieurs tiges qui me sembloient hors d'œuvre sur les arbres où j'avois planté les premiers pieds, elles reprirent aifément. J'attendois donc patiemment le tems de les voir fleurir & rapporter du fruit ; car il faut de la patience, puifqu'on prétend que ces plantes font fept ans avant d'en rapporter; j'ai cependant de la peine à le croire, car il y a peu de plantes qui croiffent auffi vîte : mais je n'ai pû avoir cette fatisfaction, parce qu'une maladie que j'eus fur la fin de 1698. m'aiant obligé de quitter l'office de Procureur Sindic de nôtre miffion, le Religieux qui me fuccéda envoia des negres nouveaux pour farcler la Cacaotiere où étoit la Vanille, fans les en avertir & fans la leur faire connoître, ils la prirent pour une lianne ordinaire dont on leur avoit commandé de bien nettoïer tous les arbres ; ils obeïrent trop ponctuellement, & exécuterent fi bien l'ordre qu'on leur avoit donné, qu'ils couperent & arracherent entiérement toute la Vanille. Le nouveau Syndic étant allé cinq où fix jours après cette exécution voir l'état de la Cacaotiere, & de la Vanille, fut bien furpris de la trouver toute détruite ; il crut la chofe fans remede, & ne penfa pas à faire remettre en terre les plantes arrachées, il n'ofa même me le dire, parce qu'il fçavoit les foins que j'avois de cette plante, & combien je serois affligé de sa perte. Je fus obligé de me faire porter au Macouba dans le mois de Janvier 1699. où aiant recouvré une partie de ma santé, je fus au moüillage chercher le reste, & faire travailler au bâtiment de nôtre couvent dont j'avois donné le plan, & fait jetter les fondemens six mois auparavant ; de sorte que je ne retournai au Fonds Saint Jâques que dans le mois d'Aoust.

Je demandai d'abord des nouvelles de ma Vanille, & je fus également surpris & affligé, quand on me dit qu'il y avoit long-tems qu'elle étoit perie par l'accident que je viens de rapporter. Je courus aussi-tôt à la Cacaotiere, & contre toute esperance je trouvai qu'un rameau qu'on avoit laissé par mégarde sur un arbre, avoit jetté un long filet qui en rampant tout du long du tronc de l'arbre, étoit enfin arrivé à terre où il avoit pris racine ; & quoiqu'il ne fut pas plus gros qu'une grosse corde de luth, il ne laissoit pas de porter de la nourriture à la branche dont il étoit sorti & de l'entretenir, quoiqu'elle eut plus de trois lignes de diametre, qu'elle eut poussé plusieurs jeunes rameaux, & sans qu'il y eut aucune diminution ni dans la grandeur, ni dans la force, ni dans la couleur de ses feüilles.

Cette heureuse découverte me fit connoître que la tige de la Vanille étoit de même espece que certaines lianes, dont j'ai parlé dans un autre endroit, dont le pied étant coupé, les jets ou branches qui se trouvent sur les arbres renvoïent des filets vers la terre qui y prennent racine, & leur portent la nouriture dont ils ont besoin pour s'entretenir & pour se multiplier. J'allai visiter les autres arbres aux pieds desquels j'en avois planté, mais ce fut inutilement. Je m'avisai d'aller à l'endroit où l'on avoit jetté les mauvaises herbes & les ordures de la Cacaotiere, aussi-bien que les pieds de Vanille que l'on avoit coupé; ma joie fut grande quand je trouvai que plusieurs branches qui s'y étoient conservées, avoient pris racine & poussé considerablement; je les fis replanter en differens endroits, & j'en fis mettre dans des paniers avec de la terre pour les porter à la Guadeloupe où mes Superieurs pensoient à m'envoïer à la fin de l'année.

La connoissance que j'avois de la feüille & de la tige de la Vanille, fit que me promenant dans les bois avec un de nos voisins, je decouvris des liannes qui me parurent assez semblables à ma Vanille; j'en coupai quelques morceaux, & les aiant confronté avec celle que je cultivois, je trouvai que c'étoit la même chose, à la reserve que la feüille étoit un peu plus petite & plus mince; ce qu'on pouvoit attribuer au terrain qui n'étoit peut-être pas si gras, ni si profond que celui de Cayenne d'où la mienne étoit venue. Je fis part de cette découverte à quelques voisins à qui je donnai des feüilles de la mienne pour les confronter avec celles qu'ils pourroient trouver. Nos recherches ne furent pas inutiles, nous en découvrîmes plusieurs pieds dans les hauteurs de la Paroisse de Sainte Marie & de la Trinité. C'est par ce moïen que j'ai vû la fleur de la Vanille, & que j'ai ceüilli diverses fois de son fruit, c'est-à-dire, de celle qui croît naturellement à la Martinique; car pour celle de Cayenne que je cultivois avec tant de soin, elle a souffert tant d'accidens, que je suis parti des Isles avant d'avoir pû voir ni sa fleur ni son fruit, comme je le dirai ci-après.

A l'égard de celle que j'ai trouvé à la Martinique, je n'ai pû profiter de ma découverte, faute de sçavoir accommoder la gousse qui en provient, quoique j'ai employé bien du tems, & fait bien des tentatives pour y réüssir.

<small>Fleur & fruit de la vanille.</small> Je n'ai point remarqué que cette espece de Vanille, supposé qu'il y en ait plusieurs, fleurisse plus d'une fois chaque année. La fleur qu'elle produit est presque jaune, partagée en cinq feüilles, plus longues que larges, ondées & un peu découpées dans leur milieu ; il s'éleve du centre un petit pistille rond & assez pointu, qui s'allonge & se change en fruit. Cette fleur est à peu-près de la grandeur & de la consistance de celle des pois communs, elle dure tout au plus cinq ou six jours, après lesquels elle se fanne, se séche & tombe, & laisse le pistille tout nud qui devient peu à peu une silique de cinq, six & sept poûces de long, plus plate que ronde, d'environ cinq lignes de large & deux lignes d'épaisseur, de la figure à peu près de nos cosses d'aricots ; elle est d'un beau verd quand elle est jeune, elle jaunit à mesure qu'elle meurit, & devient tout-à-fait brune lorsqu'elle est séche ; le dedans est rempli de petites graines ou semences rondes presque imperceptibles & impalpables, qui sont rouges

avant d'être meures, & toutes noires quand elles ont toute leur maturité; elles n'ont aucune odeur fort senfible quand elles ne font pas meures que celle qui est commune à toutes les plantes qui est de sentir le verd ; mais quand elles font meures, & qu'on les froisse entre les mains elles rendent une petite odeur aromatique qui est fort agréable.

Si on laisse les cosses sur le pied jusqu'à leur parfaite maturité, le bout s'ouvre, & fait voir les petites semences noires dont elles sont remplies, qui sont un peu humides & comme mielleuses. Pour lors les oiseaux qui en sont extrémement friands, fondent dessus, achevent de les ouvrir avec leur bec, & mangent avec avidité toutes ces semences sans toucher à l'écorce de la silique. Je n'ai pû remarquer quel effet elles produisent dans les oiseaux, si elles les purgent, ou si elles les échauffent ; je croirois plutôt le dernier que le premier ; car tout le monde convient que la Vanille est une chose des plus chaudes qu'il y ait au monde.

Ces découvertes me firent penser férieusement à m'instruire à fond de la maniere dont les Indiens & les Espagnols la préparent: car c'est une marchandife d'un très-bon debit & fort avantageux. Je priai les Peres Jefuites de la Martinique d'écrire à leurs Peres de Cayenne pour le fçavoir, ils le firent; mais la reponfe n'étoit pas encore arrivée quand je partis des Ifles. Il arriva vers le milieu de 1699. un Juif heritier de Benjamin d'Acofta, ci-devant propriétaire de la Cacaotiere qui eft au pied du réduit ; il venoit de Coroffol où il étoit établi, pour demander des fommes qui étoient dûës à fon parent. Comme il fe vantoit d'avoir fort voïagé dans les Côtes de la Terre-ferme, & de fçavoir à fond comme on accommodoit la Vanille & la Cochenille, je le fis prier, & enfuite je le priai moi-même de m'apprendre comment les Indiens & les Efpagnols préparoient la Vanille, en quel tems ils la ceüilloient, comment ils la faifoient fécher, & generalement tout ce qu'il leur avoit vû pratiquer touchant cette plante.

Fauffe préparation de la vanille.

Il me dit que les Indiens la ceüilloient dès qu'elle commençoit un peu à jaunir, qu'après l'avoir fait boüillir quelques momens dans l'eau de vie, ils la faifoient fecher à l'ombre ; qu'étant à moitié féche ils l'applatiffoient entre leurs doigts dans toute fa longueur ; &

qu'enfin après l'avoir frotté avec un peu d'huile de Palma Christi, ou de Coco, ils l'enveloppoient dans des feüilles de balisier où elle achevoit de se sécher : & que sur toutes choses ils prenoient garde de ne la laisser jamais au soleil.

J'observai exactement tout ce que ce Juif m'avoit dit, je fis diverses épreuves & toûjours inutilement, d'où je conclus que la Vanille qui croissoit à la Martinique étoit d'une autre espece que celle de Cayenne, & de la nouvelle Espagne; & qu'ainsi il faudroit attendre que celle que je cultivois, rapporta du fruit, ou que je pûsse découvrir par quelque autre voie le moïen de préparer celle que nous avons à la Martinique.

Cependant j'ai sçû depuis, étant à Cadis à la fin de 1705. que toute la ceremonie que font les Indiens pour accommoder leur Vanille étoit de la ceüillir dès qu'ils s'apperçevoient qu'elle vouloit jaunir, & s'ouvrir, qu'ils la mettoient ressuer & fermenter comme j'ai dit qu'on mettoit le Cacao, pendant deux ou trois jours, & qu'ensuite ils la mettoient sécher au soleil ; quand elle étoit à moitié seche, ils l'applatissoient entre leurs doigts ; & qu'après l'avoir

Meilleure manière de préparer la vanille.

frotté d'huile de Palma Christi, ou de Coco, ou de Calba, ils l'exposoient encore au soleil pour achever de la faire sécher, après quoi ils la frottoient d'huile une seconde fois, & la mettoient en paquets qu'ils couvroient de feüilles de balisier ou de cachibou. Cette methode est bien differente de celle du Juif; mais comme je n'ai pas eu la commodité de l'éprouver depuis que je la sçai, je ne puis pas assurer qu'elle soit la veritable; j'ai pourtant lieu de le croire, parce que je l'ai appris de gens dignes de foi, & qui me paroissent très-bien instruits. Il est naturel de penser que ce Juif étoit un ignorant ou un trompeur, & peut-être tous les deux ensemble, cela n'étant pas fort extraordinaire dans ces sortes de gens.

Differentes occupations & quelques voïages assez longs que je fus obligé de faire, m'empêcherent de transporter de la Vanille à la Guadeloupe, comme je me l'étois proposé, qu'au mois de Novembre 1701. J'y en portai pour lors huit pieds qui avoient de bons commencemens de racines, je les plantai en differens endroits de nos habitations; mais malgré tous mes soins, quelques uns sécherent, & les autres eurent bien

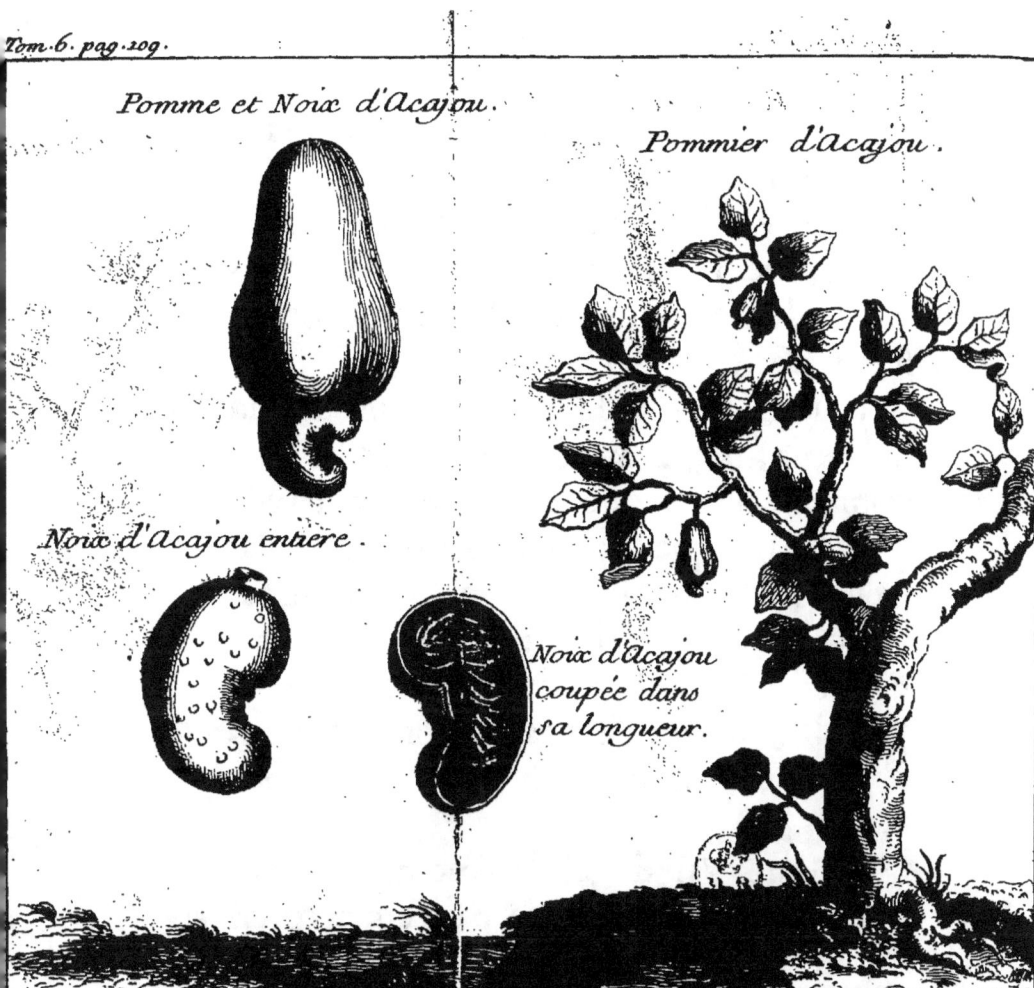

de la peine à reprendre ; ils pousserent à la fin, & me donnoient esperance de voir quelque jour leurs fruits, quand les Anglois aiant fait une irruption à la Guadeloupe au mois de Mars 1703. & s'étant rendus maîtres du quartier du Baillif où sont nos habitations, entre autres desordres qu'ils y firent, ils arracherent toute ma Vanille, & selon les apparences ils l'emporterent chez eux ; car il me fut impossible d'en retrouver seulement une feüille quand ils se furent retirez.

Je retournai à la Martinique sur la fin de la même année 1703. & je recommançai tout de nouveau à cultiver ma Vanille que j'y avois laissé, que j'ai trouvai fort negligée ; je la provignai beaucoup, & je la laissai en bon état quand je fus obligé de passer en France pour les affaires de nos missions en 1705. J'ignore depuis ce tems-là ce qui y sera arrivé.

Ce que j'ai dit ci-devant de la noix d'Acajou m'engage à ne pas remettre en un autre endroit ce que je dois dire de l'arbre qui l'a produit ; on le nomme pomier d'Acajou, on auroit pû aussi-bien l'appeller poirier ; car ni lui, ni son fruit n'approchent en aucune façon des poiriers ou des pommiers ; il vaudroit mieux, ce me semble, l'appeller simplement Acajou sans l'enregimenter avec ces arbres. Le mot Acajou est Ameriquain ; c'est un des meilleurs arbres fruitiers de l'Amerique & des plus singuliers ; ses feüilles, ses fleurs & ses fruits, tout est extraordinaire. On en voit quelques-uns qui sont assez-bien faits & de la grandeur de nos abricotiers de France, mais on en trouve beaucoup davantage qui sont mal faits, dont les branches sont mal disposées, tortuës, noüeuses & sans ordre ; le bois est grisâtre, assez fort, coriace & pesant ; son écorce est mince, lice, adhérente, d'un blanc sale, avec quelques points & lignes brunes ; la feüille est grande, ferme, bien nourrie, d'une bonne épaisseur, ronde à son sommet & plus pointuë vers la queüe ; son exposition au soleil lui donne differentes couleurs, ses bords sont rouges & aurores, & son milieu est d'un verd vif & vernissé.

Acajou arbre fruitier.

Ses fleurs sont très-petites, elles viennent par bouquets, elles ne paroissent d'abord que comme des boutons pointus à leur sommet, d'un verd assez pâle, qui en s'ouvrant se partagent en six feüilles qui forment un calice dont la capacité est remplie de petites étamines d'un jaune doré qui environnent un piſtille de même couleur, mais plus long ; les feüilles qui compoſent cette fleur ſont blanchâtres au commencement, elles prennent enſuite une couleur de pourpre mêlé de lignes blanches, ce qui fait un très-bel effet. Ces fleurs durent aſſez peu, on voit à leur chute que le piſtille ſe change en fruit compoſé de deux parties très-differentes : la premiere eſt une noix en forme de rognon de coq qui eſt d'abord de couleur verte, de dix à quinze lignes de long, ſur huit à dix lignes dans ſon plus grand diametre, applatie par les cotez. Cette noix attire après elle un fruit d'une figure oblongue, arrondi, couvert d'une peau fine & très-unie, de trois, quatre & cinq poûces de longueur, ſur vingt à vingt-quatre lignes de diametre. Le bout qui l'attache à l'arbre eſt plus petit d'une cinquiéme partie que celui qui eſt attaché à la noix. Tout ce compoſé eſt verd avant d'être meur, mais il change de couleur quand il eſt meur, la peau ou enveloppe de la noix devient griſe & preſque brune, elle eſt de l'épaiſſeur d'une demie ligne, dure, coriace, & point du tout caſſante ; lorſqu'on la coupe elle rend une huile aſſez épaisse, extrémement amére & encore plus caustique ; on s'en sert avec succez pour faire mourir les veruës qui viennent aux mains & autres parties du corps, & sur tout pour les cors des pieds, après qu'on les a amollis avec un petite emplâtre de cire noire de la Guadeloupe, ou avec de l'eau tiede ; on coupe legerement le dessus avec un rasoir, & l'on met dessus un peu de cette huile ; elle consomme le reste du cors jusqu'à la racine, sans danger qu'il en arrive aucun accident, ni qu'il revienne jamais.

Huile de noix d'acajou

Je croi qu'il n'est pas necessaire d'avertir, qu'il faut se donner garde de couper l'écorce de cette noix avec les dents, parce qu'on se mettroit en risque d'avoir la bouche, les lévres & la langue gâtées & cauterisées.

Cette enveloppe renferme une amande de la même figure qu'elle, couverte encore d'une autre pellicule brune, de l'épaisseur d'une feüille de papier ; sa substance est d'une blancheur admirable, compacte, huileuse & d'un goût infiniment au dessus de celui des amandes, des noisettes & des autres fruits de cette espece. Quand ces amandes sont nouvelles on les met dans l'eau fraîche, après qu'elles sont dépoüillées de leurs

Amande ou noix d'acajou

peaux, & on les mange avec du sel comme les cerneaux : mais lorsqu'elles sont séches, on fend un peu l'écorce & on les met dans la braise ; on leve facilement l'écorce quand elles sont cuittes, & la seconde peau, & on les mange comme des marons, mais avec plus de plaisir, parce qu'elles sont infiniment meilleures ; on s'en sert pour faire des macarons & des massepains, & pour donner au rossoli & autres liqueurs un très-bon goût. Quand on les veut faire entrer dans la composition du chocolat avec le Cacao, on les fait griller, & on les dépoüille de leurs enveloppes, après quoi on les pile & on les passe sur la pierre comme le Cacao.

Ces noix se peuvent transporter par tout & se garder très-long-tems. J'en ai qui sont à Paris depuis près de quinze ans & qui ont encore toute leur huile & toute leur saveur presque aussi entiere comme elles l'avoient en Amerique.

A mesure que le fruit meurit sa couleur se change, de verte qu'elle étoit au commencement, elle devient jaune, & en partie de couleur de feu très-belle & très-vive ; ordinairement le côté qui est exposé au soleil devient plus rouge & plus coloré. Ce fruit n'a ni noïaux, ni pepins ; c'est sa noix qui étant mise en terre leve en moins de sept ou huit jours, & produit l'arbre qui le porte. La peau du fruit n'est pas plus épaisse qu'une feüille de papier, très-unie & très-delicate ; elle renferme une substance molasse & aqueuse, épaisse comme de la gelée claire qui environne quantité de petites fibres longues, tendres & déliées. Le goût de cette substance est âcre & agaçant quand le fruit n'est pas bien meur ; mais il s'adoucit & ne conserve qu'une petite pointe d'aigreur sucrée & rejoüissante lorsqu'il est dans sa parfaite maturité ; il est rafraîchissant ; on en donne aux malades pour les desalterer, & les rafraîchir ; il semble qu'il nettoie le cœur & la bouche, il ne peut faire que du bien, à moins qu'on ne le mange en trop grande quantité, parce qu'alors le peu d'âcreté qui lui reste ne laisseroit pas d'être à craindre. Pour ne pas tomber dans cet inconvénient il est plus seur de le mettre en composte. Pour cet effet on fait boüillir le fruit ou entier ou coupé, en deux ou en quatre, selon sa longueur, dans de l'eau pure, pendant quelques momens, & après qu'il est égouté on le met dans le sucre à l'ordinaire.

L'Acajou a beaucoup de nœuds, comme je l'ai remarqué ci-devant, il en fort, auſſi-bien que des inciſions que l'on fait à ſon tronc, à ſes branches & même en arrachant ſes feüilles, une gomme à peu-près de même eſpece que la gomme Arabique, que l'on peut employer aux mêmes uſages ; elle eſt claire, tranſparente, tenace, mais un peu plus difficile à détremper que la gomme d'Arabie. Quoique le fruit & l'arbre dont je viens de faire la deſcription, ne regardent le chocolat qu'autant qu'on peut faire entrer la noix d'Açajou dans ſa compoſition, j'ai cru qu'il étoit plus à propos d'en parler ici que de renvoïer le lecteur en chercher la connoiſſance dans un autre endroit.

Gomme d'acajou

Voila ce que j'ai pû remarquer par moi-même du Cacao, du Chocolat, de la Vanille & des autres ingrédiens qui peuvent entrer dans ſa compoſition. Je n'ai rien écrit ſur le rapport d'autrui, & c'eſt ce qui eſt cauſe que ce diſcours n'eſt pas auſſi étendu qu'il auroit pû l'être : mais il vaut mieux écrire peu & être bien aſſuré de ce que l'on écrit.

Il me reſte un avertiſſement à donner touchant le Chocolat qui eſt d'en uſer avec moderation, quelque bon &

bien conditionné qu'il puisse être, parce que les meilleures choses deviennent mauvaises quand elles sont prises avec excès. Le pain qui est le meilleur des alimens, expose à de grands dangers ceux qui en mangent trop, parce qu'il fournit plus de substance nourrissante que l'estomach n'en peut supporter, & que la chaleur naturelle n'en peut digerer. On doit dire la même chose du chocolat, il contient plus de suc nourrissant qu'aucun autre aliment, d'où il faut conclure qu'on n'en doit jamais faire d'excès; qu'on doit regler la quantité qu'on en prend sur sa complexion, son âge, ses besoins, ses forces, son travail, & que moins on le rendra agréable au goût & à l'odorat par des drogues chaudes, & par des parfums, plus l'usage qu'on en fera sera utile, & procurera la joüissance des avantages qu'il renferme.

CHAPITRE II.

Les Anglois s'assemblent à l'Isle de Mariegalante pour attaquer la Guadeloupe. Précautions du Gouverneur de cette Isle. Etat de ses Troupes.

JE reprens dans ce sixiéme volume l'endroit où j'en étois demeuré en finissant le cinquiéme, ce que j'ai été obligé d'interrompre par l'Histoire naturelle du Cacao qu'il ne m'a pas été possible de placer dans un autre lieu.

Le sixiéme Mars de l'année 1703, nous reçûmes avis de la grande Terre de la Guadeloupe, qu'on avoit vû aborder à Mariegalante un nombre considerable de bâtimens.

Dans l'incertitude où l'on étoit si c'étoit la Flotte Angloise qui y venoit faire son quartier d'assemblée, comme elle avoit fait dans la guerre précédente, ou celle du Gouverneur General de nos Isles que nous attendions à tous momens qui voulût prendre langue, & sçavoir des nouvelles du païs avant de s'aprocher de la Martinique que l'on pouvoit soupçonner être attaquée; Monsieur Auger Gouver-

1703.

Pirogues envoiées à la découverte.

neur de la Guadeloupe dépêcha deux pirogues commandées par un Lieutenant de milice nommé Raby, & lui ordonna d'aller à la Grande Terre, & enſuite de s'aprocher de Marie-galante le plus près qu'il pourroit, & d'examiner avec ſoin les bâtimens qui y étoient moüillez. On donna ordre aux deux pirogues de ne point porter de voile, que pour prendre chaſſe, & de ſe tenir toûjours à vûë l'une de l'autre avec des ſignaux concertez pour agir ſelon les occaſions qui ſe préſenteroient. On les inſtruiſit de ce qu'ils auroient à repondre s'ils avoient le malheur d'être pris & interrogez par les Anglois; ſçavoir, que nous avions dix-ſept cent hommes de milice tant de l'Iſle de la Guadeloupe, que de la Grande Terre & des Saintes, qu'il nous étoit venu ſix cent Flibuſtiers de la Martinique avec quatre compagnies de la Marine, outre les deux que nous avions, & qu'on nous promettoit un plus grand ſecours, ſi nous en avions beſoin, outre celui qu'on attendoit de France ; & que c'étoit ſur l'avis qu'on avoit eu, qu'il y avoit des bâtimens moüillez à Marie-galante, qu'on les avoit dépêché pour ſçavoir qui ils étoient. On leur avoit encore donné ordre qu'une des deux pirogues revint aussi-tôt qu'ils auroient découvert de quelle nation étoient ces bâtimens, & que l'autre allât mettre à terre à la Cabesterre de Marie-galante, & tâcher de parler aux habitans qui s'y étoient retirez, pour faire ensorte d'enlever quelque prisonnier, & nous le conduire, & répandre sans affectation les nouvelles que je viens de dire, afin que si quelque habitant étoit pris il pût les debiter aux Anglois comme il les avoit appris.

Une de nos pirogues revint le dix à la pointe du jour; elle rapporta que c'étoit la Flotte Angloise, & qu'on n'en pouvoit pas douter, puisqu'ils s'en étoient approchez pendant la nuit assez près pour entendre le langage que l'on y parloit. C'étoit Raby qui nous envoïoit sa seconde pirogue avec cet avis, pendant qu'il s'en alloit avec la sienne à la Cabesterre de Marie-galante pour prendre langue des habitans.

Nouvelles assurées de la Flotte Angloise.

Il en joignit quelques-uns avec assez de peine, de qui il sçut que les Anglois n'attendoient que la jonction de quelques milices des Isles de dessous le Vent qui n'étoient pas encore arrivées, pour attaquer la Guadeloupe; que ceux de la Barbade n'y étoient pas, parce qu'ils ne vouloient pas obeïr au General Codrington qui n'a aucune authorité sur la Barbade. Ils avoient scû cela par un Anglois qu'ils avoient trouvé écarté dans le bois, & qui étoit mort de la blessure qu'il avoit reçû quand il fut pris.

Raby auroit été bien aise d'engager les habitans à faire quelque mouvement pour avoir un prisonnier, mais il ne les y trouva pas disposez ; ils craignoient d'être découverts & poursuivis, ou que quelqu'un des leurs ne fût pris en voulant prendre, & qu'à force de tortures on ne lui fit avoüer où les autres se retiroient, ce qui les auroit exposez à être saccagez par les Anglois. Tout ce qu'il put faire fut d'aller avec des guides au travers des bois le plus-près du lieu où la Flotte étoit moüillée, pour considerer m eux qu'il n'avoit fait pendant la nuit, le nombre & la force des bâtimens & la quantité des Troupes qu'il y pouvoit avoir. Il partit de Marie-galante après qu'il eut fait ses observations, & arriva à la Basse-Terre de la Guadeloupe la nuit du 12. au 13. de Mars. Après qu'il eut fait son rapport, & qu'on eut fait rafraîchir son équipage pendant quelques heures, on le renvoia aux Saintes pour y porter des ordres,

ordres, & pour retourner avec l'autre pirogue observer les mouvemens des ennemis, & en donner avis.

Dès les premiers avis certains que nous eûmes que les ennemis étoient à Marie-galante, on fit prendre les armes à tous les habitans ; & on leur ordonna de se rendre au Bourg de la Basse-Terre comme au lieu d'assemblée, d'où on observeroit plus aisément ce que les ennemis voudroient entreprendre, pour s'y opposer selon qu'il seroit jugé à propos. Tous les habitans de l'Isle & soixante hommes des Saintes s'y rendirent au premier commandement, laissant seulement pour la Garde des quartiers, & pour retenir les negres dans leur devoir, les Vieillards, les Infirmes, & la Jeunesse qui pouvoit, à la verité, faire le coup de fusil, mais qui n'avoit pas encore assez de force pour suivre les Troupes, & resister aux fatigues de la guerre.

Assemblée des milices.

Il n'y eut que les habitans de la Grande-Terre qui firent difficulté d'obeïr, sous prétexte qu'ils pouvoient être attaquez eux-mêmes, les Anglois étant si proches d'eux. C'étoit une très-mauvaise excuse, car les ennemis n'avoient garde de commencer leur attaque par leur quartier

Les habitans de la Grande Terre refusent de venir.

si facile à défendre, qu'il n'y avoit qu'à gâter les citernes, & combler quelques mauvais puits que l'on y trouvoit pour faire perir de soif toute leur armée. L'objet de leur entreprise étoit la Guadeloupe, étant bien assurez que s'ils étoient une fois maîtres de cette Isle, la Grande-Terre tomberoit d'elle-même entre leurs mains: c'étoit donc à la conservation de la Guadeloupe qu'il falloit songer uniquement. Monsieur Auger ne manqua pas d'envoier le Sieur de Maisoncelle Capitaine d'une Compagnie détachée de la Marine qui faisoit les fonctions de Major, pour faire assembler ces habitans, leur représenter leur devoir, & les sommer de se rendre au quartier d'assemblée à la Basse-Terre de la Guadeloupe, sans aucun retardement, sous peine d'être traitez comme rebelles au Roi, & traîtres à la nation. Mais on n'eut pas besoin de ces formalitez ; car avant que le Sieur de Maisoncelle arrivât, ces habitans avoient fait réflexion au danger & à l'infamie où ils s'exposoient par leur désobeïssance ; & pour effacer la faute qu'ils avoient commencé de commettre, ils vinrent en diligence & de bonne grace, & se comporterent en gens de cœur pendant toute cette guerre,

J'avois été surpris, en apprenant que la nuit du sept au huit il étoit arrivé de la Martinique un jeune Ingénieur nommé Binois, que j'avois vû à Saint Christophle auprès du Comte de Gennes ; je crus d'abord que le Gouverneur m'en avoit fait un mistere, & je fus fâché, comme je le devois être, qu'il l'eut appellé lorsque tout étoit fait, & comme pour receüillir le fruit d'un travail extraordinaire de plus d'une année dont j'avois supporté la fatigue tout seul. J'en témoignai mon juste ressentiment au Lieutenant de Roi, & je me retirai chez nous. Je feignis d'être incommodé pour ne pas être obligé de dire à nos Peres, que j'avois des raisons pour ne plus servir, je me mis à embaler mes hardes & mes papiers, que j'envoïai chez un de mes amis au réduit, & ce contretems vint fort à propos pour les sauver.

Monsieur le Gouverneur qui avoit besoin de moi, & qui n'étoit pas bien-aise qu'on pût lui reprocher d'en avoir mal agi après les services que je lui avois rendu, n'eut pas plutôt appris de M. de la Malmaison le sujet de ma retraite, qu'il monta à cheval, & me vint trouver. Nos Peres furent surpris de sa visite, & lui dirent d'abord que mon

F ij

incommodité ne seroit rien, & qu'un peu de repos me remettroit en état de travailler à l'ordinaire. Il vint dans ma chambre, & me trouva au lit, je m'y étois mis quand mon negre m'eut averti qu'il paroissoit. Après que nôtre nouveau Supérieur lui eut tenu compagnie un moment, il se retira, & le laissa seul avec moi : il me dit aussi-tôt qu'il venoit sçavoir ce qu'on pouvoit faire pour me rendre la santé qui lui étoit aussi necessaire qu'à moi-même. Je lui repondis que je l'avois emploié à son service tant que j'en avois eu ; mais qu'à present qu'il n'avoit plus besoin de moi, j'avois tout le tems d'être malade. Je vois bien, me dit-il, ce qu'il y a, vous croiez que c'est moi qui ai fait venir Binois, je puis vous assurer que je n'y ai jamais pensé, & s'il vous fait le moindre ombrage, je le ferai partir aujourd'hui pour la Martinique ; mais étant de mes amis comme vous êtes, entrez, je vous prie, dans mes besoins; nous sommes à la veille d'être assiégez, il faut de necessité un homme du métier dans le Fort, vous êtes seul ici, si vous y entrez qui auront nous pour faire faire les travaux qu'il conviendra de faire ? & si vous n'y entrez pas, qui de nos Officiers pourra faire reparer une breche, & difputer le terrain pied à pied, comme j'efpere que nous le ferons. Ces raifons, jointes à l'amitié que j'avois pour lui, me toucherent ; je lui dis que je le laiffois maître de mon fort, & que je ne travaillerois plus que pour l'amour de lui, étant bien clair que ce feroit le Sieur Binois qui recevroit la récompenfe de ce qu'il y auroit de bien fait : il me répondit qu'il y mettroit bon ordre, qu'il alloit écrire en Cour en ma faveur encore plus fortement qu'il n'avoit fait ; & que jufqu'à ce qu'on fût obligé d'entrer dans le Fort, Binois ne fe mêleroit de rien, que je ferois feul toutes chofes à l'ordinaire ; & que fi nous étions reduits à cette extrémité, j'aurois le choix de conduire le dedans du Fort ou le dehors ; il m'embraffa après ces paroles. Il n'en fallut pas davantage pour me contenter ; je lui promis de continuer à fervir, & l'aïant prié de me permettre de me lever, il fortit de ma chambre pour me laiffer habiller. Cela fut bientôt fait, car j'étois prefque tout vêtu dans mon lit. Je montai à cheval, & je m'en allai aux travaux avec lui. Nos Peres furent étonnez d'une fi prompte guerifon, mais ils n'en purent péné-

F iij

trer la cause, comme ils n'avoient pû sçavoir celle de la maladie. Je fis charger vingt bombes qui nous restoient de celles que les Anglois nous avoient laissé la guerre passée, & les fis mettre deux à deux dans des futailles avec des grenades & des ferrailles, pour enterrer au devant des breches, pour faire sauter ceux qui viendroient à l'assaut. Je fis aussi charger deux à trois cent grenades, & je fis préparer quelques artifices; je me servis pour cela d'un Orfévre nommé Guillet qui sçavoit quelque chose de la composition des feux d'artifice.

Le Fort étoit pourvû de munitions de guerre & de bouche autant qu'en pouvoient consommer trois cent hommes pendant six mois; mais comme il étoit à craindre que les ennemis ne coupassent la rigolle qui portoit l'eau dans la citerne découverte, ou que cette eau ne fût gâtée par quelque accident, nous fîmes remplir entiérement la citerne du donjon, & celle qui étoit découverte, & nous fîmes mettre à couvert un bon nombre de grosses futailles pleines d'eau; & pour une plus grande seureté, je fis faire un petit sentier entre le donjon & le cavalier pour descendre

Françoises de l'Amerique. 117
1703.

à la riviere des gallions, avec un parapet du côté opposé à ce chemin, afin que si les ennemis se rendoient maîtres du Fort, on pût les empêcher de se servir de ce chemin pour pénétrer de l'autre côté de la riviere.

Toutes nos Troupes étant arrivées au Bourg de la Basse-Terre Monsieur le Gouverneur en fit la reveüe le 12. de Mars. En voici l'état.

TROUPES DE LA MARINE.

État des Troupes de la Guadeloupe.

Premiere Compagnie.
Capitaine, le Sieur de Maisoncelle.
Lieutenant, le Sieur Cloche.
Enseigne, le Sieur Desrieux. Soldats 58.

Seconde Compagnie.
Capitaine, le Sieur du Chatel.
Lieutenant, le Sieur de Poincy.
Enseigne, le Sieur de Lonvilliers.
Soldats 60

MILICES DE LA GUADELOUPE.

Compagnie de Cavalerie de la Basse-Terre.
Capitaine, le Sieur Roulle.
Lieutenant, le Sieur Boulogne.
Cornette, le Sieur Bigot. Hommes 80.

F iiij

Compagnie de la Cabesterre.
Capitaine, le Sieur Desprez.
Lieutenant, le Sieur Dupont.
Cornette, le Sieur N... Hommes 54.
INFANTERIE.
Premiere Compagnie de la Basse-Terre.
Capitaine, le Sieur Celleron.
Lieutenant, le Sieur Rabby. Hommes 62.
Seconde Compagnie.
Capitaine, le Sieur Heurtaut.
Lieutenant, le Sieur Gardet.
Enseigne, le Sieur Pierret. Hommes 66.
Compagnie du Baillif.
Capitaine, le Sieur de Bourg.
Lieutenant, le Sieur la Tour.
Enseigne, le Sieur le Roi. Hommes 40.
Compagnie de Saint Robert.
Capitaine, le Sieur Rousseau.
Lieutenant, le Sieur le Doux.
Enseigne, le Sieur Rimberg. Hommes 28.
Premiere Compagnie des Habitans.
Capitaine, le Sieur Boucachar.
Lieutenant, le Sieur Lorgé.
Enseigne, le Sieur l'Epinard. Hommes 64.
Seconde Compagnie.
Capitaine, le Sieur Thomaseau.
Lieutenant, le Sieur le Brun.
Enseigne, le Sieur Richard. Hommes 64.
Compagnie de l'Islet à Goyaves.
Capitaine, le Sieur Lostaut.

Lieutenant, le Sieur Loſtaut le jeune. 1703.
Enſeigne, le Sieur Marſol. Hommes 56.
 Compagnie de la Pointe noire.
Capitaine, le Sieur de la Ruë.
Lieutenant, le Sieur Goſſe.
Enſeigne, le Sieur Jolly. Hommes 110.
 Compagnie du Grand Cul de Sac.
Capitaine, le Sieur Vandelſpigue.
Lieutenant, le Sieur de Courville.
Hommes   35.
 Compagnie du Petit Cul de Sac.
Capitaine, le Sieur Tiphane.
Lieutenant, le Sieur   Hommes 58.
 Compagnie de la Riviere à Goyaves.
Capitaine, le Sieur Deſvaux.
Lieutenant, le Sieur Cretel.
Enſeigne, le Sieur Maſarty. Hommes 62.
 Compagnie de la Cabeſterre.
Capitaine, le Sieur Chevalier.
Lieutenant, le Sieur Filaſſier.
Enſeigne, le Sr. du Mouchel. Hommes 42
 Compagnie des trois Rivieres.
Capitaine, le Sieur Des Meurs.
Lieutenant, le Sieur Rigollet.
Enſeigne, le Sieur   Hommes 54.
 Milices de la Grande-Terre.
 Compagnie de Cavalerie démontée
  & Volontaires.   40.
Compagnie du Sieur Trezel   65.
Compagnie du Sieur Titeca   58.

Compagnie du Sieur Sain   45.

MILICES DES SAINTES.

Capitaine, le Sieur Portail.
Lieutenant, le Sieur Riviere.
Enseigne, le Sieur la Pichauderie.
Hommes   60.

Compagnie d'Enfans perdus.

Capitaine, le Sieur le Févre le Manchot.
Lieutenant, le Sieur Jolly.
Enseigne, le Sieur Perier. Hommes 56.

Compagnie de Negres.

Capitaine, la Perle.
Lieutenant, Haly.
Enseigne, Mingault.
Hommes   62.

Volontaires qui accompagnoient Monsieur le Gouverneur   36.

Total des Troupes   1418.

Comme nous manquions de Canoniers, n'y en aiant qu'un entretenu dans le Fort, & deux autres qui en faisoient le métier afin d'être exempts de guet, de garde & de corvées, ce qui ne suffisoit pas pour servir nôtre Artillerie : Monsieur Auger trouva moïen d'engager deux Canoniers d'un vaisseau Nantois qui étoit dans les abîmes du Petit Cul de Sac, pour venir servir au Fort, à condition d'être payez

Françoises de l'Amerique. 131

comme Canoniers des vaisseaux du Roi, 1703.
& d'être récompensez comme Flibustiers
s'ils venoient à être estropiez, de la
maniere que je l'ai dit dans ma premiere
partie.

Je croi qu'on sera bien-aise de connoître les Officiers qui nous commandoient ; je ne prétens pas pourtant faire leurs portraits, car je ne suis pas assez habile peintre, mais je les connois tous si parfaitement, que je croi qu'on pourra s'en rapporter à ce que j'en vais dire.

Monsieur Auger Gouverneur de la Guadeloupe & ensuite de Saint Domingue étoit Creolle de Saint Christophle, fils d'un Officier très-riche de la même Isle ; sa mere étoit de Diéppe, elle devoit avoir été très-belle, puisqu'elle avoit été choisie pour représenter le principal personnage de la Fête de la My-Aoust. Monsieur Auger avoit demeuré quelques années à Malte où le Commandeur de Poincy l'avoit envoié pour apprendre le métier de la guerre ; il avoit fait quelques campagnes sur les galeres de la Religion, & il s'y étoit acquis de la reputation. En revenant aux Isles avec sa mere ils eurent le malheur d'être pris par un corsaire de Salé, & quoiqu'il cachât avec soin son bien &

Monsieur Auger.

F vj

sa naissance, il auroit eu tout le tems de s'ennuïer dans cet esclavage, si un favori du Roi de Maroc qu'on avoit gagné à force d'argent, n'eut enfin obtenu leur liberté, moyennant cinq ou six mille écus. Il avoit un frere aîné qui avoit servi en France, & que le Commandeur de Saint Laurent avoit fait connoître à la cour en l'envoïant porter au Roi les Drapeaux qu'on avoit pris sur les Anglois lorsqu'on les chassa de cette Isle en 1666. Ces deux freres s'étoient trouvez à l'attaque des Isles de Nieves, de Saint Eustache, d'Antigues, de Tabac, & à quelques expéditions contre les Espagnols; ils avoient donné en toutes ces occasions des marques d'une veritable valeur. Le Marquis de Maintenon d'Angennes qui avoit le Gouvernement de Marie-galante, proposa à Monsieur Auger l'aîné de lui donner sa sœur en mariage, & de lui ceder son Gouvernement qui lui tiendroit lieu de dôt; (car cette illustre famille étoit infiniment mieux partagée du côté de la Noblesse que de celui de la fortune.) Pendant qu'on attendoit à l'Amerique Mademoiselle Loüise d'Angennes pour l'exécution de ce Traité, Monsieur Auger mouru; de sorte que quand elle arriva, elle trouva son futur Epoux au tombeau. Le remede qu'il y eut à cela, fut de la marier au cadet qui est celui dont je dois parler ici, qui en héritant des biens de son frere, herita en même-tems de sa femme & de son gouvernement.

Monsieur Auger étoit âgé de 57. à 58. ans en cette année 1703. il étoit d'une moyenne taille, assez fournie, il avoit les yeux bleus, la bouche grande, le nez mediocre, la forme du visage plate, la physionomie peu heureuse, les cheveux mêlez; & quoiqu'il eut le devant de la tête presque chauve, il ne pouvoit se resoudre à porter la peruque. Il s'habilloit proprement & très-simplement, il étoit vif & colere; & quoiqu'il prit beaucoup sur lui pour témoigner de la modération, le feu qui lui montoit au visage faisoit connoître son émotion; & d'ailleurs il avoit le visage fort rouge & couperosé; il étoit assez facile à se laisser prévenir, & on disoit qu'il revenoit difficilement des impressions qu'il avoit prises, & qu'il ne sçavoit ce que c'étoit que pardonner. Quant à ce dernier point je puis assurer le contraire, parce que j'ai vû une infinité de fois qu'il auroit pû maltraiter des gens qui l'avoient offensé, & je craignois même pour eux ; cependant il ne s'en vengeoit que par les mépris qu'il en faisoit, ou en leur faisant du bien. Il étoit naturellement porté à la magnificence, mais la perte de ses biens à Saint Cristophle, à Marie-galante & à Diéppe, où grand nombre de maisons qu'il avoit dans cette ville avoient été ruinées par le bombardement, étoit cause qu'il se retranchoit un peu, quoique d'ailleurs on ne s'aperçût point de cette économie quand il étoit question de paroître ; il étoit brave & intrépide autant qu'on le peut être ; plus propre à obeïr qu'à commander, & il sçavoit aussi-bien exécuter les ordres qu'il avoit reçu, qu'il sçavoit peu en donner aux autres, & prendre son parti dans l'occasion ; Il étoit lent à écrire & n'en écrivoit pas mieux pour cela. Du reste il étoit très-bon Chrétien, fort reglé dans ses mœurs, fort reservé dans ses discours, fort sobre, bon ami, zelé au de-là de l'imagination pour le service de son Prince, extrémement poli & civil, quequefois jusqu'à l'excez. Il n'avoit qu'un fils qui étoit le plus beau Creolle qui fut sorti des Isles, c'est beaucoup dire. Je l'ai vu à mon retour en Europe Capitaine de Cavalerie dans le Regiment

Françoises de l'Amerique. 135

de Roi, quoiqu'il fut encore fort jeune.

1705.

Nôtre Lieutenant de Roi Monsieur de la Malmaison étoit Champenois; après avoir servi quelques années en France dans l'Infanterie, une affaire d'honneur l'obligea de passer aux Isles, où aiant continué de servir, le Roi le fit son Lieutenant au Gouvernement de la Guadeloupe. C'étoit un homme de 48. à 50. ans, d'une taille bien prise, quoique chargée d'un peu trop d'embonpoint; il avoit le visage plein & la physionomie heureuse, il étoit prompt & se mettoit facilement en colere; mais, comme tous les Champenois, il revenoit dans le moment, & il étoit le meilleur homme du monde, il avoit amassé du bien aux Isles; & comme il n'étoit point marié il s'en faisoit honneur, tenoit une fort bonne table, & il étoit d'un grand secours au Gouverneur pour partager les dépenses extraordinaires qu'il y avoit à faire quand il venoit des vaisseaux de guerre ou autres occasions semblables; il étoit brave sans ostentation, prenoit son parti sur le champ, sçavoit commander & se faire obeïr; en un mot, il avoit tout ce qu'on demande dans un bon Officier, & il en avoit donné des marques en plusieurs rencontres & entre les autres

Mr. de Malmaison.

en défendant le Fort de la Guadeloupe en 1691. quoiqu'il ne fut pas à beaucoup près en auſſi bon état qu'il étoit en cette année 1703. Il ne s'attachoit pas facilement aux gens, qu'après les avoir bien connus; mais quand il avoit dit une fois à un homme qu'il étoit ſon ami, il pouvoit compter ſeurement ſur ſon bien & ſur ſa perſonne; & quelque obligation qu'on pût lui avoir, on lui étoit encore plus obligé de la maniere que de la choſe même. Ses ſervices lui ont procuré le Gouvernement de la Guadeloupe, quelque tems après que Monſieur Auger eût été nommé à celui de Saint Domingue. Il avoit un neveu nommé Cloche qui étoit Lieutenant de la Compagnie du Sieur de Maiſoncelle, & qui la commandoit en chef pendant que le Capitaine faiſoit les fonctions de Major: le Sieur Cloche étoit alors un jeune homme de 22. à 23. ans, bien fait, d'une phyſionomie agréable, il avoit beaucoup d'eſprit, du brillant & de la lecture. On diſoit que le mauvais choix qu'il avoit fait des livres qu'il avoit lû, l'avoit rendu critique, ſatirique & même médiſant, ſources fecondes de beaucoup de démêlez.

Monſieur de Maiſoncelle étoit Creolle

de la Guadeloupe ; c'étoit un Gentilhomme fort bien fait, il avoit les traits du visage reguliers, du feu & de la vivacité autant qu'il est permis d'en avoir à un homme qui passoit un peu trente ans ; ses cheveux étoient chatains & fort beaux ; on étoit d'abord prévenu en sa faveur, il avoit avec cela beaucoup de bravoure & de sagesse. sa compagnie qui étoit depuis long-tems en garnison au Fort Loüis de la Grande-Terre lui donnoit le commandement de tout ce quartier-là ; & quoiqu'alors il n'eut pas un bien considerable, il ne laissoit pas de soûtenir le rang de Commandant de la Grande-Terre beaucoup mieux que des Officiers plus riches que lui qui l'avoient precedé ; il étoit fort honnête, fort obligeant, d'un esprit extrémement doux & poli ; ses bonnes manieres lui avoient gagné le cœur de tout le monde.

<small>Mr. de Maisoncelle.</small>

Le Capitaine de l'autre compagnie de Marine qui composoit la garnison du Fort de la Basse-Terre, étoit le Sieur Tanneguy du Chatel, seize ou dix-septiéme du nom. Il étoit Breton ; il disoit à tous ceux qui le vouloient écouter, & le leur auroit repeté cent-fois le jour, de peur qu'ils ne l'oubliassent, qu'il des-

<small>Mr. du Chatel.</small>

cendoit en ligne directe & de mâle en mâle du fameux Tanneguy du Chatel qui tua un peu traîtreusement le Duc de Bourgogne sur le pont de Montreau, comme dit l'Histoire de France. * Mais comme Moreri & les autres Historiens & Genealogistes assurent que ce Tanneguy du Chatel ne fût jamais marié, & qu'il n'avoit que deux freres, tous deux dans l'Ordre Épiscopal qui n'avoient point eu d'alliance ; Monsieur Tanneguy du Chatel dix-septiéme du nom étoit réduit à de grandes extrémitez quand on le poussoit sur ce point, ce qui obligeoit ses amis de lui conseiller de prendre quelque branche collaterale moins sujette à caution & à la médisance. Quoiqu'il en soit, il auroit été long-tems le Doïen de tous les Gardes de la Marine du Roïaume, si Madame la Marechale de Villeroi ne lui avoit procuré l'expectative d'une Lieutenance dans les compagnies détachées de la Marine qui sont aux Isles. Il y vint dans le tems que le Marquis d'Amblimont étoit Gouverneur Général ; il s'attacha à ce Seigneur qui étoit la meilleure personne du monde, & la maladie de Siam qui faisoit de grands ravages l'aiant épargné pendant qu'elle emporta grand

Françoises de l'Amerique. 139

nombre d'Officiers & de Prétendans plus anciens que lui, il fut facile au Marquis d'Amblimont de le pourvoir d'une Lieutenance & ensuite d'une Compagnie.

Le Sieur du Chatel étoit assez bien fait, le tour du visage agréable, le teint beau; il disoit qu'il avoit toute la valeur de ses Ancêtres, c'est ce que je n'ai garde de lui contester; il étoit prompt, violent & emporté; il méprisoit tout le monde, & tout le monde lui rendoit la pareille.

Nôtre Aide-Major étoit un Gentilhomme Européen ou Creolle; je ne sçai pas trop-bien où il étoit né, il s'appelloit le Roi de la Poterie, son pere avoit eu autrefois du bien considerablement, mais il avoit eu le malheur de le perdre en joüant avec des gens qui en sçavoient plus que lui. Il étoit venu aux Isles pour rétablir ses affaires, & il y auroit réüssi, puisqu'il avoit trouvé le moien de faire une Sucrerie à côté du Gros Morne, si le jeu, la dépense, & les Anglois n'avoient tellement achevé de le ruiner, qu'il subsistoit avec beaucoup de peine long-tems avant de mourir. Son fils le cadet qui étoit mort depuis deux ans avoit exercé la charge de Major de l'Isle de la Guadeloupe, &

1703.

Le Sieur le Roi de la Poterie

auroit été un fort bon Officier. L'aîné qui est celui dont je vais parler, avoit demeuré long-tems en Canada ; & selon la coûtume incommode du païs qui ne permet pas d'entrer trois fois dans une maison où il y a des filles sans parler du mariage, il s'y étoit marié ; il avoit quitté sa femme & l'emploi qu'il avoit d'Inspecteur ou Controlleur des Fortifications quand il avoit apris la mort de son frere & de son Pere, esperant que l'honneur qu'il avoit d'appartenir à un de nos Ministres du côté des femmes lui procureroit tout au moins la charge de son frere, & peut-être les moïens de rétablir sa maison : cependant il avoit été trompé, la parenté & ses sollicitations ne lui avoient fait avoir autre chose qu'un brevet d'Aide-Major qui est très-peu de chose, pour ne pas dire moins que rien. C'étoit un homme de trente-cinq ans, d'une petite taille assez bien prise ; il avoit la physionomie d'un homme simple & sans malice, & sa physionomie n'étoit point trompeuse ; il étoit meilleur chrétien que soldat ; & quoiqu'il eût demeuré long-tems en Canada, où l'on dit que la valeur est à très-bon marché, il n'en avoit fait aucune provision ; il ne laissoit pas de nous conter une infinité d'histoires extraordinaires du courage des Creolles de ce païs-là, dans les guerres que l'on avoit eu contre les Anglois & contre les Iroquois; mais comme il ne s'y étoit pas trouvé en personne, on se dispensoit de croire tout ce qu'il en rapportoit sur le rapport d'autrui, & c'est pour cela que je n'en dirai rien. Cependant, à l'exemple de ces Messieurs les Canadiens il avoit fait faire une petite hachette qui s'emmanchoit dans une canne de trois pieds de long, qu'il appelloit un casse-tête, on jugea aisément que cet instrument étoit trop court pour qu'il s'en pût servir.

Il ne faut pas croire que ces Messieurs fussent les seules personnes de distinction qui étoient dans l'Isle; il y avoit plusieurs Gentilhommes considerables, comme les Marquis Houel de Varennes, & de Boisseret, Messieurs Domonville, de Rochefort, de Bragelonne & autres dont je ne parlerai point ici, parce qu'ils n'étoient pas Officiers; mais je ne les oublierai pas pour cela, & je leur rendrai justice quand l'occasion s'en présentera.

CHAPITRE III.

Les Anglois s'approchent de la Basse-Terre de la Guadeloupe. Ce qui se passa entre eux & nous jusqu'au jour de leur descente.

LEs Anglois après avoir assemblé toutes leurs Troupes à Marie-galante, en partirent le dimanche 18. Mars trois heures avant le jour. Nos Pirogues qui étoient en vigie vinrent aussi-tôt en donner avis. En passant à la pointe du vieux Fort elles firent tirer deux coups de canon qui étoient le signal, afin qu'on prit les armes, & que chacun se rendit à son poste; cette allarme fut portée en moins d'une heure par toute l'Isle, parce qu'elle se tire de batterie en batterie aux endroits où il y a du canon; ou bien avec des boettes de pierrier dans les lieux où il n'y a point d'artillerie.

L'on fit border aussi-tôt tous les retranchemens. Les vaisseaux Anglois se trouverent sur les huit heures par le travers de la pointe du vieux Fort; & comme ils étoient très-proches des Sainces, ils envoïerent deux chaloupes armées pour faire descente dans la Terre de Bas, c'est-à-dire dans celle des deux Isles qui est sous le Vent. Les habitans qui y étoient restez, les reçûrent si bien qu'ils les obligerent de régagner leurs vaisseaux sans avoir pû mettre à terre. Ils passerent hors de la portée de nos canons du Fort & du Bourg, & s'éloignerent de la terre en se faisant remorquer par leurs chaloupes, de crainte que les courans & le calme qu'il faisoit alors ne les portassent sur la pointe de la riviere des Peres d'où ils auroient eu peine à se retirer.

1703.
Les Anglois sont repoussez aux Saintes.

Leur voisinage nous donna moïen de reconnoître la verité du rapport que le Lieutenant Raby en avoit fait. Leur Flotte étoit composée de 45. voiles, entre lesquelles il y avoit neuf vaisseaux de guerre : sçavoir un de 90. canons, deux de 80. un de 76. quatre de 60. & la fregate d'Antigues de 24. pieces, dix-huit vaisseaux marchands qui avoient du canon, le reste étoit des barques, brigantins & autres petits bâtimens, dont quelques-uns n'avoient point de canon. Il se rapprocherent de terre quand ils eurent doublé cette pointe. Ce mouvement obligea le Gouverneur à mon-

Armée navalle des Anglois

ter à cheval avec ses Volontaires & toute sa Cavalerie pour se rendre au Baillif, & cotoyer les ennemis, afin d'être en état de s'opposer en cas qu'ils voulussent tenter quelque descente.

Il m'avoit envoié devant lui pour montrer à nos Officiers d'Infanterie les postes que leurs compagnies devoient occuper le long du bord de la mer depuis la sortie du Bourg Saint François jusqu'à la riviere du Plessis, & m'avoit chargé de faire tirer sur les ennemis si leurs vaisseaux venoient à portée de nos batteries. J'avois fait monter un canon de douze livres de balle sur la tour que nos Peres avoient commencé d'élever au bas de nôtre habitation, mais dont nous avions été obligez de discontinuer la fabrique, parce qu'on avoit eu besoin de tous les maçons pour travailler dans le Fort, de sorte qu'elle n'avoit encore que neuf à dix pieds de hauteur ; je l'avois fait remplir de pierres & de sable pour soûtenir la plate-forme du canon.

J'envoïai dire aux Canoniers des batteries de Saint Dominique & de la Madeleine de ne tirer qu'à demie charge quand ils verroient que le canon de la tour auroit commencé à faire feu, afin d'attirer les ennemis plus près de nous,
&

& puis les servir de nôtre mieux, & les reconduire plus loin quand ils voudroient se retirer, en mettant dans les pieces des boulets de moindre calibre enveloppez de filasse avec une bonne charge de poudre. Sur le midi la Flotte se partagea; les vaisseaux de guerre avec une barque mirent en panne devant le Baillif, aiant chacun quatre ou cinq chaloupes ou canots à leur arriere, pendant que tous les autres bâtimens firent route, comme s'ils avoient voulu faire leur descente au quartier des habitans qui est à deux lieües sous le Vent du Baillif.

Le Gouverneur suivit avec sa cavalerie le détachement de la Flotte, pendant que le Lieutenant de Roi se tint sur la hauteur auprès de la riviere des Peres, pour être à portée de s'opposer à ce que les ennemis pourroient entreprendre.

Les vaisseaux de guerre s'approcherent de terre sur les deux heures; quand je les vis à portée, je fis tirer un coup de canon de la Tour, qui n'arriva pas à beaucoup près jusqu'à eux, ce qui les fit approcher davantage, jugeant que nous n'avions que de petits canons, & qu'ils pouvoient venir impunément reconnoître nos retranchemens. Les autres batteries firent la même chose ; mais quand nous les vîmes à demie portée & même plus près, nous commençâmes à les servir de nôtre mieux, & à l'envie les uns des autres. Ils reçurent plusieurs coups sans nous répondre ; & pendant ce tems-là leur barque rangea la côte le plus près qu'elle pût, en remontant vers le Fort, apparament pour découvrir si nos retranchemens étoient garnis jusques par delà le Fort. On ne l'inquiéta point du tout comme on auroit pû faire, parce qu'on avoit eu la précaution de laisser les Drapeaux arborez sur les Tranchées avec cinq ou six hommes de chaque compagnie, pour faire figure & garder le bagage de leurs camarades ; de sorte que ces observateurs s'en retournerent, bien persuadez que toute la Côte étoit garnie, quoique nos Troupes eussent changé de place en suivant les mouvemens des ennemis.

Nous n'avons jamais pû sçavoir quel avoit été leur dessein dans ce mouvement, s'ils l'avoient fait simplement pour reconnoître nos forces, ou si veritablement ils avoient resolu de faire une descente au Baillif pendant que leurs petits bâtimens nous attiroient du côté des habitans ; car il est certain que leurs

Troupes reglées étoient toutes dans leurs vaisseaux de guerre ; mais aiant remarqué que nous étions par tout sur nos gardes, ils prirent le large, & les bâtimens qui étoient allez du côté des habitans les aiant réjoints, ils se mirent presque hors de vuë; ils ne tirerent jamais un seul coup pendant toute la canonade que nous leur fîmes, qui dura plus d'une heure & demie. Nous sçûmes dans la suite qu'ils y avoient perdu du monde, & qu'ils avoient reçû beaucoup de nos boulets.

J'avois ordonné à nos gens de mettre un affut neuf au canon qui étoit sur la Tour, par oubli ou par negligence on ne le fit pas ; de sorte qu'au neuvième coup qu'il tira, le canon échauffé sauta hors de l'affut, brisa l'éssieu en retombant, & fit deux piroüettes, dont la derniere pensa me briser les jambes. Je ne sçai si les Anglois s'aperçurent de ce contre-tems ; mais un de leurs vaisseaux s'approcha de la Tour plus près qu'il n'avoit encore fait, je crus qu'il nous alloit canonner, & j'envoïai dire aux autres batteries de redoubler leur feu, je fis une telle diligence à remonter la piece sur un affut neuf, qu'elle fut en état de tirer encore

G ij

trois ou quatre coups avant que les ennemis fussent hors de portée. Le Gouverneur revint sur le soir, & parut fort content de la maniere dont nos batteries avoient été servies, & de la bonne volonté que les habitans avoient témoigné.

Le lundi 29. la Flotte ennemie se raprocha de terre, en descendant du côté de l'Islet à Goyaves, elle étoit toute rassemblée, & les chaloupes pleines de monde, desorte que nous crûmes qu'ils vouloient faire leur descente à l'Ance à la barque, comme ils avoient fait dans la guerre précedente. Monsieur le Gouverneur s'avança jusqu'au fond des habitans, & fit prendre le devant au Major avec les enfans perdus, les Negres armez & la compagnie de l'Islet à Goyaves; il lui ordonna de se tenir sur le haut du Morne de l'Ance à la barque. Je pris avec moi un nombre de Negres qu'on avoit commandé avec des haches & des serpes, & je fis couper les arbres par tout le chemin & les sentiers qui descendent dans le fond de cette Ance, lesquels étant déjà très difficiles par eux-mêmes, devenoient tout-à-fait impraticables par ces abbatis. Les ennemis nous voïant fixez à demeurer sur la hauteur de cette Ance, & beaucoup de Troupes dans le fond des habitans reprirent le large.

Le Gouverneur, le Lieutenant de Roi & les Volontaires se retirerent au Bourg de la Basse-Terre. Je demeurai avec le Major & les Troupes au fond des habitans. Le Pere Vincent Capucin qui en étoit Curé nous donna à souper, c'est-à-dire au Major, à quelques Officiers de ses amis & à moi. Les habitans du quartier apporterent genereusement des vivres en abondance pour les Troupes qui s'accommoderent comme elles purent dans les corps de garde & dans les maisons les plus voisines du bord de la mer, après qu'on eut établi des gardes & des patroüilles, & qu'on eut envoié quelques canots armez pour observer les mouvemens des ennemis.

Le mardi 20. environ deux heures avant le jour, nos canots de garde nous avertirent que la Flotte reportoit à terre, & qu'elle s'étendoit du côté de Goyaves, comme elle avoit fait le jour précedent. On envoia un Cavalier en donner avis au Gouverneur, & l'avertir qu'en attendant ses ordres nous allions occuper nos postes du jour précedent. On fit déjeûner les Troupes, & nous

nous rendîmes à nos postes un peu après le lever du soleil. Je visitai avec le Major les avenuës de certains petits sentiers de l'Ance à la barque & de la riviere Beaugendre, où je fis encore abbatre des arbres pour les embarrasser, après quoi nous demeurâmes en repos attendant ce que les ennemis feroient.

Le Gouverneur nous manda de nous tenir dans nos postes, sans permettre à personne de descendre dans l'Ance à la barque, de crainte que quelqu'un ne fût enlevé par les ennemis, dont le dessein paroissoit être de nous attirer du côté de Goyaves, afin de nous couper en faisant une descente derriere nous, ou de faire des prisonniers, pour sçavoir des nouvelles, & avoir des guides pour les conduire dans les hauteurs. Il ordonna encore au Major d'envoïer un Officier du quartier de Goyaves avec quatre ou cinq hommes par les chemins des hauteurs les plus sûrs & les moins fréquentez, afin de visiter ce quartier-là, & faire sortir des maisons ceux qui pourroient y être restez, & les obliger de se retirer sur le champ dans les hauteurs.

Les ennemis continuerent à s'approcher de terre en s'étendant depuis l'Ance à la barque jufqu'à celle de Goyaves; mais nous voïant immobiles dans nos poftes, & que toutes leurs feintes n'étoient pas capables de nous attirer plus loin, il firent defcendre quatre ou cinq cent hommes dans l'Ance de Goyaves fur les trois heures après midi. L'Officier qu'on avoit envoié le matin étoit fur la hauteur où le presbiterre eft bâti, il obfervoit les ennemis avec fes gens & trois ou quatre Negres armez qu'il avoit rencontré ; il vit que les Anglois ne trouvant perfonne qui leur fit refiftance, s'étoient débandez pour piller les maifons qui étoient autour de l'Eglife: il crut qu'il en pourroit prendre quelqu'un ; il difperfa fa petite Troupe qui n'étoit que de dix hommes, de deux en deux, leur dit ce qu'ils avoient à faire, & leur ordonna fur toutes chofes de ne tirer que l'un après l'autre, à coup fûr, & fans s'engager.

A peine avoit-il fait cette difpofition qu'il vit un gros de quarante à cinquante hommes qui montoit au presbiterre ; il attendit qu'ils fuffent à moitié de la hauteur dans un coude que fait le chemin, parce que dans cette fituation ils lui préfentoient le côté ; il fit figne de tirer à deux de fes gens, qui tirerent si juste, qu'ils jetterent par terre chacun son homme. Les Anglois firent volte face, & dans ce moment il partit deux autres coups qui eurent un pareil succez; les six autres tirerent l'un après l'autre, & presque aussi heureusement, pas un coup ne fut perdu. Les Anglois qui ne voïoient personne, parce que nos gens étoient gabionnez derriere des arbres, prirent le parti de faire leurs décharges vers les endroits d'où le feu étoit sorti, & monterent le reste du Morne le plus vîte qu'il leur fût possible jusqu'au presbiterre : mais nos gens s'étoient déjà retirez plus haut, & les canardoient autant de fois qu'ils en trouvoient l'occasion. Le presbiterre qui étoit de maçonnerie les mit à couvert des insultes de nos gens, ils y entrerent, s'y reposerent, pillerent ce qu'il y avoit, & y mirent le feu : en se retirant ils laisserent une vingtaine de leurs gens à couvert du bâtiment qui brûloit, dans l'esperance que ceux qui les avoient inquiétez, les croiant partis, viendroient pour éteindre le feu & tomberoient dans leur embuscade. L'Officier qui s'en doutoit, les laissa se chauffer tranquillement jusqu'à ce qu'aiant fait un assez-grand tour, il vint avec son monde derriere

Les Anglois descendent à Goyaves & y perdent du monde.

une haïe d'orangers à trente pas du presbiterre, d'où il fit une décharge qui tua quatre Anglois, & fit dénicher les autres bien vîte. Ceux qui étoient demeurez au bas du Morne mirent le feu à l'Eglise, au corps de garde & aux maisons des environs, & se rembarquerent sur le soir. Il nous fut facile de voir l'incendie de Goyaves de la hauteur où nous étions. Le Gouverneur nous y vint joindre ; il témoigna être fâché contre l'Officier qu'on avoit envoié à Goyaves qui avoit entamé une affaire malgré la défence qu'on lui avoit fait, & fit semblant de le vouloir envoïer aux arrêts ; nous le priâmes de lui pardonner, & il le fit d'autant plus facilement, qu'il n'étoit pas fâché que les Anglois eussent connu par ce petit échantillon à qui ils auroient à faire, & de quelle maniere on agiroit avec eux. Il ne laissa pas de dire à l'Officier que dans la rigueur de la discipline militaire il meritoit une severe punition ; mais qu'il avoit montré trop de conduite, pour ne le pas loüer du succès de son entreprise. Le Gouverneur s'en retourna après cela, & m'emmena avec lui, laissant le Major où nous avions couché la nuit précedente avec les mêmes ordres.

Ils brûlent l'Eglise & les maisons voisines.

Les Anglois avoient repris le large, & nous nous en retournions en parlant de l'affaire de Goyaves, lorsque nous rencontrâmes le Pere Gassot mon Compagnon d'étude & de Religion, & qui pis est Curé de l'Eglise qui brûloit encore ; le feu qui brûloit sa maison avoit allumé toute sa bile, il entreprit le Gouverneur d'une maniere terrible, & vouloit à toute force le rendre responsable du malheur qui venoit d'arriver à sa Paroisse. Le Gouverneur lui répondit avec beaucoup de douceur qu'il n'ayoit pas été possible d'y apporter remede, parce que son quartier étoit trop éloigné, & qu'on auroit exposé les Troupes à être coupées ; mais que ce dommage seroit bien-tôt réparé, & qu'il lui donnoit parole d'en faire son affaire dès que l'on seroit plus en repos.

{Rencontre fâcheuse du Curé de Goyaves.}

Il arriva pour mon malheur que je voulus âjoûter quelque chose à ce que le Gouverneur avoit dit, mais je fus paié sur le champ de la démangeaison que j'avois eu de parler ; mon Confrere me pensa sauter au visage, il me reprocha ma negligence avec toute l'aigreur dont le zele peu éclairé est ordinairement assaisonné ; après quoi il âjouta d'un ton Prophetique que Dieu me puniroit du peu de soin que j'avois eu de fortifier son Eglise pendant que je n'avois rien negligé pour mettre à couvert le reste de l'Isle, & que ce crime ne s'expireroit que par mon sang. Je lui demandai s'il n'avoit pas été averti d'ôter toutes les choses Saintes, & s'il l'avoit fait ? Sans doute, me dit-il : car j'ai toûjours appréhendé ce qui vient d'arriver. Allez, lui dit-je alors, après avoir ôté de vôtre Eglise ce qui pouvoit être prophané, il falloit mourir sur le pas de la porte en la deffendant, & non pas vous enfuir comme vous avez fait il y a trois jours. Tout le monde applaudit à ma réponse, qui le déconcerta tellement qu'il nous quitta, & nous laissa poursuivre nôtre chemin en repos.

Nous allâmes coucher au corps de garde du Fort de la Magdeleine. Le Gouverneur fit souper avec lui l'Officier qui avoit été à Goyaves, & exhorta tout le monde à se comporter avec autant de sagesse qu'il avoit fait, hors le cas de la désobéïssance. Après souper il fit un nouveau reglement pour les postes de toutes ses Troupes dont je fis des copies que j'envoïai sur le champ au Major & aux Aides-Majors.

Le mercredi 21. nous vîmes au point

du jour que la Flotte ennemie étoit vis-à-vis de nôtre poste, à deux lieües au large ; le grand nombre de chaloupes qui allerent à bord de l'Amiral ensuite d'une flamme qui avoit été mise à la vergue d'Artimon, nous fit croire qu'ils étoient au conseil qui dura jusques sur les deux heures aprés midi ; alors la Flotte commença à s'approcher de terre, en se laissant dériver du côté des habitans. Le Gouverneur envoïa ordre au Major de poster les Troupes qu'il avoit avec lui depuis la Riviere des habitans jusqu'à l'Ance Vadelorge ; étant visible que les ennemis ne feroient point leur descente du côté de l'Ance à la barque.

Vers les cinq heures du soir la Fregate d'Autigues s'approcha de la Côte comme pour observer ce qui s'y passoit; elle n'en étoit qu'à la demie portée de fusil lorsque le vent lui manqua tout d'un coup & que le flot la jettoit à terre sans que sa chaloupe & son canot la pussent soûtenir, ni la remorguer, parce que nos gens tiroient dessus ; desorte qu'elle fut obligée de moüiller devant un terrain élevé entre l'Ance Vadelorge & la pointe Orientale du fond des habitans. On peut croire que nos gens ne lui épargnerent pas les coups de fusil. Le Tambour voulut battre sur le pont comme pour nous braver, mais ce fut pour prendre congé de la compagnie, il fut tué aussi-tôt ; & nous avons sçu depuis par un prisonnier qui étoit de cette fregate qu'ils y avoient perdu trente sept hommes. Je fis creuser un boiau sur cette hauteur afin que nôtre monde y pût être à couvert quand les ennemis viendroient nous canonner pour aider leur fregate à se retirer. Nous avions une piece de canon de fer à six cens pas delà, je voulus la faire traîner sur cette hauteur; mais la Riviere qui déborda m'empêcha de continuer le travail. Le Gouverneur m'envoia chercher une heure avant le jour.

Le jeudi 22. dés le point du jour quelques vaisseaux & plusieurs barques s'approcherent de terre, & firent grand feu de leur canon, pour écarter nos gens qui tiroient sur la fregate, & lui donner le moien de lever ses ancres & de se réunir au reste de la Flotte ; mais tout ce qu'ils purent faire, fut de la faire mettre à la voile, aprés avoir coupé ses cables & laissé ses ancres, sauf à les venir draguer dans la suite. Huit de leurs chaloupes pleines de Troupes s'approcherent de l'Ance des habitans comme pour y prendre terre, soit que ce fût une feinte, ou que veritablement elles eussent ordre de tenter un débarquement en cet endroit ; le Major qui y étoit, les laissa approcher jusqu'à la portée du pistolet de terre, & alors il fit faire un feu si vif & si continuel, qu'après une bonne heure d'un feu reciproque, elles furent obligées de se retirer, & nos gens sortant de leurs retranchemens s'avancerent jusques sur le bord de la mer, & firent feu sur elles tout à découvert.

Les Anglois sont repoussez à l'Ance des habitans.

La Flotte Angloise passa le reste de la journée à faire des bordées, pour nous donner de la jalousie & fatiguer nos gens : mais comme le Gouverneur s'étoit fixé à ne garder que depuis la riviere du Plessis jusqu'au Fort, nous les laissâmes continuer leurs promenades sans nous en mettre en peine.

Sur les huit heures du soir un Negre Portugais se sauva à la nage du vaisseau Amiral, & vint prendre terre au dessous du Fort de la Magdeleine ; on le conduisit au Gouverneur, à qui il dit que les ennemis feroient leur descente le lendemain au point du jour à l'endroit où il avoit pris terre, & à une autre Ance

Rapport d'un transfuge Anglois.

qui étoit plus-bas, & pendant la nuit à une autre grande Ance de fable qui étoit encore plus loin. Le poste où étoit le Gouverneur & où ce negre avoit pris terre, étoit l'Ance du gros François ; l'Ance qui étoit plus-bas étoit celle de Vadelorge, & la plus éloignée celle des habitans, dont nous ne nous mettions gueres en peine. On lui demanda comment il sçavoit toutes ces choses, il repondit qu'il servoit l'Amiral, & qu'il étoit dans la chambre pour donner à boire pendant le conseil de guerre, lorsqu'on avoit pris cette resolution ; & pour montrer la verité de ce qu'il disoit, il fit voir les clefs des cassettes de l'Amiral, un cachet d'argent, & quelques bijoux qu'il avoit emporté : il dit qu'il avoit été enlevé par surprise sur la Côte de Brésil il y avoit six ans en allant traiter à bord d'un vaisseau Anglois, & qu'il n'avoit pû trouver plutôt l'occasion de se sauver parmi les Catholiques. Le Gouverneur lui fit quelque liberalité, & à son exemple ceux qui étoient presens ; ce qu'il eut de meilleur fut l'assurance de sa liberté ; on le conduisit au Fort après cet entretien pour s'assurer de sa personne.

Le rapport de ce Negre nous intrigua

1703. beaucoup; car il étoit difficile de croire que les ennemis eussent choisi ce lieu pour faire leur descente en aiant d'autres plus aisez que celui-là. On crut que ce ne seroit qu'une feinte pour nous y attirer pendant qu'ils feroient leur veritable attaque à la Savanne & à l'embouchure de la Riviere des Peres. Ce fut sur ce préjugé que le Gouverneur changea encore une fois la distribution de ses postes, & qu'il se trompa. Il envoia deux Cavaliers pour faire venir les Troupes qui étoient à l'Ance Vadelorge & par delà, & me chargea de les aller attendre au grand passage de la Riviere du Plessis, afin de les poster au haut de cette Riviere, à mesure qu'elles arriveroient. Ces Troupes étoient la compagnie de Thomaseau, celle des Enfans perdus, & celle des Negres qui faisoient 185. hommes. Il me donna deux Cavaliers pour lui donner des nouvelles de ce qui se passeroit, & sur tout de l'arrivée de ces trois Compagnies. Je postai les Troupes selon la derniere distribution le long de la Riviere du

Distribution des Troupes le long de la Côte. Plessis en cet ordre: au petit poste qui est à l'embouchure de la Riviere, le Sieur Gabriel le Roi Enseigne de la compagnie de Saint Loüis, brave homme

& bon Officier avec vingt-cinq hommes de sa compagnie, & de celle du Sieur Lostau, c'étoit à peu-près ce que ce poste pouvoit contenir. Au second poste en remontant la Riviere le Sieur Lostau avec sa compagnie. Au passage de la même Riviere les compagnies des Sieurs de Bourg & des Vaux. A un autre passage devant la maison du nommé Boitout, la compagnie du Sieur Trezel & plus haut celle du Sieur Chevalier. Ces cinq compagnies faisoient 263. hommes. Le Gouverneur s'étoit posté au Morne de la Magdeleine avec ses Volontaires & les compagnies des Sieurs Roulle, Desprez, Heurtaut, Rousseau & Sain, qui faisoient 317. hommes. Le Sieur du Chatel avec sa compagnie fut posté au Baillif, & le reste des Troupes qui faisoient encore près de six-cens hommes fut posté depuis la Riviere du Baillif jusqu'au Bourg de la Basse-Terre. Après que j'eus établi les Troupes le long de la Riviere du Plessis, je revins au grand passage où je dormis un peu sur le bord du chemin enveloppé dans un manteau qu'on me prêta.

CHAPITRE IV.

Les Anglois mettent leurs Troupes à terre. Ce qui se passa depuis la descente jusqu'à l'abandonnement du Bourg de la Basse-Terre.

L'Inquiétude où j'étois de ce que les trois Compagnies qui étoient à l'Ance Vadelorge ne venoient point, m'obligea d'envoier deux Negres pour en sçavoir des nouvelles, & de dépêcher un des deux Cavaliers au Gouverneur pour lui donner avis que ces Troupes ne paroissoient point quoiqu'il fût quatre heures du matin, & que j'eusse envoié deux exprès pour en sçavoir des nouvelles. C'étoit le vendredi 23. Mars. Le Cavalier revint à toutes jambes me dire de la part du Gouverneur, que si elles n'étoient pas arrivées dans une heure, je le lui fisse sçavoir. Le Major passa sur les cinq heures, il me dit qu'il n'avoit point vû les Cavaliers que le Gouverneur lui avoit envoié, & que les trois Compagnies ne quitteroient point leurs postes sans un ordre exprès. Il voulut bien y retourner sur le champ, à ma priere, afin de les

Contretems qui favorisa la descente des Anglois.

faire venir, & cependant je fis sçavoir ce contre-tems au Gouverneur. Comme il sçavoit l'importance du poste du haut de la Riviere, qui étant pris, donnoit lieu aux ennemis de nous prendre par derriere; il m'envoïa sur le champ les Compagnies de Roulle & de Heurtaut qui étoient au centre de son poste, afin que je pusse garnir celui d'en haut, me marquant qu'à mesure que les trois compagnies arriveroient, je les postasse au grand passage de la Riviere du Plessis en lui envoiant celles qui y étoient, ou que je les lui envoiassent si elles n'étoient pas trop fatiguez.

Pendant que je conduisois les deux Compagnies qu'il m'avoit envoié, nous apperçûmes une grande fumée au quartier des habitans, & un peu après une semblable à l'Ance Vadelorge; & aussitôt l'Amiral tira un coup de canon, quelques momens ensuite il en tira un second, & environ un demi quart après un troisiéme.

C'étoient les Anglois descendus aux Habitans pendant la nuit qui avoient mis le feu à quelques maisons pour signal à leur Amiral qu'ils étoient à terre, & peut-être aussi pour nous attirer de ce côté-là, & nous couper.

Les Anglois mettent à terre aux habitans.

1703.

Le Major arriva enfin au lieu où étoient nos trois Compagnies, & les fit partir pour nous joindre dans le tems que le détachement Anglois destiné pour mettre à terre à l'Ance Vadelorge y débarqua ; nos gens n'avoient d'autre avantage sur les ennemis que celui d'avoir monté le Morne de l'Ance avant eux, de sorte que quand les deux partis se trouvoient chacun sur la crête d'un Morne, le vallon entre-deux, ils se fusilloient ce qui rétardoit beaucoup la marche de nos gens. Le malheur voulut encore qu'au lieu de prendre le chemin ordinaire par le grand passage, ils prirent celui du haut de la Riviere, parce que c'étoit le poste qu'ils devoient occuper selon la premiere distribution qui avoit été faite.

Grande descente des Anglois.

Dés que l'Amiral eut tiré le troisiéme coup de canon, on vit déborder trente-deux chaloupes chargées de Troupes qui s'avancerent en bon ordre pour descendre dans l'Ance du gros François. Le poste de la droite & le canon qui étoit à la gauche firent un si beau feu qu'ils les obligerent de se replier sur l'embouchure de la Riviere du Plessis, afin de se couvrir d'un petit cap qui termine l'Ance: mais l'Officier que j'y avois posté avec 25. hommes & environ encore autant qui y coururent du poste voisin, firent un feu si vif & si continuel, & leur tuerent tant de monde, qu'elles furent obligées de rebrousser chemin deux ou trois fois. A la fin il partit de l'Amiral une chaloupe avec un grand pavillon, sur l'arriere de laquelle il y avoit un Officier le sabre à la main, qui les obligea d'aborder, de sauter à terre, & qui renvoia sur le champ les chaloupes qui dans deux ou trois voiages qu'elles firent débarquerent quinze à seize cent hommes.

Pendant que ces choses se passoient j'eus avis que nos trois compagnies paroissoient sur la hauteur de l'autre côté de la Riviere ; je courus à toute bride à un passage & je leur fis signe de venir à moi, elles vinrent aussi-tôt, je parlai aux Officiers ; mais comme elles étoient fort fatiguées du chemin qu'elles avoient fait en montant tant de Mornes, je pris le devant pour m'en retourner au grand passage, & envoier en diligence deux compagnies au poste du Gouverneur, que celles qui me suivoient alloient remplir. Comme chemin faisant j'avois la vûë attachée sur la mer, je me sentis tout d'un coup tirer en bas de mon cheval par les Negrés qui m'accompagnoient, & en même tems on fit sur nous une vigoureuse décharge qui coupa beaucoup de branches autour de nous sans pourtant nous faire de mal ; elle venoit d'une grosse troupe d'Anglois qui remontoient la crête du Morne en cherchant quelque endroit qui ne fût pas si bien gardé que ceux dont ils avoient essuyé le feu en tentant inutilement d'y passer. Je me rendis au grand passage où nos gens tenoient en échec un corps de quatre à cinq cent hommes qui étoient de l'autre côté de la Riviere d'où ils faisoient un très-grand feu, sans pourtant nous faire aucun mal ; au lieu que les nôtres qui étoient couverts d'un bon retranchement les tiroient à coup posé, & les manquoient rarement. Enfin ce jeu leur devint si insupportable, qu'ils furent contraints de se mettre le ventre à terre derriere quelques murailles séches éboulées pour se couvrir, & n'être plus en butte à nos coups.

Nous entendions avec plaisir qu'on se battoit vigoureusement à l'Ance du gros François, & au petit Retranchement de la pointe. Nos trois compagnies commençoient à paroître & celles qui devoient aller joindre le Gouverneur étoient deja en marche; quand un Cavalier me vint dire de lever promptement les postes de la Riviere, & de les faire défiler par le haut, parce que le poste du gros François étoit forcé; je lui demandai s'il avoit cette ordre par écrit, parce que le Gouverneur m'avoit dit que s'il arrivoit quelque chose d'extraordinaire, il m'écriroit ou m'envoiroit son cachet, pour m'assurer de ce qu'on me diroit de sa part. Comme le Cavalier n'avoit rien de tout cela, je continuai à faire garnir le poste que les deux compagnies laissoient ; mais le Major arriva qui me dit que le poste du gros François étoit forcé, & sur le champ il fit retirer nos Troupes. J'étois tellement préoccupé que cela ne pouvoit être, que je suivis le grand chemin pour m'en assurer par moi-même. J'essuyai en achevant de monter le Morne toute la décharge des Anglois qui s'étoient relevez, voiant du mouvement parmi nous, & que nôtre feu étoit cessé, & je continuai mon chemin malgré leurs balles.

Quand j'arrivai sur la hauteur de l'Ance du gros François, je vis que le retranchement de la gauche étoit garni & faisoit feu sur les ennemis ; cela me

1703.

Les Anglois forcent le poste où ils étoient descendus.

donna de la joie, je crus que nos gens avoient répris cœur & repoussé les ennemis. Je piquai mon cheval pour aller dire au Gouverneur qu'il alloit avoir deux compagnies dans le moment, mais je n'eus pas fait cent pas que je vis grand nombre de gens qui montoient le Morne au travers des cotoniers ; la préoccupation où j'étois me fit croire que c'étoient nos gens qui abandonnoient le poste du milieu de l'Ance ; & sans faire attention que la plûpart étoient habillez de rouge, je m'avançai vers eux en leur criant de faire volte-face, & qu'ils alloient être soûtenus ; heureusement pour moi je trouvai une haie de raquettes qui m'empêcha de passer ; & aiant vû plus clairement l'erreur où j'étois, je descendis de cheval sur lequel je fis monter mon petit Negre, & lui dis de se sauver ; cet enfant ne vouloit pas me quitter, & je fus contraint de le menacer pour l'y obliger.

Danger où l'autheur se trouve.

Les Anglois dont je n'étois éloigné que d'une portée de pistolet, me crierent quelques paroles dont je n'entendis autre chose que bon quartier ; je me jettai dans des halliers qui étoient sur la gauche du chemin, afin de gagner plus facilement un petit sentier qui étoit dans le revers du Morne, ils me tirèrent quelques coups sans effet. Je repris le grand chemin après avoir échapé ce danger pendant que les Anglois étoient occupez à couper les raquettes avec leurs sabres pour se faire un passage.

Je me trouvai avec nos gens qui se battoient en retraite, & qui faisoient ferme de tems en tems pour arrêter les Anglois, & donner le loisir au reste de nos Troupes de défiler. Un Officier me dit que Monsieur le Gouverneur étoit en peine de moi, & que je ferois bien de l'aller joindre au Bourg du Baillif. Je trouvai un peu plus loin mon petit Negre qui m'attendoit avec mon cheval, je montai dessus, & je fus au Bourg du Baillif, où je rencontrai le Gouverneur qui assembloit ses Soldats à mesure qu'ils arrivoient; il me dit que nous devions le mauvais succès de cette journée aux deux Cavaliers qu'il avoit envoié porter l'ordre aux Troupes qui étoient à l'Ance Vadelorge, parce que ces Troupes n'étant pas venuës à tems pour occuper leurs postes, il avoit été contraint de dégarnir son centre pour nous empêcher d'être pris par nos derrieres, & que les Anglois avoient profité de ce contre-tems avant qu'il y pût remédier, & avoient forcé le poste du milieu.

Il me parut fort mécontent du Sieur du Chatel ; il lui avoit mandé de le venir joindre avec sa compagnie, & quelques autres Troupes ; mais il étoit venu si lentement, que quand il étoit arrivé il n'étoit plus tems ; de sorte que lui & ses Soldats n'avoient seulement pas vû les Anglois, & s'en étoient retournez vingt-fois plus vîte qu'ils n'étoient venus, sans avoir tiré un seul coup de fusil. L'affaire ne dura pas plus d'une heure & demie, & cependant elle coûta plus de 350. hommes tuez sur l'Ance du gros François, pour le moins autant de blessez, sans compter ce qu'ils avoient perdu dans leurs chaloupes avant de pouvoir mettre à terre, qui montoit à plus de deux cens, comme nous l'avons sçû dans la suite : de maniere que l'Amiral Anglois qui avoit interêt de conserver ses gens, se desesperoit de les voir exposez à la boucherie dans le fond d'une Ance toute environnée de retranchemens ; & il avoit raison, car si le poste du milieu avoit été garni comme il devoit être, il est certain que les Anglois y auroient laissé tous ceux qu'ils y avoient mis à terre.

Perte des Anglois à la défense.

Le Gouverneur me demanda des nouvelles du Sieur Domonville son neveu, je lui dis que je venois de le quitter, & qu'il n'étoit point blessé : allez, me dit-il, à vôtre riviere, arrêtez-y toutes les Troupes, faites border le retranchement, & dites de ma part à l'Officier qui commande la batterie de Saint Dominique, de continuer à faire feu sur les ennemis, & de ne l'abandonner que quand les Anglois seront maîtres de la hauteur de vôtre Eglise.

Les vaisseaux Anglois s'étendirent cependant le long des retranchemens de nôtre Savanne, & nous canonnerent de leur mieux. Il y avoit parmi eux une barque Hollandoise de dix canons, qui venoit jusqu'à la Lame, & qui faisoit un feu continuel ; elle avoit deux Trompettes sur son gaillard qui faisoient des fanfares pour nous insulter ; nos gens piquez de cette fanfaronade tirerent dessus, les tuerent ou les blesserent, car on les vit tomber, & on n'entendit plus de trompettes.

Après que j'eus parlé au Sieur du Rieux, alors Enseigne de la compagnie de Maisoncelle, qui commandoit la batterie de Saint Dominique, j'allai à nôtre Riviere, j'y trouvai le Major qui

H ij

faisoit border les retranchemens ; je vis que le Canonier de nôtre Tour s'étoit retiré, & avoit emporté les pointes d'acier pour encloüer le canon, j'y montai avec trois de nos Negres & un de nos domestiques, & je commençai à faire joüer nôtre canon. Un navire de 70. canons se vint mettre devant moi, mais soit qu'il eut peu de monde à bord, soit qu'il voulut ménager ses munitions, il ne fit pas tout le feu qu'il pouvoit faire, & ne m'envoia jamais plus de trois volées de canon à la fois ; nous étions si proches que nous nous parlions; il crut une fois m'avoir démonté, & un de ses gens me cria en françois, Pere blanc ont-ils porté ? Je pointai ma piece, & je donnai dans un sabord de sa sainte barbe, où il y eut du fracas ; je leur criai à mon tour, celui-là est-il bon ? Oui, oui, me dit-on, nous allons te paier. En effet ils me lâcherent trois volées si bien pointées, qu'elles croiserent la Tour deux ou trois pieds au dessus de nos têtes, & nous en sentîmes le vent de bien près ; je le servis encore neuf ou dix-fois, après quoi je descendis pour parler au Gouverneur ; il me dit de faire encloüer le canon & de l'abandonner, parce que les ennemis alloient pakoître sur la batterie de Saint Dominique, d'où ils nous incommoderoient avec leur mousqueterie. Le Sieur du Rieux après l'avoir bien servi, & avoir obligé la barque Hollandoise à nous laisser en repos pour s'aller raccommoder, se voiant exposé à la mousqueterie des ennemis qui étoient autour de nôtre Eglise, encloua ses trois pieces & se retira : faute de clou je ne pus faire la même chose. Je me contentai de faire mettre trois gargousses & trois boulets dans le canon, & un quatriéme boulet à un pied de la bouche, bien entouré de filasse & bien tappé ; je fis répandre quelques gargousses de poudre sur la plate-forme, & transporter les munitions qui étoient dans le corps de garde.

Il est certain que ce qu'il y a de moins à craindre dans ces occasions est le canon des vaisseaux ; il fait beaucoup de bruit & peu de mal. Le vaisseau qui étoit devant la Tour tira plus de cent coups, à la portée de la voix, sans donner dedans. Il auroit peut-être mieux réussi, s'il eut été plus loin : mais comme il étoit dans le commencement des grosses Lames, il tanguoit beaucoup, & par consequent il ne pouvoit pas pointer juste. Nous ne perdîmes personne dans toute

Remarque sur le canon tiré d'un vaisseau.

cette action, & nous en fûmes quittes pour deux Habitans legerement blessez.

Je passai la riviere des Peres avec le Gouverneur qui l'avoit fait passer auparavant aux Troupes qui s'étoient retirées par le bas ; car celles qui avoient pris le chemin des hauteurs n'étoient pas encore arrivées. Les ennemis planterent un drapeau sur la batterie de Saint Dominique, & se mirent en bataille dans nôtre Savanne. Trois de leurs hommes s'étant avancez pour piller dans nôtre Couvent, y furent pris ; un d'eux étoit un François refugié. On les conduisit au Gouverneur qui les envoia au corps de garde du Fort, & ordonna qu'on les mit aux fers, sans les laisser parler à personne. Il fit ensuite border une partie du retranchement de la riviere, & doubla les rangs à celui du bord de la mer : mais comme les Troupes ne paroissoient pas fort empressées pour aller vers le haut, parce que le canon des vaisseaux balaioit le chemin qui y conduisoit, je dis au Gouverneur que c'étoit le tems de voir les braves, & ceux qui me reprochoient que j'avois peur quand je traçois les retranchemens, cependant personne ne se présentoit, il n'y eut que le Sieur Sain avec sa compagnie de la Grande-Terre qui s'offrit d'y aller, pourveu qu'on lui montra le poste & le chemin pour y aller. Je pris congé du Gouverneur, & je l'y conduisis. Ce bon exemple fut imité de trois autres compagnies qui nous suivirent. Je trouvai le Sieur le Févre avec les Enfans perdus & les Negres ; il me demanda où il pourroit se mettre pour faire quelque chose ? je le plaçai vis-à-vis de nôtre sucrerie, que j'avois envie de faire brûler pour rendre le poste inutile aux ennemis ; mais après y avoir reflechi, je n'osai l'entreprendre, de crainte de m'attirer tous nos Peres à dos ; car quoique les ennemis l'aient brûlez avant de se rembarquer, on n'auroit pas manqué de me reprocher qu'elle ne l'auroit pas été, si je n'y avois pas fait mettre le feu.

Je continuai à placer les Troupes à mesure qu'elles arrivoient, & à montrer aux Officiers par où ils pourroient se retirer & se rallier, s'ils se trouvoient trop pressez, & je fis rompre le canal qui portoit de l'eau au moulin du Sieur Boulogne, afin d'ôter ce soulagement aux ennemis, s'ils venoient en cet endroit.

Je trouvai en m'en retournant au bord de la mer un Negre du Gouverneur qui m'apportoit de sa part du pain, du vin & de la viande rôtie. J'invitai le Sieur le Févre & quelques autres Officiers à manger, & nous allions commencer quand je fis refléxion qu'il étoit jour maigre ; je leur dis de continuer, & je me contentai d'un morceau de pain avec des bananes que je mangeai d'un grand appetit, aiant fatigué depuis les 4. heures du matin sans avoir pris autre chose que de l'eau en passant les rivieres.

Cependant les Anglois s'emparerent de nôtre sucrerie, & s'y mirent à couvert des coups de fusil qu'on leur tiroit de nos retranchemens. Un de leurs Officiers monta au plus haut étage de nôtre Purgerie, & mit la tête à la fenêtre pour observer ce qui se passoit de nôtre côté; un Negre s'en apperçut, & nous le vint dire pendant que nous mangions ; on lui dit de le tirer quand il paroîtroit, il n'y manqua pas, & il tira si juste que le corps demeura panché sur la fenêtre. Je quittai le Sieur le Févre ; après que nous eûmes mangé, je descendis au bord de la Mer, en attendant le resultat du conseil que le Gouverneur étoit allé tenir au Bourg. Le Major en revint sur les quatre heures, qui me dit que le

Françoises de l'Amerique. 177

1703.

Gouverneur avoit à me parler; je m'y en allai à pied, faisant mener mon cheval par la bride, parce qu'il y avoit huit ou dix vaisseaux ou barques qui nous canonnoient, & qui auroient pû m'incommoder si j'avois été à cheval; au lieu qu'étant à pied, la hauteur du retranchement me mettoit à couvert.

Je trouvai le Gouverneur dans la place d'armes, il me dit qu'il avoit été resolu de faire revenir les Troupes qui bordoient la riviere de Saint Loüis & les bords de la mer, & de les mettre dans les retranchemens de Bisdari & de la riviere des Gallions, parce que les Anglois étant à terre, étoient plus forts que nous, & avoient des Troupes mieux disciplinées; je lui dis que cette resolution surprendroit les Habitans qui comptoient de bien deffendre les postes où ils étoient, & de faire perir bien des Anglois avant de les leur ceder. Je fis tout ce que je pûs pour rompre ce dessein, mais je n'en pûs venir à bout; le Gouverneur me dit enfin, que ce qui l'obligeoit à demeurer ferme étoit le manque d'Officiers, qu'il n'avoit que Messieurs de la Malmaison & de Maisoncelle sur qui il pût compter; qu'il étoit de la derniere importance que le

Les François abandonnent le Bourg & tous les retranchemens.

H v

premier ne s'éloigna pas du Fort, & que le second ne pouvant pas être par tout, on exposeroit toute la colonie à être défaite, si on venoit à avoir une affaire un peu serieuse avec les ennemis ; au lieu qu'on ne courroit point ces risques quand on seroit couvert par le Fort, & les retranchemens de la riviere des Gallions & de Bisdari presque inaccessibles, & par consequent plus faciles à conserver ; qu'on attendroit ainsi le secours de la Martinique avec lequel il seroit facile de chasser les Anglois d'autant plus aisément que les maladies qui regnoient parmi eux en auroient diminué le nombre, sans compter ce qu'ils perdroient dans les actions qui ne manqueroient pas de se passer tous les jours qui serviroient encore à aguerir nôtre monde.

Etat des Troupes Angloises. Il me dit ensuite qu'il avoit interrogé les trois prisonniers, & qu'ils lui avoient constament declaré qu'il n'y avoit sur la Flotte que cinq Regimens venans d'Angleterre, qui avoient servi à l'affaire de Vigo, qui étoient fort diminuez, non seulement pour avoir été long-tems en mer devant & après cette action, mais encore par la maladie de Siam & la dissenterie qui s'étoient mises dans ces Troupes pendant qu'elles étoient à la

Barbade; que dans la revûë qu'on avoit fait à Marie-galante ces cinq Regimens ne faisoient qu'environ dix-huit-cent hommes; qu'on avoit tiré six cent hommes de tous les équipages des vaisseaux. Le regiment de Bregeis qui étoit de 450. hommes, & environ douze-cent hommes de Flibustiers ou des milices du Gouvernement d'Antigues & de ses dépendances. Le François refugié avoit encore declaré qu'il y avoit beaucoup de mesintelligence entre l'Amiral de la Flotte & le General Codrington, à qui les Colonels faisoient difficulté d'obeïr, & qu'il y avoit eu de grosses gageures sur la Flotte, que les Troupes seroient repoussez à la descente. Pendant que nous étions à parler on amena deux deserteurs Irlandois, ils confirmerent tout ce que je viens de dire, & ajoûterent que si on pouvoit trouver moïen de faire sçavoir qu'on donneroit passage aux deserteurs pour se retirer en Europe, le tiers des Troupes deserteroit.

J'entrai ensuite avec le Lieutenant de Roi chez le Gouverneur où l'on fit la distribution des postes que les Troupes devoient occuper le long du bord de la mer & de la riviere des Gallions. On en fit des copies pour le Major &

les Aides-Majors, & l'on acheva de porter au Fort les munitions de guerre & de bouche qui étoient encore dans les magasins. Le Sieur Binois entra dans le Fort, & fit travailler à un fourneau sous la petite face du Cavalier qui regarde le Donjon, afin d'ôter aux ennemis, s'ils s'en rendoient maîtres, une embrazure qui y étoit, qui auroit incommodé le retranchement qui couvroit le Donjon.

Destinée de deux figures de Saints. Les Peres Jesuites firent porter dans le Fort les gros meubles de leur Eglise, & entre autres deux grandes figures de bois doré de Saint Loüis & de Saint Ignace. Dans la guerre précedente on les avoit laissées dans l'Eglise; mais les Anglois les enleverent, & les chargerent sur une barque pour les porter à Antigues; heureusement la barque fut prise par un de nos Corsaires, & les figures rendües aux Jesuites & replacées en leurs niches. La même chose n'arriva pas en cette guerre; le Donjon aiant été enlevé par un fourneau, ces statuës furent brûlées avec tout ce qu'on y avoit retiré. Le Gouverneur m'avoit beaucoup pressé d'y mettre mes papiers, & ce que j'avois de meilleur; je ne sçai par quel presentiment je n'y voulus mettre qu'une caisse de livres qui fut brûlée.

Après que les postes eurent été reglez, j'insistai fortement sur deux choses : La premiere, que l'on retira les canons de la batterie des Carmes, & qu'on les mit dans le Fort, ou du moins entre le Fort & la Falaise du bord de la mer, où l'on pouvoit dans moins de 24. heures établir une batterie couverte d'un fossé & d'une palisade. Ma raison étoit que les ennemis trouvant ces canons les auroient bientôt desclouez ou forez, & s'en serviroient contre nous sans avoir la peine d'en faire descendre de leurs vaisseaux ; & qu'aiant une batterie établie dans le lieu que je proposois, nous serions en état de foudroier le Bourg, & d'empêcher les vaisseaux de s'en approcher : à quoi j'ajoutois que cette batterie étant établie avant que les ennemis eussent établi la leur, il étoit évident que nous les eussions chagriné d'une terrible maniere.

La seconde chose sur laquelle j'insistai fut de mettre le feu au bourg avant de l'abandonner : ma raison étoit que les ennemis ne manqueroient pas de le faire en se retirant, & qu'ainsi il étoit plus à propos de les prévenir que de leur laisser ce soin, après qu'ils se seroient servis de nos maisons pour se loger, ou qu'ils en auroient pris les materiaux pour faire les plate-formes de leurs batteries & les autres choses qui leur seroient necessaires. Le Lieutenant de Roi étoit de mon sentiment pour les canons ; mais il n'en fut point pour brûler le Bourg ; il esperoit aussi-bien que le Gouverneur que le secours de la Martinique arrivant, on pousseroit les ennemis si vivement, qu'on ne leur donneroit pas le tems de rien brûler.

La suite a fait voir que j'avois eu raison d'insister sur ce point. A l'égard du premier, le Gouverneur n'y voulut jamais consentir, sous prétexte que les Anglois pourroient enlever cette batterie, l'épée à la main, & s'en servir contre nous. Nous lui fimes voir l'impossibilité de cette entreprise ; mais comme nous le vîmes fixé à les faire seulement encloüer, & à les laisser en leurs places, je me retranchai à demander que les affuts & les plate-formes fussent brûlez, ce qu'il m'accorda & me chargea de ce soin. Avant de faire mettre le feu aux plate-formes, je fis encloüer les canons, & les fis charger jusqu'à la bouche, afin de les faire crever. Je ne sçai pas quel fut leur fort, car on se retira dès qu'on eut mis le feu aux plate-formes; & quand nous rentrâmes dans le Bourg après la retraite des Anglois, nous ne trouvâmes que deux canons rompus & plusieurs pieces des autres.

On envoia l'ordre au Major pour faire retirer les Troupes dès que le soleil seroit couché, de maniere que les premiers qui defileroient, s'arrêteroient sur la hauteur de la sucrerie du Sieur Boulogne, pour soûtenir celles qui les suivroient, en cas qu'elles fussent inquiétées dans leur marche, & ainsi de hauteur en hauteur, jusqu'à l'entrée du Bourg où elles recevroient l'ordre de leur campement.

Cette retraite se fit en très-bon ordre, & le Major fit voir qu'il sçavoit son métier. Les Anglois s'étant aperçus du mouvement de nos gens, voulurent les charger, & choisirent pour passer la riviere l'endroit à côté de nôtre sucrerie: c'étoit assurément le plus commode; & c'étoit pour cela que j'y avois posté le Sieur le Févre avec ses Enfans perdus. Comme il se préparoit à se retirer, les Anglois débouchérent tout d'un coup des deux côtez de la sucrerie, se jetterent dans la riviere où il n'y avoit de l'eau que jusqu'aux genoux ou à la ceinture, & se presserent pour gagner le retranchement. Le sieur le Févre les reçût bien, ses gens firent leurs décharges sans se presser, les uns après les autres; & comme ils avoient des pistolets de ceinture, leur feu fut fort vif & fort violent. Les Compagnies qui étoient dans les angles voisins les seconderent si bien, que les Anglois furent obligez de ploïer, & de se retirer avec une perte considerable, sans avoir pû gagner le retranchement. Le sieur le Févre se retira ensuite avec tout le reste des Troupes au petit pas, sans être inquiété, & sans autre perte que d'un homme blessé.

Je me trouvai à l'entrée du Bourg avec le Gouverneur quand les Troupes arriverent; on laissa le sieur le Févre avec sa compagnie, celle de Heurtaut & celles des Negres sur la hauteur de la Ravine Billau, pour y passer la nuit, & observer les mouvemens des ennemis.

On fit entrer dans le Fort les compagnies des sieurs Boucachar, Trezel & Titeca, pour se joindre aux deux compagnies de la Marine qui y étoient; la premiere commandée par le sieur Cloche Lieutenant du sieur de Maison-

Françoises de l'Amerique. 185

1703.

celle, qui faifoit les fonctions de Major, & la feconde par le fieur du Chatel. Ces cinq compagnies faifoient 305. hommes; on y fit auffi entrer les deux Canoniers du vaiffeau Nantois dont j'ai parlé, deux autres Canoniers de l'Ifle avec douze aides, quelques Volontaires qui voulurent tenir compagnie au Lieutenant de Roi, deux Chirurgiens, un Pere Carme pour Aumônier, les Gardes Magafins, quelques Ouvriers & des Domeftiques; de forte qu'ils fe trouverent environ 370. hommes.

Le pofte du haut de la riviere des Gallions, appellé le paffage de Madame, fut occupé par les compagnies des fieurs le Bourg, Loftaut & Thomafeau, qui faifoient 163. hommes.

Campement des Troupes de la Colonie.

On renvoia la compagnie des trois Rivieres, commandée par le fieur des Meurs, en fon quartier, pour garder les Ances, avec ordre de tenir une garde fur le chemin du réduit, pour empêcher que qui que ce foit ne paffât du côté de la Cabefterre, fans une permiffion fignée du Gouverneur.

La compagnie des Saintes fut poftée au vieux Fort, à l'Ance de la Croix, & aux environs, pour défendre ces lieux-là en cas de befoin, & pour entretenir des vigies, pour découvrir ce qui se passoit en mer, & en donner avis.

La compagnie du sieur Celleron, comme la plus ancienne, eut la droite, & fut postée sur la hauteur à l'embouchure de la riviere des Gallions, le long du Boïau qui faisoit face à la mer; les autres compagnies s'étendirent jusqu'au Morne de Bisdari; la Cavalerie de la Basse-Terre, qui avoit envoié ses chevaux dans les hauteurs & aux trois rivieres, fut mise à la batterie des Gallions, où le Gouverneur avoit choisi son poste avec les Volontaires qui l'accompagnoient. Les Cavaliers de la Cabesterre & de la Grande-Terre & la compagnie du sieur Heurtaut furent postez à l'habitation du sieur Milet & de la Veuve Cherot sur la riviere des Gallions pour garder les petits passages qui étoient sur cette riviere.

La compagnie du sieur le Févre & celle des Negres n'eurent point de poste fixe, parce que leur emploi étoit d'être toûjours en campagne pour harceler les ennemis, enlever des Prisonniers & favoriser les Deserteurs.

Il étoit plus de minuit avant que les Troupes eussent défilé par le Bourg pour aller s'établir dans leurs postes.

J'allai dormir trois ou quatre heures dans la salle du Gouverneur pendant qu'on achevoit de transporter ses meubles.

CHAPITRE V.

Ce qui se passa de part & d'autre jusqu'à l'arrivée du secours de la Martinique.

LE Samedi matin 24. Mars M. de la Malmaison, Lieutenant de Roi, entra dans le Fort ; il l'avoit défendu avec tant de valeur douze ans auparavant, que nous étions assurez qu'il ne s'aquiéteroit pas moins de gloire dans cette occasion. On mit le feu à la batterie de Saint François, & nos trois compagnies qui avoient passé la nuit sur la hauteur de la Ravine Billau, sans être inquietées le moins du monde, entrerent dans le Bourg, & firent la recherche dans toutes les maisons, pour voir s'il n'y auroit point de Negres ou d'engagez cachez pour se rendre aux ennemis.

Sur les dix heures une garde qui étoit sur une hauteur aiant fait signe que les ennemis approchoient, on tira un coup de canon pour avertir les Enfans perdus & les Negres de se retirer du Bourg ; on les mit en bataille sur l'esplanade du Fort. Le Gouverneur commanda à la compagnie des Negres d'obeïr au sieur le Févre, & lui donna ordre de s'aller embusquer derriere l'enclos des Jesuites, pour faire des prisonniers, mais sans s'engager dans aucune affaire qui eut des suites.

Les ennemis s'approcherent, marchant sur deux colonnes ; une tenoit le bord de la mer, & étoit épaulée par les vaisseaux ; l'autre avoit pris le chemin de la hauteur, c'est-à-dire, à cinq cent pas du bord de la mer ; ils marchoient fort serrez & en bon ordre, croiant trouver de la resistance, & assurément ils en auroient trouvé, si on eut suivi l'avis de M. de la Malmaison, qui vouloit leur disputer le païs à chaque hauteur ou ravine ; ce qui les auroit retardé considerablement, & leur auroit fait perdre bien du monde ; mais le Gouverneur jugea plus à propos de conserver ses habitans. Ils s'emparerent du Bourg Saint François, & ne passerent pas la riviere aux Herbes qui le separe de celui de la Basse-Terre. Le Sieur le Févre vint par les hauteurs jusqu'au dessus de la Ravine Billau, il mit le feu à toutes les can-

Les Anglois s'emparerent du Bourg.

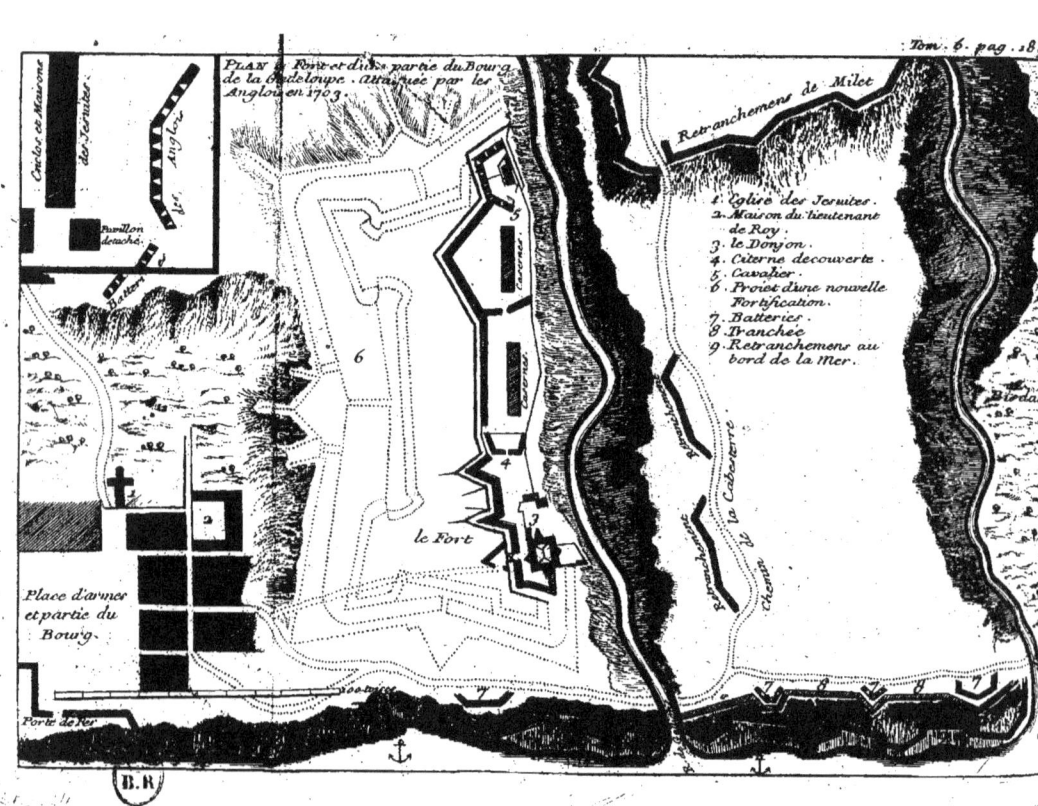

nes qui étoient de ce côté-là, & en s'en retournant à toutes celles qui étoient à 600. pas au deſſus du Bourg ; il faiſoit un vent de terre aſſez frais qui fit que le feu ſe communiqua aiſément de tous côtez. Les ennemis furent ſurpris de cette incendie ; ils crurent qu'on les vouloit attaquer ; ils prirent les armes, ſe mirent en bataille, & y paſſerent toute la nuit. Nos gens s'en approcherent à la faveur de la nuit, & leur tirerent quelques coups de fuſil ; mais ils ne voulurent jamais quitter leurs poſtes, où ils ſe tenoient ſi ſerrez, qu'il fut impoſſible de faire aucun priſonnier. Ils s'établirent le Dimanche 25. dans le Bourg de la Baſſe-Terre, c'eſt-à-dire, dans les maiſons qui étoient à couvert du canon du Cavalier & de la Plate-forme, à côté du Doujon. Il y avoit trois pieces en cet endroit qui balayoient toute la ruë du Bourg ; de ſorte qu'ils furent obligez de percer les maiſons pour ſe communiquer, n'étant pas poſſible de le faire autrement, ſans s'expoſer à être emporté par le canon qui tiroit ſans ceſſe & avec tout le ſuccès poſſible.

Le Lundi 26. on s'aperçut que les Anglois travailloient à établir une batterie dans l'enclos des Jeſuites ; mais comme on ne sçavoit pas précisément l'endroit, on prit le parti de raser leur muraille à coups de canon. Deux deserteurs qui vinrent le Mardi matin, & qu'on fit entrer dans le Fort, montrerent l'endroit où ils travailloient, qui étoit couvert de quantité de broussailles ; ils nous dirent que nôtre canon leur avoit deja tué ou blessé plus de cinquante hommes, & entre autres deux Officiers que l'on regretoit beaucoup.

On avoit fait une ouverture pour entrer dans le Fort à côté du Donjon, & on pouvoit y entrer par la porte ordinaire ; car les ennemis ne se sont jamais approchez assez près pour nous en empêcher l'entrée. J'allai dîner chez M. de la Malmaison, je lui dis que j'avois été le matin à Houelmont, d'où j'avois découvert avec mes lunettes tout le travail des ennemis ; & que je m'étois aligné à deux cocotiers qui répondoient dans le chemin que les ennemis avoient fait dans les cannes brûlées pour conduire leur canon, qu'ils faisoient traîner par des soldats faute de bœufs ou de chevaux, & qu'enfin M. Houel étoit demeuré sur la montagne pour nous faire signe avec un pavillon des démarches des travailleurs. Nous passâmes toute l'après-dînée à la batterie du Cavalier à tirer sur le chemin & sur les travailleurs Anglois, & nous sûmes le soir même que nous avions rompu un de leurs canons, tué ou blessé bon nombre de leurs traineurs, & mis en desordre tous ceux qui travailloient à leur batterie.

Je fus le lendemain à Houëlmont avec M. Houël de Varennes, nous y passâmes toute la journée. Je croi avoir dit dans un autre endroit que M. de Varennes étoit fils de M. Houël, ci-devant Seigneur & Propriétaire de la Guadeloupe. Quoiqu'il parut un homme sans façon, il ne laissoit pas d'être extrémement poli, & d'avoir toutes les manieres d'un homme de qualité, sans gêne & sans contrainte; il étoit brave, généreux, liberal; sa maison étoit ouverte à tous les honnêtes gens, & les pauvres trouvoient en lui des secours toûjours prets; il suffisoit qu'il sût le besoin d'une personne pour aller au devant, lui offrir, & lui donner plus qu'elle n'auroit osé demander; il s'étoit logé à cent pas du Gouverneur sur la hauteur de la riviere des Gallions, il tenoit une bonne table, & se faisoit un plaisir d'y recevoir bien du monde. Les deux batteries du Fort furent si bien ser-

Monsieur Houël de Varennes.

vies que les Anglois ne purent ni tranſporter leurs canons, ni travailler à leur batterie de toute la journée.

Nous apprîmes le ſoir que le ſieur de Machault Capitaine de vaiſſeau étoit arrivé à la Martinique en qualité de Gouverneur Général, & qu'il avoit apporté au ſieur de Gabaret, Gouverneur de la Martinique, la commiſſion de Lieutenant au Gouvernement Général, qu'avoit le défunt Commandeur de Guitaut. Nous ſûmes par la même voie qu'on ſe préparoit à la Martinique à nous ſecourir, & que ce ſeroit le nouveau Lieutenant Général qui conduiroit le ſecours. M. Auger en témoigna de la joie; mais il fut facile de découvrir que dans ſon cœur il n'en étoit point du tout content; il ſouhaitoit le ſecours, mais le Conducteur lui déplaiſoit infiniment; ſoit parce qu'étant moins ancien Gouverneur que lui, il le voïoit dans un poſte qu'il croïoit lui être dû; ſoit parce que l'aiant vû à la Martinique en 1693. lorſque cette Iſle fut attaquée par les Anglois, il ne lui avoit pas paru un homme de conduite ni de reſolution. Comme j'étois preſque toûjours avec le Gouverneur, je m'apperçûs plus que les autres de ſon chagrin; je lui en parlai

lai une fois que nous nous trouvâmes seuls, & quoi qu'il diffimula, voulant être maître de son secret, je vis tout ce qu'il avoit dans l'ame, & j'en tirai de fâcheuses conséquences pour la suite.

Le Mercredi 28. M. de la Malmaison m'envoia prier à dîner ; j'y passai presque toute la journée ; nous parlâmes de l'arrivée du Sieur de Gabaret, & il se trouva que nos pensées ne s'accorderent que trop. Je ne sçai pour quelle raison nous montâmes au haut du Donjon ; mais y étant, nous découvrîmes qu'il y avoit beaucoup d'Officiers à table, dans un pavillon de Massonnerie, qui étoit à un des angles du jardin des Jesuites. Le Lieutenant de Roi envoia ordre aux canoniers d'y pointer trois ou quatre pieces, & de les tirer en même tems. Cela fut exécuté, & causa un fracas terrible dans ce pavillon. La poussiere nous empêcha d'abord de voir ce qui s'y étoit passé ; mais quand elle fut abbatuë, on vit le pavillon vuide, & fort delabré, & beaucoup de gens qui emportoient des corps morts ou blessez dans les bâtimens qui étoient au dessous, & qui servoient de cuisine & de refectoire à ces Peres.

Le Sieur le Févre surprit avec ses

deux Troupes une Compagnie Angloise qui remontoit la Riviere aux Hèrbes, ou pour reconnoître le païs, ou pour chercher des vivres. Les Anglois crurent d'abord tenir sept ou huit de nos Negres, qui paroissoient avoir été surpris, & qui prirent la fuite exprès, pour les attirer dans l'embuscade; ils les suivirent en effet, & se virent tout d'un coup enveloppez; ils ne laisserent pas de se défendre si bien, qu'ils donnerent le tems à un détachement de les venir dégager, après avoir laissé sur la place 18. morts & sept blessez, que les Negres acheverent, pour avoir leurs habits, & deux prisonniers. On ne peut croire combien ce petit avantage augmenta le courage de nos gens, & sur tout de nos Negres.

La plus grande partie des Negres de nôtre habitation s'étoient retirez dans les hauteurs du Marigot; il y en avoit quinze ou vingt qui étoient armez pour les défendre, & environ trente qui servoient dans la compagnie des Negres. Nos gens avoient mis les femmes, les enfans, les vieillards & les infirmes dans ces endroits éloignez & difficiles, & ceux qui étoient armez gardoient l'entrée du bois, & alloient en parti, d'où ils ne revenoient jamais les mains vuides.

Deux de ces Negres vinrent le Jeudi au soir donner avis à nôtre Superieur, que les Anglois avoient brûlé nôtre sucrerie & tous nos bâtimens du Marigot, & qu'il y avoit apparence qu'ils vouloient tirer nos chaudieres, qui étoient cachées dans la falaise; ils nous rapporterent que quand les Anglois étoient arrivez chez nous, il y avoit trois de nos Negres sur un petit morne au dessus de la sucrerie ; qu'un Anglois ou François refugié s'étoit détaché, & leur avoit demandé s'il y avoit sûreté de traiter avec eux, & que lui aiant répondu qu'oui, pourvû qu'il vint seul & sans armes; il avoit eu l'imprudence de monter le morne avec son fusil sur l'épaule, la crosse en arriere; deux de ces Negres étoient armez, le troisiéme n'avoit qu'une longue serpe, dont j'avois fait faire une certaine quantité, pour couper des raquettes & autres bois épineux, qui avoit un manche de fer de deux pieds de long; de sorte qu'avec la longueur du coupant & du manche de bois, cet instrument avoit près de quatre pieds de longueur. Quand ce Negociateur fut monté jusqu'où ils étoient,

Negotiateur Anglois tué par les Negres des Jacobins.

ils les exhorta de prendre parti avec les Anglois, & de leur découvrir où étoient les Negres des Peres blancs, les assurant d'une bonne recompense s'ils les faisoient prendre. Nos trois Negres lui dirent que la chose étoit faisable ; mais qu'ils vouloient avoir un écrit signé de la main du Général Codrington, qui les declareroit libres, eux & leurs familles, & qu'à cette condition ils l'assuroient de lui livrer plus de trois cens Negres. Soit que l'Anglois crut ce que nos Negres lui disoient, ou qu'il fit semblant de le croire, afin de faire aprocher ses camarades, & se saisir de nos trois Negres, il leur promit ce qu'ils demandoient, & leur toucha dans la main ; & se tournant vers ses gens il leur fit adroitement un signe dont nos Negres s'étant aperçus, celui qui avoit la serpe lui en déchargea un coup sur le côté de la tête, qui l'étendit par terre. Les deux autres prirent le corps, & le jetterent dans la falaise, parce qu'ils n'avoient pas le tems de le dépoüiller, & s'enfuïrent, emportant seulement son fusil, un pistolet qu'il avoit à la ceinture, & son chapeau qui avoit une taillade de six à sept poûces de longueur.

Les Anglois qui étoient au bas du

morne monterent en diligence pour secourir leur camarade, & se venger de nos Negres; ils les suivirent jusqu'au bois, mais ils n'oserent y entrer, parce qu'ils se virent canarder de differens endroits, sans sçavoir à qui ils auroient à faire s'ils avançoient; ils mirent le feu à nos cannes en se retirant, & à tous nos bâtimens.

Le Vendredi 30. nôtre Superieur me vint trouver à ma baraque, au passage de la Riviere des Gallions, pour prendre avec moi les mesures pour sauver nos chaudieres; nous fûmes trouver le Gouverneur, & nous obtinmes que le sieur le Févre nous rendroit ce service avec ses deux Compagnies. Je voulois les accompagner; mais le Gouverneur ne le jugea pas à propos. Le sieur le Févre y alla; il posta ses gens dans la costiere du parc, vis-à-vis l'endroit où les Anglois travailloient à retirer nos chaudieres, & fit sur eux des décharges si meurtrieres, qu'il les obligea d'abandonner ce qu'ils avoient commencé, & de se retirer après avoir perdu plusieurs des leurs, & eu beaucoup de blessez. Nous en fûmes quittes pour cinq chaudieres qu'ils avoient deja emportées, avant que le sieur le Févre fût arrivé;

on mit les autres dans des endroits plus sûrs; & nous les trouvâmes après la retraite des ennemis.

Nous eûmes en deux jours onze deserteurs; ils dirent tous qu'il y avoit beaucoup de malades dans leurs Troupes, & que sans la crainte qu'ils avoient de rencontrer les Negres armez, il deserteroit beaucoup de monde. On proposa à M. Auger de faire semer des billets aux environs de leur camp, pour les exciter à deserter, & leur donner des signaux; il eut des raisons pour ne le pas faire.

Le Dimanche 1. Avril, le sieur le Févre étant sorti du camp avec ses deux Compagnies, rencontra à mille pas au dessus du Bourg trois compagnies Angloises, qui alloient vers les habitations des Carmes & du sieur du Query; il envoia un de ses hommes avertir les Negres qui étoient à quelque distance de lui, de le venir joindre, en passant au travers des cannes brûlées, afin de prendre les ennemis en flanc; il s'avança ensuite sur le bord d'une petite ravine, & commença à faire feu sur les Anglois; ceux-ci se voiant trois fois plus forts que lui, voulurent l'envelopper, mais les Negres étant venus d'un côté, &

Un parti Anglois est défaite par le sieur le Févre.

le sieur du Pont Lieutenant de Cavalerie de la Cabesterre s'étant trouvé par hazard de ce côté-là avec 25. ou 30. hommes, les Anglois furent poussez si vivement de tous côtez, que sans un secours considerable qui les vint dégager, pas un ne seroit retourné en leur camp ; ils laisserent trente-sept morts sur la place, & environ vingt blessez, dont les Negres prirent soin ; on leur fit quatre prisonniers, & nous n'eûmes que deux hommes blessez. Il faut convenir que c'est un grand avantage de bien sçavoir le païs : nos gens étoient toûjours à couvert pendant que les Anglois qui ne le connoissoient pas, tomboient à tous momens dans les embuscades que les nôtres leur dressoient.

Un des Negres de nôtre maison tua un Officier Anglois, & emporta son Esponton, son Epée & son Haussecol ; il m'apporta ces trois pieces, qui penserent être cause d'un démêlé, parce qu'un de nos Officiers les lui demanda, & le menaça de le maltraiter s'il ne les lui apportoit ; le Negre m'en vint faire ses plaintes, & me dit resolument que si l'Officier levoit la main sur lui, il le tueroit. Je le connoissois tout propre à le faire comme il le disoit, & à s'aller rendre enfuite aux Anglois ; je lui dis de ne rien craindre, & que je parlerois à cet Officier : en effet je le rencontrai le même jour chez le Gouverneur, & je lui dis, que s'il vouloit avoir des armes des Officiers Anglois, il falloit qu'il prit la peine de les aller tuer, & que je le priois de ne plus penser à celles que mon Negre avoit gagné, parce qu'elles étoient en de bonnes mains. Le Gouverneur lui dit qu'il avoit tort, & lui montra le danger auquel il s'exposoit.

Les Anglois battent le Cavalier.

Le Lundi 2. Avril, les Anglois démasquerent leur batterie, & après qu'un d'eux nous eût crié, bon jour Messieurs les François, ils commencerent à tirer sur le Cavalier du Fort ; leur batterie n'étoit d'abord que de cinq pieces de douze, & de dix-huit livres de balle; ils l'augmenterent jusqu'à onze pieces de differens calibres ; elle étoit placée dans le premier enclos des Jesuites, eloignée du Cavalier d'environ 450. pas, mesure du païs, c'est-à-dire, 225. toises ; ils firent à droit & à gauche des parapets pour la défendre ; ils avoient six pieds de hauteur avec une banquette, le tout composé de piquets claionnez, pour soûtenir la terre dont le milieu étoit rempli : c'étoit là qu'ils tenoient leur mousqueterie qui tiroit aussi vivement qu'inutilement sur le Fort, & sur le Cavalier.

Nôtre canon qui fut très-bien servi rallentit bientôt le feu du leur ; dès ce même jour il brisa deux de leurs pieces, & nôtre mousqueterie qui bordoit les parapets du Fort, les incommoda beaucoup.

Le Mardi 3. Avril ils eurent le bonheur de briser une de nos pieces de fonte, qui étoit dans le Cavalier, de casser la jambe à un de nos Canoniers, de tuer un Soldat, & d'en blesser deux autres : c'est le plus grand dommage que leur batterie nous ait causé ; car quoiqu'elle fit quelquefois un feu assez vif, leurs Canoniers pointoient si mal, que j'ai vû souvent que d'onze volées de canon pas une ne donnoit dans le Cavalier. On retira la piece de bronze, & on en mit une de fer en sa place.

CHAPITRE VI.

Arrivée du secours de la Martinique, & ce qui se passa jusqu'à l'abandonnement du Fort.

ON eut avis le même jour 3. Avril que le secours que nous attendions de la Martinique, étoit arrivé au Port Sainte Marie de la Cabesterre; il nous joignit le lendemain sur le midi; il étoit composé de deux compagnies de la Marine, chacune de 60. hommes, de quatre compagnies de Milices, & de six campagnies de Flibustiers; ces douze Compagnies faisoient huit-cens vingt hommes, dont on en laissa cent vingt à Sainte Marie, tant pour garder les barques, & pour conserver ce poste, qui pouvoit être insulté par quelque détachement des vaisseaux ennemis, que pour garder les prisonniers & les déserteurs, dont on ne voulut laisser aucun dans le camp, de crainte que leur désertion ne fut une feinte pour reconnoître ce qui se passoit chez nous, & en aller ensuite instruire nos ennemis.

Ce secours étoit commandé par M. de

Gabaret nouveau Lieutenant Général des Isles, & Gouverneur de la Martinique; c'étoit un homme de plus de soixante ans, fort caduc, & fort incommodé, & nullement propre dans l'âge & dans l'état qu'il étoit à se charger d'une pareille commission; il avoit été autrefois Capitaine de chevaux; son frere aîné, qui étoit Lieutenant Général des armées Navales du Roi, lui avoit fait avoir le Gouvernement de la Grenade, & ensuite celui de la Martinique, qui lui avoient servi à s'enrichir prodigieusement par le commerce qu'il y avoit fait; il étoit d'une taille mediocre & assez remplie; il avoit une balafre en visage, & grimaçoit beaucoup en parlant; bon homme au reste.

Le sieur de Gabaret Lieutenant Général des Isles.

Il avoit avec lui les Sieurs de Boisfermé Gouverneur de Marie-galante, de Valmeinier, & du Parquet Lieutenans de Roi: ce dernier étoit de la famille de feu Mr. du Parquet Seigneur de la Martinique, & Bienfaiteur de nôtre mission.

Les deux Compagnies de la Marine étoient commandées par les sieurs de la Rocheguion, & de la Tournerie. Le premier étoit un petit homme parfaitement bien fait dans sa taille, d'une phi-

1703.

Le sieur de la Rocheguion.

sionomie ouverte & agréable ; il avoit de l'esprit, de la politesse, du feu, & de la valeur à revendre ; il étoit fort obligeant, mais si delicat sur le point d'honneur, qu'il falloit agir avec beaucoup de circonspection quand on traitoit avec lui. Le second étoit Creolle de Saint Christople, & un des enfans du sieur de la Guarigue premier Capitaine de cette Isle : j'en ai parlé dans la quatriéme partie de ces memoires.

Les Compagnies de Milice étoient commandées par les sieurs du Buc, Colart, Saint Amour, & Renaudot. J'ai parlé du premier dans d'autres endroits, j'ajoûterai seulement ici que quand les belles actions de son Pere ne lui auroient pas procuré des lettres de Noblesse, les siennes suffisoient pour en meriter à toute sa famille. Les sieurs Colart & de Saint Amour étoient des Officiers de la Martinique qui s'étoient distinguez dans toutes les guerres passées. Le Roi a recompensé leur valeur par des lettres de Noblesse ; & on leur doit rendre cette justice qu'ils les ont très-bien merité.

A l'égard des Flibustiers, dont le sieur Lambert commandoit la premiere Compagnie, je n'avancerai rien de trop, quand je dirai que c'étoit un des plus braves Corsaires, & un des plus honnêtes hommes que nous aïons eû aux Isles. Les sieurs Questel, Broart, Daniel, Lauriol, & Mayeux, qui commandoient les autres Compagnies, étoient de très-braves gens, qui augmenterent en cette occasion la juste reputation qu'ils s'étoient acquise par une infinité de belles actions.

Dès que ces Troupes furent arrivées, on fit entrer dans le Fort les deux Compagnies de la Marine qui venoient d'arriver, avec celle de Milice du sieur Chevalier Conseiller en nôtre Conseil Souverain, parce que lui & son Lieutenant le sieur Filassier, étant membres de cet illustre Corps, ils s'avoisinoient davantage de la Noblesse de nos Officiers de Marine. On en fit sortir les trois autres Compagnies de Milice que l'on repartit avec les Troupes arrivées de la Martinique le long des retranchemens du bord de la Mer, & de la Riviere des Gallions.

M. de Gabaret s'étoit imaginé que son arrivée jetteroit tant de terreur dans les cœurs des Anglois qu'elle les obligeroit à lever le Siege, comme feu le Marquis de Ragni, Gouverneur Général des Isles l'avoit fait lever douze ans auparavant au Pere du Général Codrington qui nous attaquoit. Ce fut dans cette flateuſe idée que deux Trompettes qu'il avoit amené, deux Phifres, & nombre de Tambours annoncerent ſon arrivée aux Anglois, ſe faiſant entendre, & paſſant & repaſſant avec affectation ſur la hauteur derriere le Fort, d'où ils pouvoient être vûs de la Batterie des ennemis ; mais ce grand bruit ne les épouventa point ; on remarqua au contraire, que leur Batterie n'avoit point été auſſi-bien ſervie, qu'elle le fut ce jour-là, ni le feu de leur mouſqueterie plus vif, & plus continuel.

Projet d'une entrepriſe ſur la Batterie des Anglois.

On reſolut cependant de ne pas laiſſer tant de braves gens inutiles, de crainte que leur ardeur ne ſe refroidit. On détermina de faire une ſortie de douze-cens hommes, pour enlever la Batterie des ennemis, & les chaſſer du Bourg, & même de l'Iſle, ſi l'occaſion s'en préſentoit. Une partie des Troupes devoit paſſer la Riviere des Gallions au deſſus du Fort, pendant que l'autre déboucheroit par le paſſage ordinaire du bord de la Mer.

Le Jeudi Saint 5. Avril on aſſembla les huit-cens hommes qui devoient attaquer la Batterie dans la Savanne des Religieux de la Charité. L'ordre fut envoié au Fort de redoubler le feu du canon & de la mousqueterie, & de tirer sur le Bourg de tous côtez. Les Troupes qui étoient postées le long des Retranchemens du bord de la Mer étoient assemblées dans le fond de la Riviere, prêtes à se joindre à celles qui devoient sortir du Fort. Comme je devois marcher avec ces dernieres, je m'étois avancé jusqu'au Fort. Après avoir attendu fort long-tems, on envoia voir à quoi il tenoit que les 800. hommes ne fussent pas encore passez, & on apprit que nos Généraux avoient oublié de s'informer, s'il y avoit un chemin pour passer la Riviere en cet endroit-là, & que ne s'y en étant point trouvé, on avoit remis la partie à une autre fois, parce qu'il étoit trop tard pour aller par le passage du haut de la Riviere ; de sorte que nous fûmes contraints de renguainer toutes les proüesses que nous voulions faire, & de nous retirer au camp, en murmurant beaucoup contre nôtre Lieutenant Général.

Le hazard fit le lendemain une partie de ce qu'on avoit voulu faire le jour précedent ; & on auroit peut-être encore mieux réüssi, si on avoit sû se servir de l'occasion qui se presenta.

Le sieur le Févre étant sorti avec ses deux Troupes, pour apprendre des nouvelles des ennemis, trouva un corps de quatre à cinq-cens hommes, qui étoit dans le chemin des hauteurs. La partie étant trop inégale, le sieur le Févre prit le parti de se battre en retraite jusqu'à un lieu appellé l'Esperance, qui aiant la Riviere des Gallions à gauche, une Ravine assez difficile à droite, & une muraille de pierres séches par devant, étoit un poste avantageux pour n'être pas enveloppé, & pour attendre le secours qu'il envoia demander.

Combat entre les François & les Anglois.

Le sieur de Bois-Fermé, qui commandoit alors le poste du passage de Madame, sortit aussi-tôt avec toutes ses Troupes, qui pouvoient faire trois-cens hommes, pour le soûtenir. Les sieurs du Parquet & de Valmeinier, qui se trouverent de ce côté-là, y allerent aussi, & non seulement on repoussa vivement les ennemis, mais on les mena toûjours battant jusques bien au dessous de l'Esperance, & jusqu'à la vûë du Bourg; ils reçurent dans ce moment un secours de sept à huit hommes; & à voir les mouvemens qu'il y avoit parmi eux, il sembloit qu'il y alloit avoir une affaire générale ; ils repousserent nos gens à leur tour, jusqu'à la même Savanne, où ils firent ferme, & se battirent très-bien, quoique les ennemis fussent deux fois plus forts qu'eux. Le sieur Lambert y étant accouru avec sa Compagnie, & les sieurs du Buc & Colart avec les leurs, ils prirent les ennemis en flanc, & les firent ployer; & s'étant tous unis, ils mirent l'épée à la main, & donnerent sur les Anglois avec une extrême vigueur : comme ceux-ci venoient de recevoir un nouveau renfort, ils tinrent plus ferme qu'à l'ordinaire, & disputerent le terrain fort long-tems ; ils furent enfin obligez de ceder, de se retirer assez en desordre, & de nous laisser le champ de bataille couvert de leurs morts & de leurs blessez ; mais cet avantage nous couta cher, puisque nous y perdîmes le brave le Févre. On s'aperçut que les Anglois s'étoient ralliez derriere une piece de cannes qui n'avoit point été brûlée ; on y mit le feu, & on les fit déloger de cet endroit : cependant la soif & la lassitude obligerent les deux partis à se reposer à cinq-cens pas les uns des autres. On se servit de ce tems pour transporter le corps du sieur le Févre, & de deux autres qui avoient été tuez,

& huit à dix blessez, que nous avions eu dans ces trois chocs.

J'étois au Fort quand l'action commença ; M. de la Malmaison me pria d'aller trouver le Lieutenant Général de sa part, & de lui dire que l'occasion étoit la plus belle du monde d'enlever la batterie des ennemis, & de ruiner leurs traveaux, puisqu'il paroissoit qu'il n'y avoit que très-peu de monde ; & que par le nombre des Compagnies qui avoient marché en haut, il sembloit qu'ils eussent oublié qu'ils avoient des ennemis en bas ; il me pria aussi d'avertir les Officiers que je trouverois sur ma route du sujet de mon voiage, afin qu'ils tinssent leurs gens en état d'agir au premier commandement ; je n'y manquai pas, & le bruit s'en étant répandu dans les postes du bord de la Mer, on prit les armes avec tant de bonne volonté, qu'avant que je fusse au haut du morne, il y avoit plus de quatre-cens hommes de l'autre côté de la Riviere qui attendoient avec impatience l'ordre de donner sur les ennemis.

Je trouvai le Lieutenant Général avec M. Auger qui regardoient le combat, la Riviere entre deux ; je fis ma commission, & M. Auger l'appuia de toutes ses forces; il vouloit aller se mettre à la tête des Troupes, pour enlever la batterie des ennemis, & les chasser du Bourg, pendant que la plus grande partie étoit occupée à une bonne lieüe plus haut. M. de Gabaret répondit d'abord qu'il étoit trop tard (quoiqu'il ne fut encore que midi) & qu'il seroit nuit avant que les Troupes fussent en état. Je lui répondis qu'elles l'étoient, & que sur ce que j'avois dit aux Officiers de la part de M. de la Malmaison, de faire tenir leurs gens prêts à exécuter ses ordres, s'il jugeoit à propos de profiter de l'occasion, ils n'attendoient que son commandement pour agir. Il se fâcha beaucoup, & repeta plus de dix fois que personne n'avoit droit de faire prendre les armes que lui, qu'il sçavoit son métier, & qu'il n'avoit pas besoin de conseil, ni d'avis. M. Auger lui dit qu'il s'agissoit du service du Roi, & de la conservation de l'Isle; il le pria de remettre ses réfléxions à une autre fois, & de trouver bon qu'il s'alla mettre à la tête des Troupes du bord de la Mer, ou de l'y accompagner, s'il vouloit commander en personne; mais il n'y eut pas moïen de lui faire entendre raison là dessus; il y eut entre eux

Faute de Lieutenant Général.

de grosses paroles, & ils se separerent fort mécontens l'un de l'autre.

Je m'en retournai au Fort rendre compte à Mr. de la Malmaison de ce qui étoit arrivé pendant que Mr. de Gabaret envoia ordre à nos Troupes, qui avoient recommencé le combat, de se retirer dans les Retranchemens du passage de Madame.

Les Anglois voiant cette retraite hors de saison, crurent que c'étoit une feinte pour les attirer dans quelque embuscade, & cette prévention donna à nos gens le loisir de se retirer sans être poursuivis. A la fin les Anglois s'avancerent en gens qui se défioient de quelque surprise, & se posterent enfin sur la hauteur, à la gauche de la Riviere des Gallions, vis-à-vis de nôtre Retranchement qui étoit à la droite.

Miroir concave des Anglois. Ils faisoient porter dans leur premier rang un miroir concave, qui paroissoit de quinze à seize poûces de diametre, attaché au bout d'un baton de 12. à 15. pieds de longueur. Je croi qu'ils se servoient de cet instrument pour découvrir les embuscades qu'on auroit pû leur dresser dans les cannes brûlées, & les savinages qui étoient aux environs du lieu où l'on se battoit. Nous crûmes tous que c'étoit une invention du Général Codrington, ou de son Ministre, qui se piquoient tous deux d'être de grands Machinistes.

La situation de nôtre Retranchement sur le panchant de la Costiere avoit obligé de le faire à deux étages, ce qui n'empêchoit pas qu'ils ne fussent commandez par la hauteur opposée. J'avois tracé, & fait commencer un troisiéme étage, qui commandoit absolument cette hauteur, comme je l'ai dit ci-devant; on y devoit même placer deux petites pieces de canon; mais on avoit depuis changé la destination de ces deux pieces, & on avoit negligé de faire le parapet. Tout ce que purent faire nos gens, qui étoient dans les deux Retranchemens, pour se couvrir du feu des Anglois, fut de s'asseoir sur la banquette de leurs parapets, parce que dans cette situation les ennemis ne les pouvoient découvrir: ceux qui étoient au plus bas étage tiroient dès que les Anglois vouloient s'approcher du bord de la Falaise, & firent culbuter quelques-uns de ces curieux de ce qui se passoit chez nous. M. Auger m'avoit chargé de revenir le trouver après que j'aurois rendu réponse à M. de la Malmaison; je retournai donc en diligence, & bien m'en prit d'avoir un bon cheval ; je le trouvai qui assembloit du monde ; il s'en trouva 35. ou 40. qui avoient leurs chevaux, il me pria de les conduire au lieu où j'avois tracé le troisiéme Retranchement, le plus vîte qu'il se pouroit, pendant qu'il y alloit faire marcher des gens de pied. Nous y fûmes, nous laissâmes nos chevaux au commencement du bois, je leur montrai le poste, chacun se couvrit d'un arbre, & on commença à faire feu sur les Anglois, qui ne s'attendoient point du tout à cette nouvelle batterie, & qui ne voiant personne, étoient contraints de faire leurs décharges du côté qu'ils voïoient partir le feu ; insensiblement le nombre de ceux qui nous joignirent se trouva si grand, & leur feu si superieur à celui des ennemis, qu'ils furent obligez de se jetter dans un petit vallon derriere cette hauteur, après avoir perdu beaucoup de monde.

Quelques-uns de nos jeunes gens sortirent alors du Retranchemeut d'en bas, sous prétexte d'aller prendre de l'eau à la Riviere, la passerent, monterent le morne, & firent feu sur les Anglois ; ceux qui étoient plus âgez, & plus sages marcherent après eux, pour les soûtenir, & malgré le sieur de Bois-Fermé tout son détachement le quitta, passa la Riviere, & alla attaquer les ennemis. Les Troupes qui se trouverent sur la hauteur de la Falaise, où devoit être le troisiéme Retranchement, voyant leurs compatriotes passez, quitterent tout d'un coup M. Auger, & allerent joindre les autres, & tous ensemble poufferent les ennemis au de-là de la Savanne de l'Esperance. J'étois auprès de Mr. Auger à regarder ce jeu, il faisoit semblant d'être fort en colere de ce qu'on desobeïssoit ainsi au Lieutenant Général; mais il étoit facile de s'appercevoir qu'il en avoit une joie extrême; il envoia seulement un Aide de Camp leur dire de sa part de ne pas s'engager davantage, & de se maintenir dans le poste de l'Esperance, où je les allai joindre du consentement du Gouverneur, qui me dit qu'il auroit soin qu'on nous envoia des vivres & des munitions. Il étoit presque nuit quand j'arrivai, & c'est ce qui avoit précipité la retraite des Anglois, qui se voyant à plus d'une lieüe de leur camp, dans un païs coupé qu'ils ne connoissoient pas, avoient peur de tomber dans quelques grosses embuscades, & d'être entierement défaits, comme il seroit arrivé, si nous avions été bien conduits. Je felicitai nos gens sur leur valeur ; il vint des vivres, nous mangeâmes, & passâmes la nuit le plus agréablement du monde.

Morts & blessez des deux partis.

Nous allâmes dès qu'il fût jour sur les lieux où l'on s'étoit battu, nous comptâmes cent quatre-vingt treize morts ; un peu après nos Negres en trouverent encore six dans une case avec deux blessez qui expiroient ; on en trouva encore une trentaine dans les cannes, & plusieurs blessez qui s'étoient jettez dans une petite Ravine, en attendant le secours de leurs gens ; de sorte que cette journée coûta plus de trois cens hommes aux Anglois, sans compter les blessez qu'ils remporterent avec eux.

Nous n'eûmes cependant que cinq morts, & quinze blessez ; le pauvre Sanson Maître de la barque, qui m'avoit rapporté de Saint Domingue, reçut un coup de fusil au travers du corps, qui ne lui toucha ni les os, ni les parties nobles ; mais pendant qu'on le pansoit dans une baraque du Retranchement, il eut un autre coup, qui lui perça la cuisse. Il deserta onze Soldats Irlandois du Regiment qui étoit en garnison à

Saint

Saint Christophle; ils dirent tous qu'on n'avoit laissé que 25. Soldats avec un Sergent dans le Fort de la grande rade de cette Isle, & cinq ou six Habitans dans celui de la Souphririere; de sorte que si on avoit envoié cinq ou six cens hommes à Saint Christophle, on auroit pris les deux Forts avant que les Anglois qui nous assiégoient en eussent eu la nouvelle. M. Auger en écrivit fort pressamment à M. de Machaut: c'étoit une belle occasion à ce nouveau Gouverneur Général de signaler son arrivée; il avoit deux vaisseaux de guerre, six ou sept autres vaisseaux marchands, dont le moindre avoit 24. canons, & de bonnes barques Corsaires; il pouvoit tirer mille hommes de la Martinique, & faire cette expedition en 24. heures, étant une fois arrivé à Saint Christophle; il eut ses raisons pour ne le pas faire, dans lesquelles je ne dois pas entrer.

Il ne se passa rien de considerable depuis ce jour-là jusqu'au Mercredi 10. Avril, parce qu'il n'y eut plus que la Compagnie des Negres qui sortit pour inquiéter les ennemis; celle des Enfans perdus avoit été donnée après la mort du sieur le Févre au sieur Jolly son Lieutenant; c'étoit un jeune homme nouvellement venu de France, qui se faisoit tout blanc de son épée. Nos Creolles qui étoient moins bien partagez que lui du côté de la langue, mais qui prétendoient l'être mieux du côté de la valeur, ne voulurent plus servir sous lui, & rentrerent presque tous dans les compagnies de leurs quartiers; de sorte que le Capitaine Jolly eut bien de la peine à ramasser 35. ou 40. hommes, pour former sa Compagnie, & pour surcroît de malheur les Negres ne voulurent pas lui obeïr, & on ne jugea pas à propos de les y contraindre.

Les Anglois profiterent mieux que nous du tems, & à force de tirer, ils nous briserent encore deux pieces dans le Cavalier, nous tuerent trois hommes, & en blesserent cinq ou six; ils abbatirent deux Merlons, presque au ras de la Genoüillere, & endommagerent beaucoup le troisiéme. Ce mauvais succès fit taire nôtre canon du Cavalier; il n'y en avoit plus qu'une piece qui battoit sur le Bourg, qui pouvoit servir si les ennemis en fussent venus à un assaut Général; & les deux pieces qui battoient dans la campagne qui nous étoient inutiles. Une des trois pieces qui étoient sur la terrasse, attenant le Donjon creva sans blesser personne, quoiqu'il y eut dix ou douze personnes aux environs. Les Anglois battirent donc le Cavalier tout à leur aise, n'étant plus incommodez que de nôtre mousqueterie, qui faisoit sans cesse un très-grand feu sur eux; mais avec toutes leurs canonades ils ne pouvoient faire autre chose, que de ruiner le reste du troisiéme Merlon jusqu'à la Genoüillere; car leur batterie ne pouvoit pas découvrir plus bas à moins qu'ils ne l'avançassent jusques sur le bord du fossé, ce qu'ils ne pouvoient faire sans ouvrir une Tranchée, & cela leur étoit presque impossible; parce que tout le terrain aux environs du Fort est une espece de roc ou de tuf très-dur, sur lequel il n'y a pas un pied de terre dans le meilleur endroit; & ils manquoient absolument de tout ce qui étoit necessaire pour se couvrir en approchant jusques-là.

Ils firent une batterie de deux pieces sur une des Plate-formes devant la maison des Jesuites, pour ruiner le Donjon, entreprise fort inutile, & qui ne les conduisoit à rien, puisque la ruine entiere du Donjon, quand ils en seroient venus à bout, ne leur auroit pas fait une ouverture d'un pouce de large, pour entrer dans le Fort, parce qu'il y avoit devant le Donjon une courtine avec deux angles saillans, & une demie lune qui couvroit la courtine. Nous jugeâmes qu'ils ne vouloient faire autre chose, que ruiner cet édifice, en achevant de consumer le reste de leurs munitions ; après quoi ils prendroient le parti, ou de donner un assaut Général, ou de se retirer. Ce dernier parti étoit le plus facile à exécuter ; car pour le premier il n'étoit pas praticable, puisque de leur batterie, qui étoit le lieu le plus proche où ils pouvoient s'assembler jusqu'au bord du fossé, il y avoit au moins quatre-cens cinquante pas qu'il falloit faire tout à découvert devant des gens couverts d'un bon fossé, & d'un parapet, dont leur canon n'avoit pas enlevé une seule pierre, qui pouvoient être soûtenus de toutes nos Troupes, & rafraîchis à tous momens avec d'autant plus de facilité qu'outre la porte ordinaire, nous avions une ouverture à côté du Donjon, & le chemin qui descendoit à la riviere.

Malgré toutes ces considerations M. de Gabaret resolut de faire sauter le Donjon, & d'abandonner le Fort, fondé sur ce que les ennemis pourroient l'emporter par assaut, & tailler en pieces toutes les Troupes qui étoient dedans; il dit son dessein à M. Auger, qui s'y opposa de toutes ses forces, & qui le voiant déterminé à cela, me le dit, & me pria d'en aller donner avis à M. de la Malmaison, afin qu'il vint trouver le Lieutenant Général, & qu'il tachât de lui faire changer de dessein; j'y allai aussi-tôt, & j'eus beaucoup de peine à lui persuader que je parlois serieusement. Il me crut à la fin, & sortit aussi-tôt, & s'en alla trouver M. de Gabaret, il lui dit qu'il venoit s'éclaircir d'un bruit qui s'étoit répandu, qu'il vouloit abandonner le Fort; M. de Gabaret lui répondit que cela étoit vrai, & qu'il lui en envoïeroit l'ordre dès le soir même. M. de la Malmaison lui dit qu'avant d'en sortir il feroit ses protestations, & que tous ceux qui étoient avec lui en feroient de même, & qu'ensuite on verroit qui auroit tort. Monsieur de Gabaret se fâcha beaucoup, il se plaignit qu'il ne trouvoit par tout que de la désobéïssance, & menaça de reprendre les Troupes qu'il avoit amené, & de s'en retourner à la Martinique: on lui répondit qu'il étoit le maître, & qu'il n'avoit que faire d'amener tant de mon-

Projet d'abandonner le fort.

de pour abandonner une place qui étoit encore en son entier, & qu'on défendroit fort bien sans lui. On peut croire que cette scene ne se passa pas sans qu'il y eut des paroles dures, & même des menaces de part & d'autre ; à la fin M. de la Malmaison s'en retourna au Fort.

Sur les sept heures du soir le Major vint lui dire de faire sortir les Troupes, à la reserve des deux compagnies de Maisoncelle, & de du Chatel, & d'évacuer entierement le Fort au premier mouvement que les Anglois feroient pour venir à l'assaut.

M. de la Malmaison qui ne cherchoit qu'à gagner du tems, entretint fort long-tems le Major, & à la fin il lui demanda où étoit cet ordre ? Le Major lui répondit qu'il venoit de le lui dire : cela ne suffit pas, repliqua le Lieutenant de Roi, dans une affaire de cette consequence, où je puis être recherché pour avoir abandonné cette place sans raison, sans necessité, & contre tout ce que l'honneur, la fidelité & le bon sens peuvent dicter ; il faut un ordre par écrit des mieux specifiez, & qui ne soit point conditionnel : vous pouvez mourir, & n'être plus en état de dire ce que vous me dite à préſent de la part du Lieutenant Général. Le Major s'en retourna, & revint deux heures après avec l'ordre par écrit. On fit ſortir les deux Compagnies de la Marine de la Martinique, mais les habitans dirent qu'il étoit trop tard, & qu'ils vouloient tenir compagnie au Lieutenant de Roi.

Cette affaire cauſa un grand remuement dans nôtre camp. Les habitans s'aſſemblerent, & allerent trouver le Gouverneur ; il fit ce qu'il pût pour les appaiſer, en leur diſant les raiſons qu'avoit M. de Gabaret, dont la plus apparente étoit la conſervation des habitans, & des Troupes qu'il ne vouloit pas expoſer à être maſſacrez, s'ils étoient emportez d'aſſaut : on lui répondit que le Fort étoit au même état, à peu de choſe près, qu'il étoit lorſque les Anglois étoient venus ; que s'ils avoient crû le pouvoir prendre d'aſſaut, ils auroient riſqué de le faire dès le premier jour, ſans ſe faire tuer ſept à huit cens hommes, depuis qu'ils étoient à terre ; que ne l'aiant pas fait, c'étoit une marque qu'ils ne le croïoient pas faiſable ; qu'ils n'étoient ni plus durs, ni plus braves que les François, & qu'on avoit vû dans les actions qui s'étoient paſſées, qu'ils n'étoient pas plus pressez de mourir que les autres. On le pria ensuite de considerer que si on abandonnoit le Fort, on ôteroit le courage aux habitans, que les Anglois pourroient s'y maintenir, nous suivre pied à pied, se rendre maître du reduit, & obliger la colonie de se retirer dans les bois, ou à traitter avec eux ; & comme le bruit s'étoit répandu que c'étoit les Troupes de la Marine qui ne se trouvoient pas assez en seureté dans le Fort, qui avoient inspiré ce dessein à M. de Gabaret, les Habitans offrirent d'y entrer en leur place, & de le défendre jusqu'à la derniere extrémité. M. Auger qui étoit convaincu autant qu'eux de la verité de ce qu'ils lui disoient, leur dit d'aller trouver le Lieutenant Général, mais que pour lui il ne vouloit point se mêler de cette affaire.

Le Mercredi onze j'allai au point du jour trouver M. Auger : je lui dis que les Habitans prenoient les armes, & s'attroupoient, & qu'il étoit à craindre qu'ils ne se portassent à quelque violence, si M. de Gabaret persistoit à vouloir abandonner le Fort : il me dit que si je voulois lui aller parler, je lui ferois plaisir ; j'y allai aussi-tôt, accompagné de plusieurs Officiers de Milice qui me prierent de porter la parole. Il reçût d'abord fort mal ce que je lui dis, mais je lui représentai si vivement le desordre qui alloit arriver, si on ne contentoit les Habitans, qu'il consentit enfin à garder le Fort ; mais il faut, dit-il, que les Habitans en partagent le peril avec les Troupes du Roi : On lui répondit que les Habitans souhaitoient l'avoir tout entier, & on le pressa si vivement, que je croi qu'il y auroit consenti, si le Major ne lui eut représenté que ce seroit un affront pour les Troupes du Roi, si on les retiroit du Fort. Hé bien ! ajoûta-t-il, il faut les y faire retourner avec autant de Milices. L'ordre en fut expedié, je vins en apporter la nouvelle au Gouverneur, & de-là la porter au Fort.

Comme j'étois à cheval, & que mon Negre ne m'avoit pû suivre, j'attachai mon cheval à une palisade du Fort ; mais un boulet de canon aiant donné dans la charpente du Donjon, & fait tomber quelques essentes, il eut peur, rompit sa bride, & prit le chemin du Bourg ; je courus après lui, sans penser au danger auquel je m'exposois ; un second coup de canon le fit arrêter, &

1703.

me donna le loisir de le réprendre, & de m'en retourner au Fort, où je trouvai mon Negre à qui je le donnai.

Les troupes sorties du fort y rentrent.

Ce contre-tems retarda un peu la joie qu'eut le Lieutenant de Roi, quand je lui appris que les Troupes alloient rentrer. Il me demanda comment la chose s'étoit passée, je la lui contai, & il me dit, soiez seur qu'avant qu'il soit quatre jours, nous serons dans la même peine, & que par pique contre M. Auger, & contre moi, M. de Gabaret fera sauter le Donjon, & abandonnera le Fort. Le Major étant arrivé là-dessus, pour lui dire que les Troupes montoient, M. de la Malmaison voulut faire croire aux ennemis, que c'étoit une augmentation de Troupes que l'on mettoit dans le Fort, & pour cet effet il fit abaisser le pont-Levis, & les fit entrer par la grande porte, tambour battant, & les Milices avec leurs Drapeaux déploiez. Outre les deux Compagnies de la Marine, on fit entrer celles de Celleron, de Heurtaut & de Lostau, qui faisoient encore 286. hommes, y en aiant eu quelques-uns de tuez, & de blessez, & d'autres qui étoient malades.

Je retournai chez le Gouverneur, que je trouvai accompagné de tous nos Officiers de milice qui étoient dans la joie de ce que les Troupes étoient rentrées dans le Fort ; il leur dit qu'il souhaitoit que leur joie fut de longue durée. Je lui dis que M. de la Malmaison ne le croïoit pas ; ni moi aussi, me dit-il, & j'en sçai la raison.

Nous nous mîmes à table après cela, & à peine y étions-nous qu'on vint lui dire, que son Neveu le sieur Domonville venoit d'être tué d'un coup de canon : M. Auger dit aussi-tôt, Dieu lui fasse misericorde, c'est le sort de ceux qui vont à la guerre ; je suis fâché de sa mort, mais il est mort en servant son Prince. Nous nous levâmes, pour aller voir comment il étoit. Un Negre vint dans ce moment qui nous dit avec simplicité qu'il n'étoit pas mort, parce qu'il avoit eu le boulet dans le ventre ; je n'aurois pû m'empêcher de rire de cette naïveté dans une autre circonstance ; cependant il avoit raison, car si le boulet lui avoit donné dans la tête, il l'auroit tué. Nous le trouvâmes assis sur le bord du chemin qui ne pouvoit encore parler, & qui respiroit avec peine ; le boulet étoit à quelques pas de-là, il étoit de 18. livres, après avoir touché le Donjon, & être sauté par-dessus la Riviere dans nôtre camp, il avoit roulé, & fait quantité de bonds, dont le dernier s'étoit terminé dans le bas-ventre de M. Domonville, qui cependant en fut quitte pour une grosse contusion. Une pauvre Negresse qui faisoit la cuisine à deux cens pas delà, ne fut pas si heureuse; un boulet donna sur une pierre, dont les éclats la tuerent; & j'avois pensé avoir le même sort le mardi de Pâques; un boulet qui avoit touché dans le Fort, vint donner tout auprès de moi, pendant que j'écoutois la confession d'un homme qui étoit à mes pieds; je fus tout couvert de terre, & mon penitent eut les jambes & les cuisses toutes meurtries par les éclats des pierres que le boulet fit sauter.

Erreur touchant les balles de Mousquet.

Nous fûmes dans une erreur assez particuliere les quatre ou cinq premiers jours que les Anglois commencerent à tirer sur le Fort. La plûpart de leurs balles de mousquet passoient par-dessus, & tomboient dans nôtre camp. Tout le monde sçait le sifflement que fait une balle, quand elle passe à peu de distance; mais tout le monde ne sçait pas que nous avons de grosses mouches aux Isles qui font à peu-près le même effet; il est vrai qu'on ne les entend jamais la nuit, ni dans toutes les saisons de l'année. Nôtre surprise etoit que ces prétenduës mouches se faisoient entendre pendant la nuit, & dans une saison où elles n'ont point accoûtumé de paroître; nous reconnûmes enfin nôtre erreur, & nous vîmes que ces prétenduës mouches étoient de belles balles de mousquet. Le premier qui en fit l'expérience, fut un Negre qui en eut le bras percé; il est vrai que la balle demeura dans les chairs, parce qu'elle avoit perdu presque toute sa force.

Le Jeudi 12. Avril M. de Gabaret fit dire à tous les Officiers de milice, aux Conseillers, & aux Superieurs des Communautez Religieuses, de se trouver à la sucrerie des Freres de la Charité, où il avoit quelque chose de consequence à leur proposer.

J'étois au Fort quand on apporta cet avis aux Officiers de milice qui y étoient; nous vîmes bien d'abord de quoi il s'agissoit. M. de la Malmaison trouva fort mauvais de n'être point appellé, & il avoit raison, il me pria de me trouver à cette assemblée. J'eus de la peine à m'y resoudre, parce que je n'y étois pas appellé; cependant je resolus d'y aller de la part du Lieutenant de Roi, parce qu'aiant visité ce même jour la Breche & le Fossé, & pris les mesures necessaires, pour vuider pendant la nuit, les Decombres de la Breche, & faire une retirade en dedans du Cavalier, je pourrois persuader qu'il n'y avoit rien à craindre des Anglois, quand il leur prendroit envie de donner un assaut.

Il y avoit eu la nuit précedente un mouvement parmi eux, qui avoit fait croire qu'ils en vouloient venir à un assaut, & qu'ils vouloient se servir de la nuit, pour s'approcher du Fossé avec moins de risques; mais soit qu'ils eussent veritablement formé ce dessein, soit qu'ils eussent reconnu que l'entreprise, qui étoit presque impossible pendant le jour, étoit encore plus perilleuse la nuit; ils s'étoient retirez sans bruit, dès qu'ils eurent senti le feu de nos gens qui borderent d'abord tous les parapets du Fort. L'on sçût le matin par des Deserteurs, que le Général Codrington faisoit tous ses efforts pour engager les Colonels à tenter un assaut, mais que ceux-ci le refusoient absolument, & ne vouloient point exposer leurs gens à la boucherie.

Je me trouvai l'après-midi à cette

assemblée que l'on honora du nom de conseil de guerre; M. de Gabaret parut fâché de m'y voir, & me dit qu'on ne m'y avoit pas appellé : je lui répondis que mon emploi, & les services que je rendois au public, m'avoient toûjours donné entrée, & voix déliberative dans les assemblées; mais que si ma présence lui faisoit de la peine, je me retirerois aussi-tôt, que j'avois pourtant des choses de consequence à lui dire, & à toute l'assemblée. Ce peu de paroles augmenta encore ce que ma présence avoit commencé, c'est-à-dire, sa colere, & son embarras; il commença à se plaindre qu'il trouvoit par tous des difficultez, qu'on vouloit pénétrer ses pensées, & ses desseins; qu'après s'être exposé, comme il avoit fait, pour apporter du secours à l'Isle, on le contredisoit en tout, qu'il sçavoit la guerre, que c'étoit à lui à commander, & à répondre de ses ordres. Après bien des repetitions, voiant que personne ne lui disoit mot, il me demanda, si j'avois quelque chose à dire : je lui dis, qu'oui, & après l'avoir salué & toute l'assemblée, je m'assis, & je dis que j'avois visité le matin de ce même jour la Breche du Cavalier, & tous les Fossez, depuis le Cavalier jusqu'à la demie-Lune, que les Merlons du Cavalier n'étoient rasez que jusqu'à six poûces au dessus de la Genoüilliere, & que les Decombres, qui étoient tombées dans le Fossé, ne l'avoient pas rempli à la hauteur de trois pieds, de maniere qu'il y avoit encore près de neuf pieds de profondeur vis-à-vis de la Breche, que tout le reste étoit net, que les parapets n'étoient nullement endommagez, non plus que le Retranchement de la citerne découverte; que vingt hommes pouvoient vuider en six heures de tems les Decombres de la Breche, rien n'étant si aisé, comme le Major, & les Officiers de milice, qui étoient dans l'assemblée, & qui s'étoient trouvez le matin avec moi dans la visite que nous en avions fait, pouvoient le témoigner; qu'il restoit encore trois canons dans le Cavalier, qu'on pouvoit braquer dans la Breche, les sacs à terre, les paniers, & les futailles étant toutes prêtes, & le Fort étant fourni d'un bon nombre de balles de cotton, pour faire dans un moment des épaulemens, & des tranchées où il en seroit besoin. Je fis voir fort sensiblement la facilité de défendre la Forteresse; & que quand même le Cavalier seroit emporté, nous avions le Retranchement de la citerne pour nous retirer, & pour nous y défendre, si on le jugeoit à propos, ou pour passer de l'autre côté de la Riviere des Gallions, sans crainte d'être coupez, ni inquiétez dans nôtre retraite.

On peut croire que je ne manquai pas d'être interrompu bien des fois, & qu'on me fit bien des objections & des questions, le plus souvent inutiles, & hors de propos, & toûjours pleines d'aigreur & d'envie de me voir bien-tôt finir. Je feignois de ne m'en pas appercevoir, mais M. Auger, auprès duquel j'étois, m'aiant dit tout bas de ne pas pousser les choses plus loin, parce que mon discours excitoit des murmures dans l'assemblée contre le Lieutenant Général; je dis à M. de Gabaret que M. de la Malmaison m'avoit chargé de lui dire, & à toute l'assemblée, que si on prenoit résolution d'abandonner le Fort, il protestoit contre cette résolution, lui & généralement tous ceux qui étoient avec lui, comme ils l'avoient déja dit au Major, & comme les Officiers de milice, présens dans l'assemblée, s'etoient chargez de le déclarer, attendu qu'il n'y avoit rien à craindre du côté des Anglois, vû le bon état où étoit la Forteresse, & que je le suppliois, & toute l'assemblée de se bien souvenir de ce que j'avois eu l'honneur de leur dire. Je ne rapporte ici que la substance de mon discours, il seroit inutile de le mettre ici tout entier; je le finis avec une profonde revérence au Lieutenant Général, & à l'assemblée, & je me retirai.

Ma sortie fit plaisir à M. de Gabaret, il commença aussi-tôt à haranguer l'assemblée ; & après quelques coups de langue contre ceux qui vouloient que l'on conserva le Fort, qu'il eut cependant la discretion de ne point nommer, il fit la peinture de l'assaut que les Anglois devoient donner au Fort d'une maniere si particuliere, que je ne l'aurois jamais voulu croire, si tous ceux qui étoient presens ne m'en eussent assuré. Il dit d'abord que c'étoit une erreur de croire qu'il falloit des boyaux, ou des Tranchées, pour s'approcher d'un ouvrage qu'on veut insulter, quand on n'en est éloigné que de cinq ou six cens pas ; qu'il sçavoit la guerre, & que les ennemis qui la sçavoient aussi, s'épargneroient cette peine très-assurément ; qu'ils disposeroient leurs gens par files, dont le front égaleroit la longueur de l'ouvrage, sur lequel ils auroient dessein,

Harangue du Lieutenant Général

Françoises de l'Amerique.

1705.
Peinture d'un Assaut selon M. de Gabaret.

que les premiers porteroient des facines, ceux qui les suivroient des planches larges & assez longues, pour poser sur les bords de l'escarpe & de la contre-escarpe du fossé ; qu'après eux viendroient ceux qui porteroient les échelles, & ensuite les gens armez ; que les premiers arrivant au Fossé le combleroient de fascines, les seconds y mettroient leurs planches, les autres planteroient leurs échelles, monteroient à l'assaut, passeroient la garnison au fil de l'épée, & se rendroient maîtres du Fort, & ensuite de toute l'Isle. D'où il concluoit que pour éviter ce malheur, il valoit mieux abandonner la place, & se retirer à couvert de la Riviere des Gallions, où les ennemis n'oseroient jamais se présenter ; il ajoûta qu'il connoissoit le génie de la nation Angloise, & en particulier celui de leur Général, qui ne cherchoit qu'à faire voir, & à dire dans le monde qu'il avoit emporté une place, où son Pere avoit échoué ; qu'il falloit contenter sa vanité sans s'exposer à y être forcé d'une maniere qui lui seroit plus honorable, & en même tems fatale à quantité d'honnêtes gens qui periroient, si on s'obstinoit de défendre la Forteresse.

Un certain perſonage qui étoit venu avec lui de la Martinique, le ſeconda merveilleuſement bien dans ce deſſein Heroïque, quoiqu'il ne harangua pas; on dit qu'il fit plus que s'il avoit harangué; il parla preſque à tous les Officiers de plume & d'épée qui étoient préſens: les louanges du Lieutenant Général, ſon habileté dans la conduite des plus grandes affaires, & la confiance qu'on devoit avoir dans un homme conſommé dans le métier de la Guerre, & zelé juſqu'à l'excez pour le bien du public, étoient toûjours à la tête des petits diſcours, dont il fatiguoit ceux qui ne pouvoient pas s'empêcher de l'entendre; que ſçavez-vous, diſoit-il à quelques-uns, c'eſt peut-être une ruſe de guerre, il l'a communiqué à peu de gens. Si j'oſois parler, vous conviendriez avec moi que la propoſition que fait M. le Lieutenant Général eſt pleine de bon ſens, & marque ſa grande expérience, & ſon profond ſçavoir dans l'art militaire, & que ſi on perd cette occaſion, on ne la retrouvera peut-être jamais.

Malgré tout cela les Officiers de milice ſe tenoient roides, vouloient conſerver la Forterreſſe, & courir les riſques de cet assaut ; & tout ce qu'on pût obtenir de quelques-uns fut de s'en rapporter avec le Gouverneur à la prudence du Lieutenant Général. Il est certain que M. Auger fit une très-grande faute en cette occasion, & que s'il avoit voulu tenir ferme avec les honnêtes gens qui faisoient le plus grand nombre, on n'auroit pas commis cette lâcheté qui mit l'Isle à deux doigts de sa perte; mais il étoit nommé Gouverneur de Saint Domingue, & sembloit ne plus se soucier de la conservation de la Guadeloupe, ni des mauvaises manœuvres du Lieutenant Général ; de sorte qu'il fut déterminé qu'on abandonneroit le Fort. Les Anglois en furent avertis dès la nuit même par deux Soldats de la Compagnie de du Chatel qui deserterent ; mais soit qu'ils ne crussent pas la chose vrai-semblable, soit qu'ils s'imaginassent qu'il y eut de l'artifice dans le peu de secret qu'on avoit gardé dans cette déliberation, ils se tinrent dans leurs postes, & se contenterent d'user leur poudre & leurs balles sur le Donjon, & sur le Cavalier, auquel ils ne pouvoient plus faire de mal.

Le Vendredi 13. Avril on envoia le Major porter au Lieutenant de Roi le résultat du Conseil de Guerre, & donner ordre au Sieur Binois d'attacher les mêches aux mines, pour faire sauter le Donjon, & la petite face du Cavalier; quand je dis les mines, il est bon d'expliquer ce que c'est ; & pour cela il faut se souvenir de ce que j'ai dit dans un autre endroit, en faisant la description du Fort, qu'il y avoit deux soûterrains qui servoient de cachots, pour renfermer les criminels ; c'étoit dans ces deux soûterrains qu'on avoit mis les poudres, de sorte que toute la préparation de ces mines consistoit à répandre quelques barils de poudre, & à y joindre une saucisse, pour y mettre le feu ; on prétendoit les faire sauter tous deux en même tems ; on m'en parla, & je dis que la chose manqueroit, si on ne servoit pas de la même saucisse. La suite a justifié mon sentiment, puisqu'on a trouvé toute la poudre d'un des soûterrains après la retraite des Anglois.

Protestation du Lieutenant de Roi contre le Lieutenant Général.

M. de la Malmaison sortit encore du Fort, & alla trouver le Lieutenant Général, & fit tous ses efforts pour empêcher l'effet de la résolution qui avoit eté prise le jour précedent, & voiant qu'il ne pouvoit rien gagner, il s'en retourna, & fit signer une protestation à tous les Officiers qui étoient dans le Fort, & l'envoia au Lieutenant Général. J'allai dîner chez lui; pendant que nous étions à table on nous vint avertir que deux vaisseaux de guerre avoient levé l'ancre, & s'avançoient du côté de la Riviere des Gallions; un moment après les batteries des ennemis qui n'avoient point tiré depuis près de trois heures, commencerent à faire un feu extraordinaire; nous vîmes aussi que les deux vaisseaux canonoient vivement les Retranchemens de la Riviere des Gallions, & du bord de la mer; cela nous fit juger que les Anglois avoient envie de risquer un assaut. On fit prendre les armes, M. de la Malmaison fit distribuer de l'eau de vie, & ordonna aux Soldats de se tenir assis sur les banquettes, sans se montrer, pour persuader aux ennemis que la plûpart des Troupes étoient sorties; cependant ils ne voulurent pas mordre à cet appas, ils se contenterent de consommer bien de la poudre & des boulets, sans tuer, ni blesser personne, ni dans le Fort, ni dans les Retranchemens. Les deux vaisseaux s'en retournerent à leurs postes vers le soir, & leurs batteries cesserent de tirer.

Les Anglois canonnent les Retranchemens de la riviere des Gallions.

Dès que la nuit fut venuë on fit sortir du Fort les quatre Compagnies de la Marine ; il y eût encore trois Soldats de celle de du Chatel qui deserterent dans ce tems-là, & qui assurerent les ennemis que nos Troupes se retiroient. Mr. de la Malmaison demeura dans le Fort avec les quatre Compagnies de milice.

Le Samedi 14. Avril, deux heures avant le jour, les Sentinelles qui étoient au Cavalier, s'apperçûrent que quelque chose s'approchoit en rampant contre terre ; ils tirerent, & le parapet aiant été bordé dans le moment, on fit feu. On reconnut, quand le jour parut, deux hommes morts à vingt pas du Fossé ; quelques Negres furent les dépoüiller. On mit ensuite le feu aux meches, on abandonna le Fort, & on se retira dans les Retranchemens de l'autre côté de la Riviere des Gallions.

Le fort est abandonné.

CHA-

CHAPITRE VII.

Les Anglois entrent dans le Fort; ils sont battus à la Riviere des Gallions; leur entreprise sur les trois Rivieres.

NOtre Fort se trouva ainsi neutre, nous l'avions abandonné, & les Anglois n'osoient s'en approcher jusqu'à ce que les mines eussent fait leur effet. Leur retardement intriguoit beaucoup nôtre Lieutenant Général, il y envoïa le Sieur Binois avec le nommé Guillet orfévre, qui étoit nôtre Artificier, & quelques avanturiers, à qui il promit de grosses recompenses, pour les engager à aller mettre le feu aux mêches, en cas qu'il fût éteint. Ils y furent assez à tems pour en sortir la vie sauve, & se mettre à couvert derriere un pan de muraille qui couvroit le soûterrain qui ne prit point feu, heureusement pour eux, car ils auroient été ensevelis sous les ruines. Celui qui sauta ne laissa pas de leur faire tomber des pierres, dont quelques-uns furent blessez, & meriterent que tous eussent ce qu'on leur avoit promis. La mine du Cavalier joüa

Une partie du Donjon sauté en l'air.

quelque tems après, mais sans effet; il étoit huit heures du matin quand cela arriva.

Les Anglois entrerent dans le Fort par le Cavalier sur les dix heures, & travaillerent d'abord à se couvrir du côté de la Riviere des Gallions; le Général Codrington y vint sur le midi, accompagné de quantité d'Officiers. Un Deserteur qui descendit le soir par le petit chemin de la Riviere, nous assura que tous leurs Officiers avoient été dans la derniere surprise, de voir que nous eussions abandonné le Fort en l'état qu'il étoit, & que sans les deux Deserteurs du Jeudi, ils auroient levé le Siége; que le rapport de ces deux hommes avoit été cause de la canonade du jour précedent, pour voir quel mouvement nous ferions, & que sans les trois autres qui étoient venus le soir, on avoit résolu d'ôter le canon des batteries, & de se retirer, parce que les Capitaines avoient perdu quantité de Soldats, & que l'Amiral vouloit conserver le reste de ses Matelots, parmi lesquels la dissenterie, & le mal de Siam faisoient de grands ravages.

Dès que les Anglois furent maîtres du Fort, ils firent passer un gros corps de

Troupes sous la Falaise, le long du bord de la mer, pour nous chasser des Retranchemens que nous y avions ; mais on en avoit déja retiré nos gens ; il n'y étoit resté que le sieur de Saint Amour avec sa Compagnie qui avoit été grossie par un nombre de Volontaires, qui s'étoient détachez de leurs corps, pour se joindre à lui ; il partagea sa Troupe en deux, après avoir donné ordre à son Lieutenant de ploïer après un peu de résistance, afin d'engager les ennemis à le suivre dans le Morne ; & quand ils y furent, il tomba sur eux d'une maniere si brusque & si vive, qu'il les renversa, les reconduisit jusqu'au bord de la mer, leur tua plus de quarante hommes, en blessa un grand nombre, & fit trois prisonniers, entre lesquels étoit un Officier, qui aiant été conduit au Lieutenant Général, & interrogé de ce qu'on disoit dans leur Camp, il répondit sans hésiter : on dit que les François sont des braves gens, & qui se battent bien, & que leur Général les trahit, en abandonnant ainsi leur Forteresse. Le sieur de Saint Amour demeura jusqu'au soir dans les Retranchemens du bord de la Mer, & revint avec sa Troupe chargez des armes qu'ils avoient

On bat les Anglois au bord de la Mer.

L ij

ôté à ceux qu'ils avoient défaits.

Après que j'eus vû entrer le Général Anglois dans nôtre Fort, je voulus prendre congé du Gouverneur, pour aller me repofer à la Cabefterre ; il m'arrêta, en me difant, que je lui avois promis de ne le point quitter, que nous aurions peut-être plus de bonheur dans la fuite, & qu'il falloit que la fin couronnât l'œuvre. Quoique je ne fuffe pas content de la foibleffe qu'il avôit fait paroître, en donnant trop facilement dans les idées de M. de Gabaret, je lui promis de demeurer, & de fervir à l'ordinaire.

Nous nous retirâmes d'abord dans un Retranchement qui étoit à la tête de la Savanne de Milet, à huit cens pas ou environ du bord de la mer. M. Auger me dit qu'il ne croioit pas que le Lieutenant Général abandonnât ce pofte qui étoit avantageux, & aifé à défendre. Je le fçavois bien ; mais comme nos parapets étoient affez minces, je lui dis qu'il falloit les épaiffir, & travailler à faire des Gabions, pour élever une Batterie, afin de balaïer l'autre côté de la Riviere, & le dedans du Fort que l'on voioit de revers. Les Anglois s'en étant apperçus, firent un grand feu de moufqueterie sur nous, & nous sur eux, avec cet avantage que nous étions déja à couvert ; nous leur tuâmes du monde, & nous en perdîmes aussi de nôtre côté. Nous eûmes trois hommes tuez, & huit blessez. Malgré cela nôtre ouvrage s'avançoit à vûë d'œil, j'avois déja posé six Gabions, & nôtre épaulement avoit six pieds de hauteur, & auroit environné tout le côté de cette Savanne sur le bord de la Riviere des Gallions, & selon les apparences, il auroit été achevé pendant la nuit, tant nos gens travailloient avec ardeur, lorsque le Lieutenant Général envoia dire au Gouverneur qu'il ne jugeoit pas à propos de conserver ce poste, & qu'il falloit se retirer plus loin. Ce nouvel ordre pensa desesperer M. Auger ; il avoit caché son chagrin dans les occasions précédentes, il n'en fut pas le maître dans celle-ci. Les Officiers de milice entrerent vivement dans ses sentimens, & je vis le moment qu'il y alloit arriver quelque chose de fâcheux, lorsqu'après s'être retiré à l'écart, & s'être promené tout seul pendant quelque tems, il dit aux Officiers qu'il falloit obéïr, mais qu'il ne répondoit plus de rien, & que les ennemis étoient maîtres de l'Isle,

On abandonne encore un autre poste très-avantageux.

s'ils se sçavoient servir de l'avantage qu'on leur fournissoit ; il fit cesser le travail de la batterie, de l'épaulement, & des baraques que nos gens commençoient à faire dans cette Savanne ; il me pria d'aller faire cesser le travail que l'on avoit commencé à six cens pas plus haut, auprès de la sucrerie des Religieux de la Charité, parce que le Lieutenant Général ne voulant pas conserver le poste de Milet, il n'y avoit pas d'apparence qu'il voulut garder ce dernier. Il est cependant très-vrai que ces deux postes retranchez comme ils l'alloient être, pouvoient reparer la perte du Fort ; il n'y avoit au premier qu'un Front de 150. pas à défendre, qui n'étoit accessible que par un chemin de charette, assez étroit, & au second où le terrain s'élargissoit davantage, environ trois cens pas. La Riviere des Gallions, & la Riviere Sence, dont les bords sont extrémement élevez & escarpez, les défendoient à droit & à gauche; & nous eussions été dans ces deux postes comme dans deux Forteresses presque naturelles, où il ne paroissoit pas possible que les Anglois eussent envie de nous inquiéter.

Ce qu'il y eut de surprenant fut qu'en abandonnant ces postes, on mit le feu dans tous les bâtimens des Religieux de la Charité, & de la Damoiselle Cherot, comme s'ils eussent dû causer la perte de l'Isle, après qu'on avoit laissé aux ennemis quatre ou cinq cens maisons toutes entieres dans les Bourgs, & Habitations qu'on avoit abandonné. Le sieur de Bois-fermé Gouverneur de Mariegalante, qui étoit venu avec le Lieutenant Général, se signala dans cette expedition, il portoit le feu par tout, & faisoit autant de ravage avec la seule main qu'il avoit, que s'il en avoit eu une douzaine. On ne vit jamais un si grand acharnement, & une précipitation si déraisonnable ; peu s'en fallut que je ne fusse brûlé, étant endormi sur une planche dans le galetas de cette maison. Le feu ne seconda que trop vivement la mauvaise manœuvre des braves qui accompagnoient cet Officier. Tous les bâtimens, sans rien excepter, furent reduits en cendre, & avec eux tous les remedes, & les ustencilles de l'Hôpital, toutes les menuës armes qu'on avoit sauvé du Fort, plusieurs paniers remplis de Grenades, beaucoup de poudre, de plomb, de mêches, & autres munitions de guerre, une quantité très-considerable de farine, & de viande salée, avec une infinité de

Les maisons des freres de la Charité sont pillées & brûlées.

marchandises qu'on y avoit sauvé, comme dans des lieux de seureté qui ne dévoient être jamais abandonnez ; du moins on auroit dû les transporter au réduit sans se presser, & on les y auroit trouvé dans l'extrême besoin que l'on en eut dans la suite ; puisque les ennemis avoient si peu d'envie de s'approcher de nous, qu'ils ne vinrent en cet endroit-là que quatre jours après que nous l'eûmes abandonné.

Nouvelle disposition des troupes françoises.

Nous nous trouvâmes donc le Dimanche 15. Avril au bord des bois qui couvrent le réduit ; on plaça les quatre Compagnies de la Marine au centre du grand front, qu'il fallut occuper, pour couvrir le réduit, & le passage de Madame au haut de la Riviere des Gallions. On voit par cette disposition que les Troupes de la Marine ne songeoient guéres à disputer le pas, & le poste d'honneur à nos milices. Leurs Officiers étoient de braves gens ; mais les Soldats étoient mal intentionnez, & ne cherchoient qu'à deserter ; d'ailleurs le poste de la droite étoit très-dangereux par sa situation, parce que les Anglois y pouvoient venir de plain pied, sans qu'on pût être secouru des autres quartiers qui en étoient separez par des ravinages matécageux. Ces Troupes de la Marine avoient à leur droite, & à leur gauche une Compagnie de Milice ; & pour les assurer davantage, & empêcher leur desertion, on les avoit encore couvertes d'un poste avancé, composé de deux Compagnies de Flibustiers, & d'une de milice de la Martinique, commandées par les sieurs du Buc, Lambert & Questel, qui s'étoient postez dans la maison, Moulin & Sucrerie du sieur Favre. A la droite de la Compagnie de Milice, qui couvroit les Troupes de la Marine, il y avoit cinq Compagnies des Milices de la Guadeloupe, & deux de la Grande-Terre, dont le poste s'étendoit jusqu'à la Riviere des Gallions ; le reste des Troupes de milice occupa tout le grand espace qui étoit depuis la gauche des Troupes de la Marine jusqu'aux Marécages de Jean Smith, & du grand chemin du réduit. Ce poste fut appellé le Camp de la Martinique : celui de la droite fut nommé le Camp des Gallions, celui du sieur du Buc le poste avancé, & celui où étoient les Troupes de la Marine le Camp des Lunettes, à cause que nôtre Lieutenant Général passoit une partie du jour sur une hauteur qui en faisoit partie à contempler la rade, les vaisseaux, & les postes des ennemis avec des Lunettes d'approche.

M. de la Malmaison fut envoié aux trois Rivieres avec une augmentation de soixante hommes, c'est-à-dire, qu'il se trouva avec six vingt hommes au plus, pour défendre un poste de près d'une liëue de longueur, poste si important que de sa perte s'ensuivoit infailliblement celle de l'Isle entiere, parce que c'étoit le seul passage, & la seule communication que nous avions avec la Martinique, la Cabesterre, & la Grande-Terre, d'où nous tirions la plus grande partie de nos vivres.

Le Lieutenant Général se logea dans une grande case qu'on avoit fait faire pour mettre des munitions de guerre, & de bouche ; elle étoit couverte par un petit morne à l'entrée du chemin du réduit. M. Auger prit pour son logement quelques cases aux environs, & chacun fit des baraques, pour se loger dans le poste qu'il devoit occuper.

Le Lundi 16. M. Auger me mena au Camp des Gallions, où nos sept Compagnies étoient postées tout à découvert, & sans aucun Retranchement devant elles. Il fit appeller les Officiers, & leur dit qu'il falloit se couvrir de quelque

Retranchement. Ils répondirent que leurs esclaves étoient dans le bois, & que n'étant pas accoûtumez à ces sortes d'ouvrages, eux & leurs gens païeroient de leurs personnes, si les Anglois se présentoient; mais qu'ils ne vouloient plus travailler pour loger & couvrir les Troupes de la Marine, & qu'il leur suffisoit d'avoir des baraques, pour se mettre à couvert des injures du tems. Ces contestations durerent fort long-tems, & on seroit demeuré sans être couvert dans tout cet espace qui étoit de plus de cinq cens pas de longueur, si M. Auger n'avoit envoié l'Aide-Major avec quelques Sergens, pour ramasser tous les Negres qu'ils trouveroient, & les faire travailler. Je traçai ce Retranchement, & j'y demeurai jusqu'au soir avec le Gouverneur, je retournai coucher à son quartier.

Le Mardi 17. nous y retournâmes dès le point du jour, & y démeurâmes toute la journée ; mais avec tous nos soins, les Habitans qui étoient mécontens de toutes les mauvaises manœuvres du Lieutenant Général, n'y voulurent jamais travailler, ni presser les Negres de le faire, de sorte qu'il n'a jamais été perfectionné ; il y avoit une petite élevation au milieu, sur laquelle on bâtit une case, ouverte presque de trois côtez, pour servir de chapelle. Les Habitans me firent une baraque à côté, & me prierent de demeurer avec eux ; M. Auger m'en pria aussi, & je m'y établis. Nous avions une garde de vingt-cinq hommes à trois cens pas devant nous ; on en mettoit encore deux autres la nuit de trente hommes, chacune à cent cinquante pas de nos baraques, où nous dormions aussi tranquilement que si nous n'eussions point eu d'ennemis. Il est vrai qu'ils ne s'établirent jamais plus proches de nous, que la maison du sieur Milet qui en étoit éloignée de près de mille pas.

Le Dimanche 22. Avril trois Habitans de nôtre quartier me prierent de demander leur congé au Gouverneur, pour deux ou trois jours, afin d'aller visiter leurs maisons ; je l'obtins aisément, & je voulus faire cette promenade avec eux ; je pris sept de nos Negres armez, & un de nos Domestiques blancs ; ces trois Habitans avoient chacun un Negre armé, de sorte que nous nous trouvâmes quinze hommes bien armez. Nous avions d'abord résolu de prendre le chemin des hauteurs, mais aiant trouvé un de nos Negres qui venoit me voir, & m'apportoit quelques ramiers, & des diablotins, lequel étoit venu par le chemin des deux mille pas du bord de la mer, nous suivîmes la même route, & nous arrivâmes sur les trois heures au bas de nôtre Habitation du Marigot. Ce Negre m'avoit dit que nous avions 25. ou 26. de nos gens qui faisoient de la farine ; je voulus les aller voir, & cependant je l'envoiai au premier ajoupa, pour nous y faire apprêter à souper ; je trouvai que nos gens étoient bien sur leurs gardes, ils avoient deux Sentinelles avancées perchées sur des arbres, pour découvrir de plus loin ; quoiqu'ils m'eussent reconnu long-tems avant que je fusse auprès d'eux, ils me crierent dès que je fus à portée, qui vive, demeure-là, & il fallut obeïr, car avant de me laisser approcher, ils voulurent connoître ceux qui étoient avec moi, de crainte que ce ne fussent des Anglois qui me menoient par force, pour les faire enlever. Cette précaution me fit plaisir ; je me promenai jusqu'au soir aux environs, en attendant nos voisins qui étoient allez chez eux ; ils revinrent fort contens : soit que les Anglois eussent été dans leurs maisons, ou qu'ils n'y eussent point été, ils les trouverent sans qu'on y eut fait aucun dégât, & leurs caches en bon état. Nous nous en allâmes aux ajoupas, nos gens nous avoient apprêté une bonne soupe avec des volailles communes, des ramiers, & des diablotins; nous mîmes des gardes avancées, & nous nous couchâmes.

Le Lundi 23. je fus voir quelques-uns des Campemens de nos Negres que je trouvai bien accommodez, & bien pourvus. Ce qui me surprit, fut de voir les enfans qui étoient devenus sauvages comme des liévres; au lieu qu'avant la guerre, ils couroient à moi dès qu'ils me voioient, ils s'enfuioient alors, & leurs parens avoient toutes les peines du monde à les rassurer, & à me les amener; je leur distribuai quelque argent que j'avois sur moi, & nous passâmes toute la journée à chasser; le soir un de nos gens qui avoit été dans les Habitations du bord de la mer, pour chercher des pois, nous vint dire que les Anglois arrachoient les pierres de taille des fenêtres de nôtre Eglise qu'ils avoient brûlée, pour en retirer les gonds. Il étoit trop tard pour y aller; mais le lendemain avant jour nos gens furent s'y embusquer; les Anglois revinrent effectivement, c'étoient des Matelots qui n'étoient point armez; un seul avoit un fusil, on tira dessus, & on le tua; on cria aux autres, bon quartier; & comme ils ne voulurent point se rendre, il y en eut encore de tuez & de blessez. Il y avoit un vaisseau moüillé devant nôtre Eglise qui tira quelques coups de canon sur nos gens, & qui ne les empêcha pas de dépoüiller les morts. Cette petite correction fraternelle les rendit sages, & ils ne revinrent plus arracher nos pierres de taille.

Nous partîmes après dîné de nôtre habitation, pour retourner au Camp; nous découvrîmes la Compagnie des Negres qui venoit d'une course vers le bord de la mer; comme ils ne nous avoient pas vû, nous tirâmes deux coups de fusil, pour nous faire connoître; ils répondirent de trois, & nous d'un, & eux de deux autres: c'étoit nôtre signal de reconnoissance; ils nous apperçurent ensuite, & je leur fis signe de nous attendre; il y avoit entre nous la Riviere des Peres qui coule au bas d'une épouventable falaise; comme nous montions, & que nous étions prêts à les joindre, nous entendîmes trois coups d'armes aussi-tôt; ne sçachant ce que ce pouvoit être, je fis avancer deux de nos gens, & nous les suivîmes avec les précautions convenables ; nous trouvâmes que c'étoient les Negres qui venoient de tuer trois malheureux Anglois qu'ils avoient pris ; je les blâmai beaucoup de cette action, ils me dirent pour excuse, que ces trois hommes ne vouloient pas marcher, & qu'ils n'étoient pas obligez de porter leurs prisonniers. Je fus bien fâché de n'être pas arrivé plutôt, pour leur sauver la vie, & sur tout à un jeune homme de 18. à 20. ans qui étoit très-bien fait ; c'étoit une espece de pilotte ; on trouva dans ses poches deux compas de Marine très-beaux que j'acheptai. Les Negres en avoient expedié quelques autres le même jour, car ils avoient sept habits, & des armes. Depuis la mort du brave le Févre, il n'y avoit plus que cette Compagnie qui inquiétât les Anglois ; comme elle grossissoit tous les jours, parce que les Negres y étoient attirez par l'esperance du butin qu'ils faisoient sur les ennemis, ils les reserroient de telle maniere dans leur Camp, que la plûpart de ceux qui en sortoient pour chercher des herbages, & autres rafraichissemens, étoient enlevez ou égorgez;

il étoit très-difficile de se précautionner contre leurs surprises. Ils se cachoient pour cet effet dans les cannes brûlées, & dans les haïes le long des grands chemins, n'aiant sur eux qu'un simple calleçon de toille bleüe, un gargouffier, une baïonnette, & leur fusil ; s'il passoit une Troupe plus forte que la leur, ils se tenoient en repos, & quand elle étoit dans quelque défilé, chacun choisissoit son homme, & tiroit dessus, & aussi-tôt ventre à terre, ils rechargeoient, gagnoient les devans, ou quelque ravinage, & revenoient faire feu d'une maniere si importune, qu'elle desesperoit ceux qu'ils attaquoient, qui sentoient les coups sans pouvoir découvrir le plus souvent ceux qui les leur tiroient. Nous arrivâmes au Camp sur le soir ; j'allai saluer M. Auger, qui me dit qu'il avoit été en peine de moi depuis qu'on avoit tiré du canon au Baillif. Je lui contai ce qui s'étoit passé dans nôtre promenade, & je lui fis present d'une partie de nôtre chasse.

Le Jeudi 27. Avril un Anglois qui étoit en faction à leur poste avancé de l'habitation de Milet, deserta, & arriva au Camp de la Martinique, où commandoit le sieur Colart, une heure avant le jour ; il demanda d'être conduit en diligence au Gouverneur, cela fut exécuté sur le champ ; il lui donna avis qu'il étoit parti au commencement de la nuit un détachement de mille hommes dans 25. chaloupes & quelques barques armées soûtenuës de la Fregate d'Antigue, pour aller enlever le poste des trois Rivieres. Le sieur de Saint Amour demanda d'y aller avec sa Compagnie ; le sieur Lambert y marcha avec la sienne, quantité de Volontaires se joignirent à ces deux Chefs qui se virent dans un moment à la tête de trois cens hommes ; on y fit aller en diligence tous les Cavaliers qui avoient leurs chevaux, & on fit partir les Compagnies des Negres & des Enfans perdus, elles faisoient ce jour-là cent trente hommes.

Les Anglois font une tentative sur les trois Rivieres.

Nos Troupes arriverent aux trois Rivieres aussi-tôt que les Anglois, car quoiqu'ils fussent partis douze heures avant nos gens, ils avoient trouvé le vent fort gros, & la marée contraire, ce qui avoit beaucoup retardé leur marche. M. de la Malmaison qui avoit été averti par un Cavalier qu'on lui avoit dépêché, de l'approche des Anglois, & du secours qui étoit en marche pour le joindre, disposa tout pour recevoir les uns, & placer les autres; mais les ennemis aiant trouvé la mer trop grosse, pour risquer un débarquement, & vû les Troupes, & le bon ordre qu'il y avoit dans les deux Anses, & sur le petit morne qui les sépare, ils s'en retournerent sur leurs pas, après avoir demeuré quelque tems en présence, mais hors de la portée du fusil.

Cependant comme ils ne vouloient pas que leur voïage fut tout-à-fait inutile, ils firent une descente d'environ deux cens hommes à la pointe du vieux Fort; ceux qui étoient en garde n'étant pas en nombre suffisant pour les en empêcher, s'étoient retirez dans les hauteurs; ils brûlerent la Chapelle, après avoir fait à leur ordinaire mille profanations des choses Saintes qu'ils y trouverent; ils enclouerent les deux canons de fer qui étoient sur la pointe, brûlerent les affuts, le corps de garde, & deux ou trois autres maisons des environs; mais aiant voulu s'avancer davantage, & piller une maison qui leur parut plus de conséquence que les autres, ils tomberent dans une embuscade que la garde de ce poste leur avoit dressé au passage d'une Ravine; il y en eut d'abord une

Les Anglois descendent au vieux Fort, y font quelque désordre & y perdent du monde.

1763.

vingtaine de tuez fur la place, & beaucoup de bléssez, ce qui leur fit rebrousser chemin plus vîte qu'ils n'étoient venus, & ce fut un bonheur pour eux de n'être pas plus avancez; car le sieur de Saint Amour avec les meilleurs Pietons de son détachement arriva dans ce moment sur la hauteur, & commença à faire feu sur eux, & les pressa tellement de se rembarquer, qu'ils abandonnerent leurs blessez qui n'eurent pas besoin de Chirurgiens. Il y eut une de leurs Chaloupes qui tourna, & qui vint se briser à la côte, avec perte de la plus grande partie de ceux qui s'y étoient jettez en trop grand nombre.

Ce mouvement des Anglois en fit faire un autre à nôtre Lieutenant Général; il eut peur d'être coupé, si les Anglois se rendoient maîtres du quartier des trois Rivieres, & de ne pouvoir regagner ses barques qui étoient à Saint Marie; il plia bagage dès qu'il eut nouvelle du mouvement des ennemis, & tout d'une traite il arriva au trois trous, au-delà des trois Rivieres; il avoit fait partir avec lui les deux Compagnies de Marine qu'il avoit amené, & ordonné aux milices de la Martinique, & aux Flibustiers de le suivre;

Retraite du Lieutenant Général.

ceux-ci répondirent que n'étant pas attachez à une Isle plutôt qu'à une autre, ils vouloient demeurer à la Guadeloupe, pour secourir leurs freres dans leur besoin ; quant aux milices de la Martinique, les Officiers dirent les uns qu'ils étoient malades, d'autres qu'ils n'avoient point de chevaux, pour aller à Sainte Marie, & qu'ils ne pouvoient aller à pied ; les autres s'absenterent de leurs postes, & les jeunes gens qui composoient ces Compagnies dirent resolument qu'ils ne vouloient partir de l'Isle qu'après les Anglois.

Le Lieutenant Général qui étoit déja arrivé aux trois trous s'impatientoit beaucoup de ce que ses Troupes ne paroissoient point, & se mit dans une furieuse colere quand il sçut leur résolution ; mais il avoit le chemin libre pour s'en aller, & tout le monde le souhaitoit.

M. Auger m'avoit prié dès le matin d'aller au reduit rassurer le peuple, & dire de sa part à tout le monde que quelque chose qui arrivât au quartier des trois Rivieres, il avoit pourvû à leur sureté, & qu'ils demeurassent en repos. Il auroit pourtant été bien embarassé, & nous aussi, si les Anglois avoient pris ce poste : cependant il fit prendre les armes par tout, & difposa fes gens pour recevoir les ennemis, en cas qu'ils nous vinffent attaquer, comme ils le dévoient faire, pendant la diverfion qu'ils nous faifoient aux trois Rivieres; mais ils demeurerent en repos, ce qui nous parut une marque évidente de leur foibleffe.

Pendant que je m'acquittois de ma commiffion, allant de cafe en cafe, je m'apperçus que mon Negre qui tenoit mon cheval étoit en conteftation avec le maître d'Hôtel du Lieutenant Général, j'y allai au plus vîte, & je demandai à cet honnête homme où il prétendoit méner mon cheval, qu'il tenoit par une des rênes ? A M. le Général, qui en a befoin, me dit-il ; le fien eft-il hors de fervice, lui dis-je ? Non, me répondit-il, mais quand je dis M. le Général, cela veut dire quelqu'un de fa fuite. Oh bien Monfieur de fa fuite, lui répondis-je à mon tour, il n'y a pas fi long-tems que vous allez à cheval, pour avoir oublié vôtre premier métier d'aller à pied, recommencez à le pratiquer, & cherchez vîte un autre cheval, & lui aiant arraché de la main la rêne qu'il tenoit, je le renvoiai fort mécontent de mon procedé. Ce maître d'Hôtel fe nommoit Dauphiné aussi bien que celui dont j'ai parlé au commencement de ces mémoires ; leur nom fait connoître qu'ils étoient du même païs, ils avoient aussi servi tous deux assez long-tems sur les Galeres, & avoient été envoiez aux Isles pour recompense de leurs travaux ; ce que le dernier avoit sur le premier, c'est qu'il avoit perdu ses deux oreilles dans un differend qu'il avoit eu avec la Justice, & c'étoit pour cela qu'il avoit toûjours une peruque, faite de maniere qu'elle cachoit exactement ce défaut qui n'étoit pas connu de tout le monde ; cela n'empêchoit qu'il ne servît son maître avec bien de l'application, & qu'il ne l'ait laissé son héritier en mourant.

L'avis étant venu sur les trois heures à nôtre Lieutenant Général que les Anglois s'étoient retirez de devant les trois Rivieres, & qu'ils avoient repris le chemin de la Basse-terre, il commença à respirer, & à vouloir faire croire que son mouvement avoit été pour conserver la Cabesterre, & empêcher les ennemis d'y pénétrer ; mais il eût le malheur de ne trouver personne qui fut assez charitable pour faire seulement semblant de le croire. Les femmes qui étoient au reduit, le voiant passer, le reconduisirent avec des huées capables de defesperer les plus endurcis aux affronts. Il revint le soir dans le Camp, le cœur fort ulceré contre les Flibustiers, & les Habitans de la Martinique, & contre M. Auger plus que contre tous les autres, parce qu'il le soupçonnoit d'avoir débauché ses gens, & d'avoir été le premier mobile de la résolution généreuse qu'ils avoient fait paroître; il se trompoit cependant, & M. Auger n'avoit point contribué directement à ce qui étoit arrivé, mais toutes les Troupes de la Martinique ne voïoient qu'avec un extrême depit les mauvaises manœuvres qu'on faisoit, qui auroient dû causer plusieurs fois la perte de l'Isle, si les Anglois avoient sçu profiter de leur avantage. Par bonheur pour nous la division regnoit entre leurs Chefs, & il sembloit que nous faisions des fautes à l'envie les uns des autres.

Le Dimanche 29. Avril nos Negres armez s'étant embusquez au dessous de l'Habitation des Religieux de la Charité, tuerent quelques Anglois qui étoient sortis de leur poste de Milet. La garde de ce poste aiant pris les armes, sortit sur les Negres, & les poussa. Les Enfans perdus arriverent assez à tems pour

pour soûtenir les Negres; mais les uns & les autres furent poussez jusqu'au delà de la Sucrerie des Freres de la Charité & de la Damoiselle Cherot, leur voisine. Nôtre poste avancé du Camp des Gallions se joignit à eux, & rétablit le combat, & donna le tems aux sieurs de Valmeinier & de Maisoncelle de s'avancer avec cent hommes, pour les soûtenir. On chargea alors de bonne grace les Anglois, & on les fit plier après une demie heure d'un combat fort opiniâtré, où l'on s'étoit battu à coups de pistolet & de baïonnettes; ils reçurent alors un secours d'environ trois cens hommes, ils firent ferme, & recommencerent à pousser nos gens à leur tour. Je disois la Messe quand ce dernier choc commença; pendant que je me des-habillois, les Officiers de nôtre Camp me demanderent mon avis sur ce qu'ils avoient à faire, & s'ils attendroient les ordres du Lieutenant Général pour marcher? Je leur répondis que s'ils attendoient ses ordres, ils ne marcheroient point; mais que s'ils avoient envie de secourir leurs freres, sans que le Lieutenant Général y pût trouver à redire, ils n'avoient qu'à faire défiler leurs gens le long de la Falaise, & prendre les

Les Anglois sont défaits à la riviere des Gallions.

Tome VI.　　　　　　M

ennemis en flanc ; cela fut exécuté sur le champ ; plus de deux cens hommes y coururent à toutes jambes, beaucoup de Flibuſtiers qui étoient venus à la Meſſe chez nous ſe joignirent à nos gens, qui ſe voiant ainſi ſecourus, pouſſerent vigoureuſement les Anglois, les chaſſerent de derriere trois murailles ſéches, les unes après les autres, & les reconduiſirent, toûjours battans, juſques dans les Retranchemens dont ils avoient environné leur poſte.

M. auger qui avoit fait prendre les armes au Camp de la Martinique, & au poſte avancé, étoit ſur le point de marcher avec toutes ces Troupes, & de tomber ſur la droite des Anglois ; c'étoit un coup de partie, où il étoit aiſé de tailler en pieces, ou de prendre ſix à ſept cens des ennemis qui n'en pouvoient plus. M. de Gabaret lui envoia défendre de ſortir du Camp, & dépêcha ſes deux Aides de Camp pour ordonner à M. de Valmeinier, & de Maiſoncelle de ſe retirer ; cet ordre ne vint pas juſqu'à eux, ils étoient trop voiſins des ennemis, & par conſequent dans des lieux inacceſſibles à de pareils Aides de Camp ; on ſe mocqua beaucoup d'eux, mais ils avoient envie de ſe conſerver, pour une meilleure occasion, & ils firent sagement de se gabionner jusqu'à la fin de l'action derriere un reste de muraille séche.

Cependant nos gens demeurerent plus de deux heures à la vûë, & à la demie portée de fusil des Retranchemens des ennemis, sans que ceux-ci osassent sortir pour les répousser, & pour recouvrer leurs morts & leurs blessez ; ils laisserent sur le champ de bataille quatre-vingt cinq morts, & beaucoup plus de blessez. Nous n'eûmes dans tous ces chocs que quatre hommes tuez, & onze blessez. Un Negre des Religieux de la Charité aiant eu la cuisse cassée au commencement de l'action, lorsque les Anglois nous repousserent, fut pris & porté à leur Camp. Le sieur de Valmeinier fut blessé d'un coup de fusil à la cuisse, & eut une partie du petit doigt emportée d'un autre coup. Le sieur de Maisoncelle s'étant trouvé vis-à-vis un Capitaine Anglois, celui-ci le défia, & lui tira un coup de pistolet ; il manqua nôtre Major qui le tua sur le champ, & fit la même chose au Sergent de ce Capitaine qui vint pour le percer de sa halebarde. Les sieurs du Buc, Lambert, Sain, Roule, & autres Officiers qui s'y trouverent, ou comme Volontaires, ou à la tête de leurs corps, y firent parfaitement bien, à leur ordinaire. Nôtre Aide-Major la Poterie vouloit nous persuader qu'il avoit couru de grands risques, & que sa manche avoit été percée d'une balle ; un tailleur aiant examiné la blessure, declara qu'elle venoit du tems, & que le plomb n'y avoit aucune part.

Pendant que je confessois un de nos blessez qui mourut entre mes mains, il y eut un de nos voisins, nommé Hugues Boulogne, qui reçut un coup de balle qui lui découvrit la crane de la longueur de cinq à six poûces ; il étoit huguenot, quoiqu'il eut fait deux ou trois abjurations ; comme il étoit d'ailleurs homme de bien & de bon commerce, je l'aimois, & je lui disois souvent que je l'assisterois quelque jour à la mort, & qu'il se convertiroit tout de bon ; il tomba auprès de moi lorsqu'il eut reçu le coup, & fut assez long-tems sans parole & sans connoissance ; je le fis porter dans la Falaise, & je m'approchai de lui, pour le faire penser à sa conscience quand il reviendroit ; aiant enfin ouvert les yeux, & recouvré la parole : Ah, mon Pere, me dit-il, vous me l'aviez bien dit que je me convertirois en mourant entre vos mains; oui, je veux mourir catholique, & je demande pardon à Dieu de tout mon cœur: un Chirurgien que j'avois fait appeller, aiant sondé sa plaie, m'assura qu'il n'y avoit rien à craindre pour le present; je le fis emporter, pour m'en aller à d'autres qui avoient plus besoin que lui de mon secours.

M. de la Malmaison fut rappel'é le jour suivant des trois Rivieres, pour venir commander au Camp des Gallions; nous lui fîmes une case de l'autre côté de la Chapelle, où il demeura jusqu'à la retraite des Anglois.

Dès les premiers jours que les Anglois eurent mis pied à terre, j'avois mis en pratique une chose qu'on m'avoit enseigné il y avoit long-tems, & que je trouvai très-bonne, pour ne pas manquer de vivres quand on se trouve éloigné de chez soi: c'étoit d'avoir toûjours quelque foie de veau, de vache, ou de bœuf cuit à l'eau & au sel, ou, quand on le peut, dans du vin avec des herbes fines; rien n'est meilleur, & d'une nouriture plus substancielle: cela sert de pain & de viande tout à la fois, & se conserve très-long-tems; un morceau gros

Précaution pour les vivres.

comme le poing est suffisant pour nourrir un homme pendant vingt-quatre heures. J'avois soin d'en avoir toûjours dans ma baraque pour les Negres qui me servoient, & pour moi ; & quand j'allois hors du Camp, j'en portois toûjours avec moi, parce que nous nous trouvions quelquefois éloignez dans les hauteurs, ou obligez d'attendre que des détachemens ennemis plus forts que nous se fussent retirez, & dans ces occasions j'étois bien assuré avec mon morceau de soie de ne pas souffrir le faim.

Le loisir dont nous joüissions dans nôtre Camp, en attendant qu'il plût aux Anglois de se retirer chez eux, nous fit faire & réiterer plusieurs fois l'observation suivante. Nous sçavions que le vaisseau Anglois qui portoit le Pavillon d'Amiral étoit justement à une lieüe de trois mille pas geometriques du lieu où nous étions campez ; sur cela nous remarquâmes que quand il tiroit le matin & le soir, pour la diane, & la retraite, nous pouvions compter depuis un jusqu'à soixante l'un après l'autre, en disant & prononçant un, deux, trois, quatre, cinq, &c. depuis le moment que nous avions vû la lumiere du canon jusqu'à ce que nous entendissions le coup

Observation sur le bruit du canon.

ceux qui avoient la parole plus libre, comptoient cinq ou six de plus; on pourroit pousser plus loin cette expérience, dont je ne donne ici que le commencement.

Les deserteurs continuoient toûjours à venir, & assuroient qu'il en viendroit un grand nombre sans la crainte qu'ils avoient de trouver nos Negres armez, ausquels un juste-au-corps étoit une furieuse tentation, pour tuer celui qui le portoit.

Un pauvre Irlandois aiant été pris en desertant, fut condamné à être pendu; en attendant l'heure de l'exécution il se sauva; mais comme il étoit étourdi, & qu'il ne connoissoit pas le païs, il se jetta dans le poste que les Anglois avoient à Milet, après avoir passé la Riviere, & grimpé la Falaise avec des peines incroiables, croïant être arrivé dans nos postes; ils le reprirent, & le lierent dans leur corps de garde, en attendant qu'il fut jour, pour le remener au Bourg, car il étoit nuit quand il se jetta entre leurs mains; mais le Sentinelle qui le gardoit, s'étant endormi, il s'échappa, & vint au Camp de la Martinique, n'aiant qu'un mechant calçon sur le corps, & les mains liées derriere le dos. Après qu'il fut revenu de la fraieur qu'il avoit eu, il nous assura, que les Anglois ne tarderoient pas à se r'embarquer, que le Général Codrington étoit malade, qu'il y avoit beaucoup de dissenterie parmi les Troupes & les équipages, & qu'ils manquoient de vivres.

Prise d'un habitant & de ses esclaves.

Le Jeudi 3. Mai les Anglois enleverent le nommé Bouchu, dont l'habitation étoit à la Riviere Beaugendre, au quartier des habitans; cette homme n'avoit pas voulu se retirer au reduit, étant malade, ou le contrefaisant, mais il s'étoit cantonné avec ses esclaves dans les hauteurs de ce quartier-là ; il eut l'imprudence d'en maltraiter quelques-uns, & eux de dépit allerent se rendre aux Anglois, les conduisirent où étoit leur maître, le firent prendre avec presque tout le reste de ses Negres, une grosse somme d'argent, & tous ses meubles ; on le conduisit au Général Codrington qui le renvoia chez lui avec une belle sauvegarde.

Cette capture fut cause que les Anglois qui n'avoient point été dans ces quartiers-là depuis qu'ils y avoient mis à terre, remarquerent qu'il y avoit beaucoup de mahis & autres vivres dans les habitations, & quantité de bestiaux dans les hauteurs ; ils firent un détachement de cent cinquante hommes, commandez par un Major, pour aller enlever ces vivres & ces beſtiaux, & brûler les maiſons de ces quartiers-là.

Le lundi 7. Mai un deſerteur nous donna avis que ce détachement venoit de partir de leur Camp. M. Auger envoia les Enfans perdus, & les Negres, pour les harceler, & les empêcher de brûler les maiſons. Pluſieurs habitans de ces quartiers-là s'échaperent du Camp, pour les joindre, & aller défendre leur bien. Les Habitans étoient environ ſoixante, & les deux Compagnies faiſoient ce jour-là cent hommes ; ils marcherent par les hauteurs, pour n'être pas apperçus des vaiſſeaux, qui donnoient avis par un coup de canon dès qu'ils apperçevoient des gens armez. Les Enfans perdus, & les Negres n'aiant pas voulu ſuivre les Habitans, & s'étant amuſez à chercher à faire quelque pillage dans les habitations de la montagne Saint Loüis, furent découverts par les vaiſſeaux. L'avis en fut auſſi-tôt porté au Major, à qui on envoia trois Compagnies de renfort ; mais avant que ce ſecours lui fut arrivé, les habitans l'avoient attaqué au paſſage d'une ravine où ils s'étoient embuſquez,

M v

le Major avoit été tué avec quinze ou seize hommes, & les autres s'étoient sauvez au bord de la mer, où étoient leurs chaloupes, après avoir abandonné les vivres dont ils s'étoient chargez, & la plus grande partie des bestiaux qu'ils avoient pris. Le secours les aiant joint, ils voulurent retourner sur leurs pas pour regagner ce qu'ils avoient perdu; mais aiant apperçus les Negres & les Volontaires qui s'étoient saisis des postes qui commandoient le chemin où ils dévoient passer, ils se rabattirent tout d'un coup au bord de la mer, de peur d'être pris en flanc, & en queüe, & marcherent comme en fuïant jusqu'à l'Ance du gros François, toûjours accompagnez de nos trois Troupes qui faisoient feu sur eux, autant de fois qu'elles en trouvoient l'occasion ; ils eurent encore des morts & des blessez dans cette retraite, & en tout on compte qu'ils perdirent vingt-six ou 27. hommes tuez, & des blessez dont on ne sçait pas précisément le nombre. Nous ne perdîmes qu'un seul homme, & nous eûmes dix à onze blessez. L'impudence de nos gens Volontaires, & de nos Negres fut cause que ce parti ne fut pas entierement défait. Tout ce que cette course produisit de bon, fut qu'on empêcha les Anglois de piller, & de brûler les petites habitations ; elle fut aussi la derniere action que nos gens eurent avec les Anglois jusqu'à leur départ.

Le Mardi au soir 15. Mai ils mirent le feu à tous les logemens qui étoient dans le Fort, & aux maisons du Bourg, depuis le Fort jusqu'à la place d'armes ; cela fit connoître qu'ils pensoient sérieusement à se rembarquer, & que j'avois eu raison de conseiller de brûler le Bourg avant de l'abandonner, puisqu'on pouvoit juger par ce commencement, qu'ils n'avoient pas envie de laisser aucune maison sur pied : cependant comme on étoit pleinement informé de leur foiblesse, par les pertes qu'ils avoient fait, & par les maladies qui les diminuoient chaque jour, les habitans résolurent de les presser tellement de se rembarquer, qu'ils n'eussent pas le tems de mettre le feu au reste. Les Officiers allerent trouver le Gouverneur, & le prierent d'obtenir du Lieutenant Général qu'il leur laissa faire une sortie sur les ennemis, pour les chasser. M. Auger s'y emploia avec chaleur, & outre le bien public qu'il regardoit en cela, il avoit encore son interêt particulier, puisqu'il s'agiſſoit de conſerver ſa maiſon, qui n'étoit pas encore brûlée ; la ſortie fut donc réſoluë ; M. de Bois-fermé, de la Malmaiſon & du Parquet paſſerent la Riviere des Gallions le mercredi 16. au ſoir avec ſept cens hommes qui devoient ſe partager en deux corps, pour attaquer en même tems le Bourg par deux endroits, auſſi-tôt que M. de Gabáret & Auger auroient attaqué le poſte de Milet. Nous étions aſſurez de les défaire entiérement ; outre qu'ils étoient fort affoiblis, il y avoit déja une partie de leurs gens embarquez ; de ſorte que s'ils avoient voulu ſoûtenir le poſte de Milet en y envoiant du ſecours, ils ne pouvoient manquer d'être forcez dans le Bourg, ou les Troupes du poſte de Milet forcées & enlevées, ſi elles n'avoient point été ſoûtenuës.

Nous allâmes avec un grand ſilence nous poſter à la bonne portée du fuſil de l'enceinte qu'ils avoient fait autour du Bourg, en attendant que nos Chefs attaquaſſent le poſte de Milet comme on étoit convenu, nous paſſâmes toute la nuit ſous les armes ; mais au lieu du ſignal que nous attendions, nôtre Lieutenant Général qui avoit changé de deſſein, nous envoia dire au point du jour du 17. de nous retirer au Camp. Les Anglois qui nous apperçurent, connurent le danger où ils avoient été, d'être forcez si on les avoit attaqué, & ils acheverent dès le soir de ce même jour de mettre le feu aux maisons à mesure qu'ils les abandonnoient, & le lendemain Vendredi 18. Mai ils mirent à la voille un peu avant le jour ; leurs barques & leurs vaisseaux marchands furent les premiers qui appareillerent, après quoi nous vîmes les chaloupes des vaisseaux de guerre qui allerent à bord de tous ces bâtimens prendre des hommes, pour les aider à appareiller ; parce que leurs équipages étoient si foibles, qu'ils ne pouvoient pas faire les grosses manœuvres.

Retraite des Anglois.

Quelques-uns de nos Negres étant entrez dans le Fort y arborerent le pavillon blanc, qui fut comme un signal à tout le monde de plier bagage, & de s'en retourner chez soi. Nôtre Lieutenant Général étoit parti dès le point du jour, pour gagner Sainte Marie, & se rembarquer.

Les maisons étoient encore toutes en feu quand nous rentrâmes dans le Bourg, mais il étoit trop tard pour y remedier. Un vaisseau Anglois de 70. canons, appellé le Chien Rouge, qui étoit moüillé à la Riviere des Gallions, attendoit du secours pour lever les ancres, qu'il ne pouvoit pas mettre à bord avec le peu de gens qui lui restoient ; il s'avisa de répondre avec son canon à quelques coups du fusil que nos gens lui tirerent en passant ; on s'irrita de part & d'autre, & nos gens s'etant rassemblez jusqu'à une centaine dans le Retranchement qui commandoit ce vaisseau, empêcherent les chaloupes qui lui apportoient du monde d'en approcher, & obligerent enfin son foible équipage à se renfermer entre les ponts, en attendant du secours de leurs camarades, pour se tirer de cet embarras : cependant les autres vaisseaux étoient à la voile, & à plus de trois lieües delà, que nos gens le tenoient toûjours bloqué. Sur les trois heures après-midi l'Amiral revint avec toute sa Flotte, & voiant de nos gens sur le bord de la mer au Baillif, il y eut quelques chaloupes qui s'approcherent de terre, comme pour y mettre du monde : mais elles en perdirent bien-tôt l'envie, voiant que nos gens qui passoient en dedans du Retranchement, s'étoient postez sur le bord de la mer, pour les recevoir à la descente ; ce qui les obligea de continuer leur chemin jufqu'au vaiffeau qui étoit arrêté à la Riviere des Gallions, lequel avec ce fecours ne pût jamais appareiller, & fut contraint de couper fes cables, & de fe laiffer dériver au large lorfque la nuit fut venuë, & que le vent de terre commença à fouffler.

Ce fut ainfi que les Anglois quitterent la Guadeloupe, après avoir demeuré 56. jours à terre. Nous n'eûmes pendant tout ce tems-là que 27. hommes tuez, & environ 50. bleffez : mais leur perte fut incomparablement plus grande; & quoique nous fçuffions en gros qu'elle étoit très-confiderable, nous ne l'aurions jamais cru telle fans le rapport que nous en fit un Sergent Irlandois qui fe rendit après que les ennemis eurent mis à la voile. Il y avoit deux jours qu'il étoit caché avec fa femme & un autre Soldat dans une grotte de la Riviere des Gallions, en attendant le départ des Anglois pour paroître, fa femme fe montra la premiere, & quand on l'eut affuré qu'il n'y avoit rien à craindre pour fon mari, elle l'alla chercher. C'étoit un homme d'efprit, bien fait, & bon Catholique ; il nous dit qu'il avoit tenté dix fois de deferter, mais que fon Capitaine qui s'en doutoit, le faifoit obferver de

1703.

si près qu'il n'avoit pû en trouver l'occasion ; qu'à la fin il s'étoit caché dans ce trou , d'où il avoit vû passer plusieurs fois ceux qui le cherchoient , & que c'étoit pour cela, & pour la crainte des Negres qu'il étoit demeuré si longtems sans oser en sortir. Il nous assura qu'il s'étoit trouvé à la revûë que l'on avoit fait il n'y avoit que cinq jours, & qu'il étoit proche du Major Général qui avoit dit tout haut , en maudissant cette entreprise, qu'ils avoient perdu depuis qu'ils étoient à terre mille, neuf cens soixante & quatre hommes , dont plus de mille avoient été tuez , entre lesquels il y avoit trois Colonels , deux Capitaines de vaisseau , un Major, & vingt-sept Capitaines ou Lieutenans ou autres Officiers , que le reste étoit mort de maladie, ou avoit deserté, ou avoit été pris prisonnier ; à quoi ce Sergent ajoûtoit que les vaisseaux & les barques étoient remplis de malades & de blessez. Nous avions 76. de leurs deserteurs, & 35. prisonniers ; ils amenerent avec eux quinze ou seize de nos deserteurs Soldats ou engagez , & environ 80. Negres. Nous trouvâmes cinq canons de fer dans leur batterie , & un dans la place d'armes , mais rompus , & hors

Nombre des morts & blessez des deux nations.

d'état de servir. Le seul canon qu'ils laisserent entier fut celui de la Tour des Jacobins, que nous trouvâmes au bord de la mer.

Ils ont brûlé quatre Eglises Paroissiales, sçavoir celle de l'Islet à Goyaves, des Habitans, du Baillif & de la Basse-Terre, la Chapelle du vieux Fort, celle des Religieux de la Charité, & les deux qui étoient sur nos deux Habitations ; vingt-neuf Sucreries, environ autant de petites habitations, le Bourg des habitans, celui du Baillif, & ceux de Saint François, & de la Basse-Terre, les Couvens des Capucins, des Carmes, des Religieux de la Charité & le nôtre, & la maison des Jesuites ; ils n'ont laissé sur pied que l'Eglise des Capucins, & celle des Jesuites. On prétend que ces derniers sont redevables de la conservation de leur Eglise à un Colonel Catholique qui y fut enterré ; pour celle des Capucins elle leur servoit de magazin à poudre.

On peut dire que de part & d'autre il y a eu de très-grandes fautes. Le peu d'expérience de nôtre Lieutenant Général, & la mesintelligence qu'il y avoit entre lui & nôtre Gouverneur, ont mis plusieurs fois la Colonie & l'Isle à deux doigts de leur ruine ; celle qui étoit entre le Général Codrington, le Commandant de la Flotte, & les Colonels les a empêché de profiter de nôtre desordre : de sorte que si nous nous devons à nous mêmes une bonne partie de nos maux, nous devons aussi la meilleur partie de nôtre salut aux Anglois qui étoient agitez des mêmes passions que nous.

Au reste il étoit tems qu'ils s'en allassent ; nos Habitans commençoient à tomber malades, & sur tout la dissenterie qui leur étoit causé par l'eau de la Riviere des Gallions qui est purgative, & par les viandes fraîches dont la plûpart n'avoient pas tant accoûtumé de se nourrir que de viande salée.

Le sang des bêtes que l'on tuoit, les ordures, & les corps des Anglois qu'on laissoit sur la terre sans sepulture, engendrerent une prodigieuse quantité de grosses mouches vertes qui désoloient les hommes & les chevaux, & qui gâtoient les viandes aussi-tôt qu'elles s'étoient posées un instant dessus. Nous nous trouvâmes presque tous attaquez de maux de gorge, avec des enflures aux levres qui venoient du travail, & de la chaleur à laquelle nous étions sans cesse exposé. Tout ce que cette irruption des Anglois produisit de bon fut que nôtre jeuneſſe qui avoit un peu peur du feu au commencement, s'y accoûtuma ſi bien, qu'elle n'y faiſoit plus la moindre attention, & qu'elle y alloit auſſi gaiément qu'à la chaſſe. Tant il eſt vrai que l'habitude eſt une ſeconde nature, & qu'on ſe fait à tout ce qu'on veut, dès qu'on le pratique ſouvent.

Après avoir viſité les batteries des ennemis, & l'enceinte dont ils avoient enfermé le Bourg, j'entrai par hazard dans une petite maiſon au deſſous de la place d'armes qui appartenoit à une bonne devote, appellée des Guermaux, à laquelle les Anglois n'avoient pas mis le feu: apparament qu'un de leurs Ingenieurs y avoit logé, car j'y trouvai des deſſeins & beaucoup de papiers, & entre autres les plans de la plus grande partie de nos Retranchemens, ce qui me fit plaiſir. Je montai enſuite à nôtre habitation du Marigot, où je ſoupai avec un de nos Religieux, & un de nos Voiſins, aux dépens de quelques Diables que j'avois amaſſé le matin, en entrant dans le Bourg. Ces oiſeaux en s'en retournant à la montagne avoient été éblouïs de la grande lumiere que jettoient tant de maisons qui brûloient, & ils étoient tombez à terre, ne voiant plus à se conduire; on en amassa plus de trois cens de cette maniere.

Conférence sur les Diables & les Macreuses.

Ces Diables avoient été cause de plusieurs disputes que j'avois eu avec un de mes voisins de baraque, pendant que nous étions au camp des Gallions: c'étoit le sieur Thuillier Capitaine d'un vaisseau marchand de Dieppe, qui s'étoit établi à la Guadeloupe pour le commerce de ses associez; il étoit bon huguenot, homme de bien & fort sage. Comme nous nous entretenions tous les jours ensemble, il me disoit toutes les fois que nos Negres m'apportoient des Diables, qu'il ne pouvoit concevoir que les Catholiques Romains fissent un crime aux Protestans de manger de la viande tous les jours sans distinction, pendant qu'eux mêmes en mangeoient les vendredis, les samedis, & même pendant le Carême; & lorsque je lui demandois des preuves de ce qu'il nous imputoit, il me citoit aussi-tôt les Diables & les Diablotins que nous mangions quelquefois ensemble. On pourra se souvenir de ce que j'ai dit de ces oiseaux dans la seconde partie de ces mémoires, que les Superieurs Ecclesiastiques qui sont aux Isles ont declaré être viandes maigres, après avoir consulté sur cela tous les Esculapes du païs, je veux dire, les Medecins, les Chirurgiens, & les Apotiquaires : mais quelque chose que je pûs lui dire, pour lui faire voir que nous pouvions manger ces oiseaux en toute sureté de conscience, il revenoit toûjours à dire que les oiseaux qui s'accouploient, qui pondoient des œufs, & qui les couvoient, ne devoient point être mis au rang des poissons, & que par consequent nous pechions contre les loix de l'Eglise Romaine, en les mangeant les jours qu'elle défend de manger de la chair ; car enfin, me disoit-il, quelle difference peut-on mettre entre les Diables & les Canards, les Oyes, les Pluviers, les Becasses, les Sarcelles, & tous les autres oiseaux aquatiques ? Soit qu'on les regarde dans leur figure & leur plumage, ou dans leur nourriture ordinaire, ou dans les lieux où ils résident toûjours, & dont ils ne s'éloignent que malgré eux, on ne trouvera rien qui les distingue assez considerablement, pour que les uns soient poissons, & les autres chair ; il paroit même, ajoûtoit-il, que les Canards, les Sarcelles, les Becasses, les Pluviers, & autres oiseaux semblables approchent bien plus des poissons que les Diables, puisqu'ils sont toûjours dans l'eau, ou dans des lieux aquatiques & marécageux, qu'ils y cherchent leur nourriture, y font leurs œufs, & y élevent leurs petits, & qu'ils ne s'en éloignent que le moins qu'ils peuvent, & par force ; au lieu que les Diables ne demeurent point dans l'eau, ni dans les lieux aquatiques & marécageux, mais repairent dans des montagnes bien séches, où ils font des trous en terre comme les lapins, & ne vont à la Mer que pour y chercher leur nourriture, parce qu'ils ne la trouvent point dans ces montagnes steriles où ils se retirent.

Quand je lui objectois que la chair & sur tout la graisse des Diables avoit une odeur de poisson, qu'on ne sentoit point dans les autres oiseaux aquatiques ; ce qui me paroissoit être une preuve qu'ils devoient être mis au rang des poissons, & non pas les autres. Il me répondoit que cette odeur provenoit de la nourriture qu'ils prenoient ordinairement ; & que comme il seroit ridicule de changer l'état des ramiers, parce que leur chair change de couleur & d'odeur selon les differens fruits qu'ils mangent, de même il étoit ridicule de mettre les Diables au rang des poissons, parce qu'ils sentent le poisson, puisque cette odeur n'est qu'une suite de leur nourriture qui ne change rien à leur espece. Voiez, me disoit-il, vos Minimes comme ils ne se nourrissent que de poisson & d'huile, il semble qu'ils ne soient paîtris que de ces deux choses, ils rendent l'huile par les sueurs, par les urines, par la salive ; leur chair est couverte d'une peau toute onctueuse, qui leur donne une odeur d'huile & de poisson, d'autant plus forte qu'ils sont plus vieux, & qu'ils ont moins de soin de se tenir propres ; avec tout cela je suis seur que vous ne voudriez pas les mettre au rang des poissons, & qu'ils s'y opposeroient vivement. Tirez donc la consequence pour vos Diables ? Je sentois bien que je soûtenois une mauvaise cause, & j'étois souvent fort embarassé ; car dès que je venois à lui dire que les Medecins du païs avoient declaré que c'étoit une viande maigre, il me battoit en ruine, en m'objectant aussi-tôt leur ignorance, dont je ne pouvois pas disconvenir, puisque je n'étois échappé de leurs mains que par miracle ; à la fin je m'avisai de lui dire qu'on pouvoit regarder les Diables comme les Macreuses, & les mettre aussi-bien qu'elles au rang des poissons

& des viandes, dont il eſt permis de manger en Carême; car, lui diſois-je, qui reſſemble mieux à un Canard qu'une Macreuſe? Les pieds, le bec, le col, la peau, les plumes, tout eſt preſque ſemblable, ou du moins la difference qui s'y rencontre n'eſt pas aſſez grande, pour en faire deux eſpeces differentes, & ſi éloignées l'une de l'autre; cependant vous ne trouvez pas mauvais qu'on en mange en Carême, & vous vous ſcandaliſeriez, ſi on mangeoit des Canards. Il y a une difference infinie, me répondoit-il, entre les Macreuſes & les Canards; on doit regarder les Macreuſes comme des veritables poiſſons, ou plûtôt comme des animeaux imparfaits & des jeux de la nature, nez dans l'air, élevez dans les eaux, & incapables de produire leurs ſemblables par la génération comme tous les autres animaux parfaits. Ce ſont, ſelon les témoignages d'un très-grand nombre d'Autheurs graves & bien inſtruits du fait en queſtion, les fruits de certains arbres que l'on trouve ſur les rivages ſeptentrionaux de l'Ecoſſe, de l'Irlande, des Iſles Orcades & autres lieux plus voiſins du Pole Arctique, qui étant parvenus à un certain point de maturité, s'ouvrent, & laiſſent tomber dans la mer

un

un petit animal informe qui s'attache d'abord à tout ce qu'il trouve, bois poury, racines, coquillages, tout lui est bon ; là ses parties se développent peu à peu, & prennent enfin la figure d'un oiseau, à qui les plumes poussent dans la suite, & qui étant arrivé à toute la perfection que la nature juge à propos de lui donner, se détache de l'endroit où il s'étoit arrêté en naissant, s'éleve au dessus de l'eau, vole en l'air, & fait d'assez longs trajets, pour venir se faire prendre sur les côtes de France, de Flandres, d'Hollande & autres endroits voisins de la mer, où l'on en voit quelquefois des quantitez très-considerables que les vents de Nord y ont amené, & que de tout tems on a mis avec raison au rang des viandes maigres, sans qu'on se soit jamais avisé de soupçonner le moins du monde qu'ils pussent être de la chair.

En effet leur production & leur état ne peut-il pas être mis en parallele avec cette fameuse Citroüille que l'on trouve en Moscovie, & en Tartarie, à qui la nature a donné la figure d'un Agneau qui a des pieds, un col, une tête, une queüe, qui est couvert de laine, dont la chair ne differt en rien de celle des Agneaux provenus d'une Brebis & d'un Belier ;

qui mange toute l'herbe qui croît autour de lui, & qui se trouve à portée de sa gueule, & qui ne meurt que quand il ne trouve plus rien à brouter, parce que la nature l'a attaché à une racine qui est comme son nombril, autour de laquelle il tourne, mais qui l'empêche de quitter le lieu où il a pris naissance. Sa chair est si semblable en tout à celle des Moutons, que les Ours, les loups, & les autres animaux carnassiers qui ne se repaissent pas de la forme exterieure dont elle est revêtuë, en sont extrémement avides, & la recherchent avec empressement. Or si la nature a pû produire des Agneaux en Moscovie, pourquoi ne pourra-t-elle pas produire des oiseaux ressemblans à des Canards dans d'autres endroits ? & si les Moscovites, qui sont les peuples du monde les plus scrupuleux sur leur abstinence, & sur leurs jeûnes, ne font point de difficulté de manger leurs Agneaux pendant leur carême; pourquoi trouveroit-on mauvais que les autres Chrêtiens mangent des Macreuses dans le leur ? On peut croire qu'il ne manquoit pas de me citer les autheurs où il avoit lû ce que je viens de rapporter ; car sur cet article il ne tarissoit point, & je croi qu'il en avoit une legende auſſi longue que les Litanies des Saints; c'eſt dommage que je ne les ai pas tous retenus: voici ceux que ma mémoire me fournit. Olearius dans ſa relation de Moſcovie; Delrio dans ces recherches magiques; Vincent de Bourgogne Evêque de Beauvais Religieux Dominiquain, Prédicateur & Confeſſeur de Saint Loüis dans ſon miroir Hiſtorique; Olaus Magnus dans ſon hiſtoire du Septentrion; Pie ſecond dans ſon Hiſtoire de l'Europe; Oſtelins dans la déſcription de l'Ecoſſe; Turmenus, Scaliger, Cardan, Porta, le Pere Kircher, Aldrouan, Maginus Docteur en medicine dans ſon Traité de *Volucri arborea* ; le Pere Briet Jeſuite dans ſes Merveilles d'Ecoſſe, & une infinité d'autres que je ne rapporte pas ici, de peur d'ennuïer le Lecteur; ſans compter la poſſeſſion où l'on eſt depuis cinq ou ſix cens ans, & peut-être davantage, de manger ces oiſeaux en carême, ce qui, ſelon lui, n'étoit pas ſeulement un préjugé en ſa faveur, mais une raiſon des plus convainquantes, puiſqu'elle étoit appuiée ſur le conſentement unanime de tant d'Autheurs celebres de toutes les eſpeces que l'on peut deſirer.

Il eſt conſtant que ſi la multitude des témoins, dont le rapport eſt uniforme, rend une chose croiable, il n'y a rien de plus certain que l'origine des Macreuses, celle que le Capitaine Thuillier me la vouloit persuader, & que par une suite necessaire rien n'étoit mieux fondé que la possession où l'on étoit depuis tant de siécles d'en manger en carême.

Il y avoit encore moins de difficulté touchant l'Agneau de Moscovie : supposé qu'il fut réellement tel qu'Olearius l'a décrit, dont cependant je n'ai garde de convenir, & cela pour des bonnes raisons. Son origine étoit certaine, on voïoit mettre sa graine en terre, on la voïoit germer & pousser ce fruit extraordinaire ; mais il demeuroit toûjours attaché à la racine qui l'avoit produit, & ne s'avisoit point de faire des voiages de quatre ou cinq cens lieües, pour s'aller faire prendre dans des païs éloignez de chez lui, & y exciter des querelles entre les Casuites & les Medecins, comme font ces impertinens oiseaux d'arbres, que nous appellons Macreuses, Pilets, Bleris, & autres semblables auxquels nos voisins ont donné encore d'autres noms, chacun selon la proprieté de sa langue, l'avanture qui les a fait trouver, ou quelque chose de particulier qu'ils ont remarqué en eux.

J'avoüe que l'ignorance où l'on étoit autrefois de la génération des Macreuses, étoit pardonnable, & que les fables que tant d'Autheurs graves avoient débité sur ce sujet, rendoient excusables ceux qui y ajoûtoient foi, sans se donner la peine d'approfondir comme ils auroient dû faire cette matiere avant d'y donner une croiance si entiere, & d'en tirer une aussi mauvaise consequence que celle qu'ils en tiroient; mais je le repete encore, ils étoient en quelque façon excusables, puisque personne n'avoit encore pénétré jusqu'aux endroits reculez & regardez comme inaccessibles, où ces oiseaux prenoient naissance, & que respectant les grands noms de tant d'Autheurs, qui disoient tous la même chose, il semble qu'il y auroit eu quelque sorte de temerité d'en douter; mais il faut avoüer qu'il n'y a plus à present d'excuse, & que ce n'est plus qu'un entêtement ridicule qui leur fait soûtenir une erreur, dont ils doivent être entierement desabusez, & cela uniquement pour pouvoir étouffer les remords de leur conscience qui s'éleve contre eux, & qui leur reproche qu'ils agissent contre leurs propres lumieres, en soûtenant que les Macreuses sont les fruits de certains arbres, ou des insectes nez de la pourriture des vieux bois de navires. Trop de gens ont vû ces oiseaux pondre, couver leurs œufs, & élever leurs petits, pour pouvoir douter de l'origine des Macreuses; toutes les relations des voiages du Nord sont pleines de cette verité; & si le Capitaine Thuillier avoit autant voiagé dans ces païs-là, qu'il avoit fait dans l'Amerique qui est entre les deux Tropiques, je suis certain qu'il n'auroit pas soûtenu la production fabuleuse de ces oiseaux d'arbres aussi vivement qu'il le faisoit.

D'ailleurs il ne faut pas croire que tout le monde ait été dans les mêmes sentimens sur les Macreuses, & qu'avant même les voiages des Hollandois dans le Nord, il n'y ait pas eu des gens assez sages pour douter de ce qu'on debitoit de ces oiseaux. On trouve un grand nombre d'Autheurs de toute espece comtemporains de ceux que je viens de rapporter qui ont écrit tout autrement; & si le Capitaine Thuillier me citoit des Autheurs graves, pour soûtenir son opinion je ne manquois pas de lui en opposer d'autres de pareil caractere, & de mêmes poids que les siens, qui avoient parlé des Macreuses d'une maniere bien opposée: par exemple, Albert le Grand Reli gieux de mon Ordre, & Evêque de Ratisbonne, après avoir rapporté dans le 23. Chapitre de son Histoire des Animaux, ce que le vulgaire croïoit des Macreuses, dit positivement qu'il est faux que personne n'ait vû ces oiseaux pondre, & couver leurs œufs, puisque lui même est témoin, & beaucoup d'autres gens avec lui, que ces oiseaux pondent, couvent leurs œufs, & élevent leurs petits comme les autres oiseaux; d'où il conclut que c'est très-mal à propos qu'on les appelle Canards d'arbres, & qu'on les regarde comme les fruits de certains arbres qui croissent sur les rivages Septentrionaux de l'Ecosse, ou des productions de la pourriture de quelques vieux bois; & afin qu'on ne puisse pas dire que c'est de quelque autre espece d'oiseau que ce sçavant Evêque parle, il ne faut que lire la description qu'il en fait, pour y reconnoître aussi-tôt les Macreuses qu'il y dépeint d'une maniere qui ne convient qu'à elles seules, & point du tout à d'autres oiseaux.

Charles Clusius dans le Supplement de ses Exotiques, après avoir fait une description exacte des Macreuses, & rapporté les noms differens que les Ecossois & les Anglois leur donnent, dit que tout ce que le vulgaire a debité ou cru sur l'origine de ces oiseaux est une fable toute pure, inventée par ceux qui en vouloient parler sans les connoître; qu'à la verité on a été très-long-tems sans en rien sçavoir de positif, parce que les Côtes Septentrionales de l'Ecosse, les Isles Orcades, & autres lieux plus voisins du Pole n'étoient frequentez de personne, mais qu'on devoit être desabusé de ces vieilles erreurs depuis l'année 1569. que les Hollandois aiant fait plusieurs voiages dans ces Isles peu connuës, à la nouvelle Zemble, & au-delà du détroit de Nassau, ont trouvé une multitude presque infinie de ces oiseaux, qui couvoient leurs œufs, & élevoient leurs petits sur des Rochers & des Isles desertes & steriles, où personne n'avoit encore jamais mis le pied.

Gerard de Wert fameux Pilote d'Amsterdam dit la même chose dans sa relation du voiage qu'il avoit entrepris, pour trouver le chemin de la Chine par le Nord. Il rapporte qu'ils trouverent une quantité incroiable de ces oiseaux qui couvoient leurs œufs sur des Isles desertes, & qui étoient tellement attachez à leurs nids, qu'ils ne s'envoloient point, & se contentoient de crier lorsqu'on les vouloit prendre, ou leur faire abandonner leurs œufs. Ces Isles sont au-delà du 80. degré de latitude Septentrionale, & ne sont habitées de personne ; les Macreuses s'y retirent pendant que le froid y est moins rigoureux, y pondent & y élevent leurs petits, & descendent vers les parties plus meridionales de l'Europe, lorsque les neiges & les froids excessifs les empêchent de trouver leur nourriture dans les païs où elles sont nées.

J'ennuierois mon Lecteur si je rapportois ici les Autheurs que je citois au Capitaine Thuillier ; en voici pourtant un que je ne puis laisser passer: c'est le même Vincent de Beauvais, qui dans la suite de son Miroir Historique, dit que s'étant trouvé au quatriéme Concile Général de Latran sous le Pape Innocent troisiéme, l'usage des Macreuses en carême y fut défendu ; & quoiqu'on n'eut pas encore une connoissance bien claire, & bien certaine de leur origine, on trouva qu'elles avoient trop de rapport avec les oiseaux à peu près de leur espece qu'on ne peut pas manger en carême, comme sont les Oyes, les Canards, les Becasses, les Sercelles, & autres semblables oiseaux aquatiques, pour que l'usage en fut permis.

De forte que fi on a continué d'en manger jufqu'à prefent, ce n'a été qu'en confequence de la longue poffeffion où l'on eft, fondée fur l'erreur où l'on a été; mais que tant d'Autheurs & de Voiageurs ont trop-bien détruite, pour que des gens de bon fens la puiffe encore foûtenir.

Le Capitaine Thuillier demeura à la fin convaincu de la vérité de l'origine des Macreufes, foit par les témoignages des Autheurs que je lui rapportai, dont j'ai cité ici une partie, foit par les raifons Phifiques que j'y joignis ; mais le fcandale que nous lui donnions aux Ifles en mangeant des Diables, paffa encore en Europe où l'on mange des Macreufes ; de maniere que je fis une plaie à fa confcience délicate, en guériffant celle de fon efprit, prévenu par l'erreur. Le remede que j'y apportai fut de lui dire que la qualité des viandes que l'on doit manger en carême, étant du reffort de la puiffance Ecclefiaftique, l'Eglife qui eft une bonne Mere, compatiffant à la foibleffe de fes Enfans, vouloit bien fermer les yeux fur cet abus, & leur tolerer l'ufage d'une viande paffagere qui eft comme une manne qui fupplée fort fouvent au défaut du poifson, & des autres choses dont on a coûtume de se servir en carême.

CHAPITRE VIII.

L'Autheur va se reposer chez le sieur de Rochefort au petit Cul de Sac. Description de ce quartier; des Arbres appellez Cedres ou Acajous; des Pruniers de Monbin, & autres Arbres.

LE lendemain du départ des Anglois Samedi 19. Mai, je fus au reduit voir le Superieur de nôtre Mission, & lui dire qu'aiant un besoin extrême de me reposer, je le priois de trouver bon que j'allasse passer une quinzaine de jours chez le Curé de la Cabesterre. M. de Rochefort dont j'ai parlé dans un autre endroit, qui avoit épousé la Veuve du sieur Baudouin, autrefois Commis principal de la Compagnie de 1664. aiant sçu que j'étois à la Cabesterre, m'écrivit, & me convia d'aller passer quelques tems avec lui; & pour m'en presser davantage, il m'envoia un cheval. J'y fus, & j'y demeurai quinze ou seize jours, & je me remis entierement des fatigues que j'avois souffert, à l'exception d'un mal

1703.

de gorge, & d'une enflure aux amigdalles, qui me durerent encore près de trois mois.

L'habitation du sieur de Rochefort est une des plus belles de la Cabesterre de la Guadeloupe; elle fut érigée en Fief sous le nom d'Arnouville en 16.... elle a six à sept mille pas de hauteur, sur près de deux mille pas de large; toutes les cannes étoient partagées en quarrez de cent cinquante pas chacun, dont les routes étoient bordées de petits arbrisseaux qui portent cette espece de pois qu'on appelle pois de sept ans, toutes ces routes étoient tirées au cordeau; & comme tout ce terrain est fort uni, du moins ce qui étoit en valeur, cette habitation avoit un air de propreté qui faisoit plaisir; il y a un assez gros ruisseau qui passe environ par le milieu, & une petite riviere, appellée la riviere du Coin, qui la separe des terres de Saint Germain que M. Hoüel a fait ériger en Marquisat en 17... sous le nom de Hoüelbourg.

Selon toutes les apparences ces terres ont été autrefois défrichées, & cultivées ou par les anciens Indiens, ou par les Caraïbes qui leur ont succedé; car on n'y trouve que très-peu de gros ar-

Fief appellé Arnonville

bres, quoique la terre y soit bonne, profonde & fraîche, ce qu'on remarque par la quantité de bois dont elle est couverte, qui sont des bois tendres, fort hauts, fort droits & fort pressez. J'ai parcouru tout ce terrain jusqu'à la grande Riviere à Goyaves qui tombe dans le grand Cul de Sac, & je n'ai point trouvé de lieu dans toutes nos Isles plus propre à faire des Cacaoyeres que celui-là. J'en dis ma pensée à M. de Rochefort qui l'approuva, & qui y auroit fait travailler s'il n'avoit point été déja atteint de la maladie dont il mourut deux ans après; c'étoit la diarhée, maladie ordinairement très-longue dans les païs chauds, & mortelle pour les gens mariez.

Pour n'être pas tout à fait sans rien faire pendant le sejour que je fis à Arnouville, je nivelai & traçai un canal, pour faire passer une partie de la Riviere du Lezard au travers de cette habitation, & donner la commodité d'y faire deux moulins à eau, ce qui rendroit cette terre d'un revenu double ou triple de ce qu'elle produisoit, & cela sans beaucoup de peine & de dépense. La Riviere du Lezard est considerable, ses eaux sont belles & fort bonnes, & en telle quantité qu'on en pourroit prendre deux pieds cubes sans presque qu'on s'en apperçut.

Nous apprîmes le 10. Juin que M. Robert qui étoit Intendant des Isles depuis huit à neuf ans, s'étoit servi des deux vaisseaux de guerre qui avoient apporté nôtre nouveau Général, pour retourner en France où il étoit appellé, pour remplir l'Intendance de Brest, à laquelle le Roi l'avoit nommé. On peut dire que ce fut une veritable perte pour les Isles; il les avoit gouverné avec une prudence, une droiture, & un desinteressement admirable; il les quitta dans leur plus grand besoin, & au regret de tous les Habitans, dont il emporta avec lui l'amour & l'estime.

Je revins chez nous au Baillif le Mardi 12. Juin, je trouvai que nos Peres s'étoient logez dans des cases de paille qu'ils avoient fait faire à nôtre habitation du Marigot; j'en fis faire aussi une pour moi. Nôtre Superieur, quoique homme d'esprit, étoit encore trop nouveau dans le païs, pour pouvoir remedier aux desordres que la guerre avoit causé à nos biens; il me pria de l'aider, & je le fis aussi-tôt.

Nous commençâmes par retablir nôtre Poterie; parce que les Anglois aiant brisé les pots & les formes de toutes les Sucreries, où ils avoient mis le pied, nous jugeâmes que ce seroit une très-bonne marchandise, puisqu'elle est absolument necessaire pour faire du sucre blanc. Je fis planter quantité de Manioc, & remettre en état les cannes qui avoient été brûlées, & dans le même tems je fis abbatre des arbres, & travailler au bois qui étoient necessaires, pour faire un Moulin, & une Sucrerie, afin de profiter d'une piece de cannes qui n'avoit point été brûlée. Les Charpentiers étant rares & plus chers encore & plus impertinens alors qu'ils n'étoient avant l'irruption des Anglois, je me mis en tête de faire moi-même le moulin, & les autres bâtimens dont nous avions besoin. Je traçai & je piquai tout le bois, & je le fis mettre en œuvre par nos Negres avec tant de diligence, que neuf semaines après le départ des Anglois nous recommençâmes à faire du Sucre à nôtre Habitation de Marigot. Il fallut après cela songer à retablir celle du Baillif; mais comme nous y avions besoin d'un moulin à eau, dont la grande roüe devoit avoir vingt-deux pieds de diametre, j'allai dans un lieu appellé le Parc, faire travailler un arbre que nos Peres avoient

1703.

Acajou ou Cedre d'une grosseur extraordinaire.

fait abbatre il y avoit 14. ans avec la permission de M. Houel, à qui ce terrain appartenoit : c'étoit un Acajou d'une grosseur très-considerable par le pied ; on en avoit déja mis en œuvre les grosses branches, qui avoient porté près de quatre pieds d'équarissage ; il n'étoit resté que le tronc de vingt-quatre à vingt-cinq pieds de longueur, & presque quarré, puisqu'aiant été équari selon tout ce qu'il pouvoit porter, il se trouva de huit pieds quatre poûces d'un sens, sur neuf pieds dix poûces de l'autre.

L'arbre que nous appellons Acajou aux Isles du Vent, est le même que celui que les Espagnols appellent Cedre dans la Terre-ferme, & dans les grandes Isles. Je ne sçai qui a plus de raison, car je n'ai jamais vû les Cedres du Liban, qui selon les relations que j'en ai lû ne ressemblent point du tout au Cedre Espagnol. Le mot Acajou est Caraibe ; les feüilles de cet arbre sont petites, longues & étroites, à peu près comme celles du Pescher d'Europe ; l'arbre en est beaucoup chargé, elles y viennent par bouquets ; elles sont d'un verd pâle, minces, souples, frisées vers la pointe, & quand elles sont froissées dans la main, elles rendent une liqueur onctueuse d'une odeur de verd aromatique; l'écorce de cette arbre est épaisse, rude, tailladée, grise, & assez adhérente. L'aubier ne se distingue presque pas du cœur, il est seulement un peu moins coloré. On veut que cette arbre soit mâle & femelle, & que le mâle soit le plus rouge. Pour la bonté je croi que cela est assez égal, quoiqu'on prétende que le mâle est un peu plus compacte, & que par consequent il se travaille plus uniment, & plus facilement que la femelle, qui est quelquefois un peu cotoneuse.

Cet arbre devient très-grand, & ce que je viens d'en dire en est une preuve; je dois ajouter qu'il croît fort vîte, quoiqu'il semble rechercher les terres ponceuses & arides plûtôt que les bonnes. Il est vrai que comme il étend ses cuisses, & ses racines fort loin de son tronc, on peut dire qu'il attire toute la substance de la terre où il les répand.

On emploie cet arbre à toutes sortes d'usages, il réussit également bien en tout; on en fait des poutres, des chevrons, des planches, des cloisons, des meubles, rien n'est plus beau & meilleur; il est le meilleur de tous les arbres pour faire des canots & des pirogues de telle grandeur que l'on veut, capables de

Usage de l'Aca, ou

porter bien du monde, & de faire de très-longs trajets ; outre qu'étant leger & flottant fur l'eau, il met par là hors de danger de naufrage ceux qui l'emploient à cet ufage. Il eft vrai qu'il fe fend aifement ; mais on remedie à cet inconvenient, en garnifant le dedans des canots avec des courbes, & ferrant fes deux extrémitez avec quelques bandes de fer. On y remarque encore deux qualitez très-eftimables ; il a une odeur des plus agréables, & on prétend qu'il eft incorruptible. Je ne voudrois pas aſſurer tout à fait qu'il a cette derniere qualité, bien que j'ai des raiſons convainquantes de ſa très-longue durée. Quoiqu'il en ſoit, ce qui lui peut procurer cette eſpece d'incorruptibilité, eſt qu'il eſt rempli d'une humeur gomeuſe, très-acre, & très-amere, qui empêche les vers & les poux de bois de l'attaquer, & qui produit le même effet ſur les viandes qu'on fait cuire au feu, compoſé de ce bois, que le bois amer, dont j'ai parlé au commencement de ces memoires.

A l'égard de ſa bonne odeur, il faut attendre qu'il ſoit bien ſec, pour en jouïr ; car quand on le coupe, & juſqu'à ce que toute ſon humidité ſoit diſſipée, il a la plus mauvaiſe, & la plus dégoûtante odeur qui soit au monde. On dit que le bois de Sainte Lucie, dont on fait des ouvrages si estimez, à cause de leur bonne odeur, sent extrémement mauvais quand on le coupe, & jusqu'à ce qu'il soit entierement sec. Je n'ai jamais vû cet arbre sur pied; mais j'en ai trouvé à la Martinique, qui pour le grain & la couleur étoient tout-à-fait semblables au bois de Sainte Lucie : on les appelloit Bois de Merde ; ils viennent pour l'ordinaire dans des lieux pierreux & steriles, comme sont les Isles & les Falaises sur les bords de la mer. Quand on coupe cet arbre, ou qu'on le travaille étant frais coupé, il rend une odeur de matiere fecale insupportable ; mais à mesure qu'il séche ou de lui même, étant coupé & mis à couvert, ou par artifice, étant mis dans une étuve, il perd cette mauvaise odeur, & en prend une qui ne differt point de celle du bois de Sainte Lucie. Cette arbre ne devient jamais bien gros, je n'en ai point vû qui arrivât à un pied de diametre ; son écorce est noirâtre & rude, parce qu'elle est remplie d'une infinité de petites hachures ; quoiqu'elle paroisse assez séche, elle ne laisse pas de rendre une liqueur oleagineuse quand on la coupe, qui est amere

Bois de Merde.

& de fort mauvaise odeur. La feüille de cet arbre est ronde, peu épaisse, ferme, féche & cassante ; l'arbre en est beaucoup couvert, elle est d'un verd brun, tachetée de petits points rouges & blancs ; ce bois étant mis au feu quand il est verd, exhale une grande puanteur, & la communique aux viandes que l'on fait cuire à sa chaleur. Quand on en peut glisser quelque éclat dans la poche de quelque nouveau venu, on est sûr de se bien divertir à ses dépens.

Pour revenir au bois d'Acajou ou Cedre que je fis travailler, ce qu'il ne faut pas confondre avec l'Acajou à fruit dont j'ai parlé dans un autre endroit ; quoiqu'il y eut quatorze ans qu'il fut abbatu, il étoit dans un lieu si frais, & si humide, que je le trouvai encore tout verd, & d'aussi mauvaise odeur que s'il n'avoit été abbatu que depuis 24. heures. Je fus obligé de faire souder deux harpons l'un au bout de l'autre, & après avoir fait une entaille de chaque côté avec la hache, pour soulager le harpon, je le fis couper de la longueur qui m'étoit necessaire ; je fis glisser les billes pour les refendre sur des queües proportionnées au poids qu'elles devoient soûtenir, & je fis creuser une fosse par dessous, pour placer les Scieurs, après avoir fait fouder deux fcies bout à bout. Je fus auſſi obligé d'y employer quatre hommes, deux deſſus & deux deſſous ; & afin de hâter l'ouvrage, je les faifois relaïer d'heure en heure. Ce fut ainfi que je vins à bout de ce beau morceau de bois, duquel je tirai des ceintres, pour faire pluſieurs roües, & pluſieurs autres chofes, dont nous avions alors befoin.

Mais quoique cet arbre fut très-beau, ce n'étoit encore rien en comparaifon d'un autre de la même efpece qui étoit fur nôtre Habitation du Marigot dans les commencemens que nos Peres s'y établirent; j'en ai vû les racines, & quelques veſtiges du tronc qui m'ont fait juger de fa prodigieufe groſſeur ; cette arbre fut caufe d'un procès qui a eu de grandes fuites, entre M. Hoüel & nos Peres. Je croi en avoir parlé dans un autre endroit.

Le tronc & les groſſes branches de l'Acajou jettent de tems en tems des grumeaux d'une gomme claire, nette & tranfparente, qui durciſſent à l'air : on l'emploie aux mêmes ufages que la gomme Arabique, & fi on vouloit fe donner la peine d'incifer ces arbres, on en tireroit une quantité confiderable.

La gomme d'Acajou me fait fouvenir

d'une autre espece de gomme, dont j'aurois dû parler dans mon Traité du Sucre au troisiéme Tome de ces memoires en parlant de l'arbre dont on se sert pour faire les douves des bariques. Cet arbre que les Negres nomment bois à Barique, s'appelle chez les Sçavans de nos Isles Sucrier de montagne; il donne ou de lui-même en certaine saison de l'année, óu quand il est incisé, une gomme qui d'abord est liquide, & claire comme le baulme de Copau recent, & qui dans la suite s'épaissit, se durcit, & devient d'une couleur grise, un peu grasse, avec une odeur de verd aromatique assez agréable; on l'appelle à Saint Domingue baulme à Cochon; c'est le hazard qui l'a fait découvrir. Un Chasseur aiant blessé un Sanglier ou Cochon Maron, vit que cet animal s'arrêta auprès d'un Sucrier de montagne, & que l'aiant entamé avec ses crocs ou défenses, il y frottoit sa plaie, & y recevoit la liqueur qui en decouloit. Après qu'il eut tiré un second coup, & abbatu la bête, il examina plus attentivement ce que le Cochon avoit fait, & vit qu'il avoit sa premiere plaie toute baignée de la liqueur qui étoit sortie de l'arbre, ce qui lui persuada que c'étoit un baulme, dont on n'avoit point encore eu de connoissance. Il en éprouva sur le champ la vertu sur un de ses chiens qui avoit reçu un grand coup de dent de Sanglier à la cuisse : il frotta la plaïe de son chien avec la liqueur qui continuoit de sortir de l'arbre par les entailles que le Sanglier y avoit fait, & sans autre appareil il eut le plaisir de voir son chien parfaitement gueri en moins de vingt-quatre heures. On reconnut par là d'où venoient des citracices considerables, que l'on trouvoit sur des Cochons Marons beaucoup mieux gueries & consolidées, que si on les avoit mis entre les mains des Chirurgiens. Diverses experiences que l'on a fait de ce baulme en ont confirmé la bonté ; de sorte qu'on s'en sert avec autant de succès que du baulme du Perou, & de l'huile de Copaü. On a même remarqué qu'il étoit excellent pour les ulceres ; il les mondifie, fait tomber la chair gâtée, & les guerit parfaitement.

Il faut observer que toutes les huiles, baulmes, ou autres choses onctueuses, se doivent appliquer aussi chaudes que le malade ou blessé le peut souffrir sans en être brûlé ; & que toutes celles qui sont composées, & où il est entré de l'eau de vie, ou autre liqueur spiritueu-

Remarque sur l'application des Baulmes.

se, se doivent appliquer froides, après que la partie a été échauffée par des frixions faites ou avec les mains ou avec des linges ou étoffes chaudes, pour ouvrir les pores, & préparer l'entrée aux esprits, dont le remede est impregné.

Prunier de Monbin. Nous avons dans toute l'Amerique un arbre qui approche si fort de l'Acajou, que bien dens gens s'y trompent, & les prennent facilement l'un pour l'autre: on l'appelle Monbin ; c'est une espece de Prunier qui devient fort gros, fort grand, fort branchu, & fort chargé de feüilles. On le met dans les Savannes, pour donner de l'ombre aux bestiaux, pendant la grande chaleur du jour. Toute la difference qu'il y a de sa feüille à celle de l'Acajou, est qu'elle est tant-soit peu plus grande, plus épaisse & moins frisée ; son écorce est aussi plus épaisse & plus crevassée, il porte deux fois l'année des bouquets de petites fleurs jaunes, dont le calice est composé de six feüilles ovalles & pointuës par les deux bouts, avec quelques étamines rougeâtres, qui environnent un pistille de même couleur, qui se change en un fruit de la figure à peu près d'une Prune de Sainte Catherine. Ces fruits sont extrémement verds & âcres avant leur parfaite maturité ;

mais

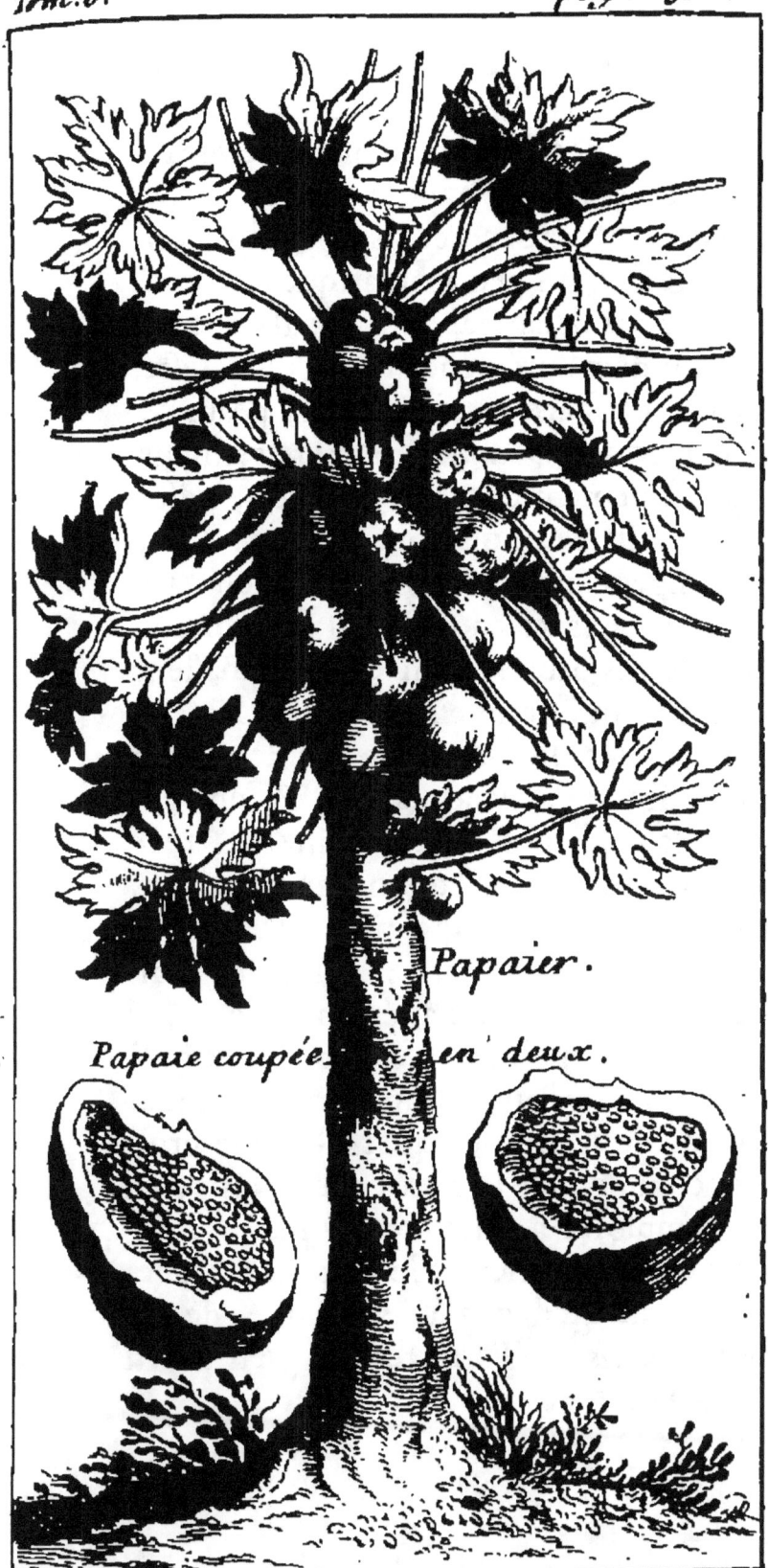

mais quand ils y font parvenus, cette couleur change, ils deviennent rougeâtres du côté qui eſt expoſé au Soleil, & jaunes de l'autre côté. Ils ont alors un goût aigrelet, un peu aromatique & doux, qui n'eſt pas deſagréable ; mais ils ont un noyau ſi déméſurément gros, qu'il reſte très-peu d'eſpace entre lui & la peau, & par conſequent peu de chair. Les enfans & généralement tous les Creolles, c'eſt-à-dire, tous ceux qui ſont nez aux Iſles, en mangent avec plaiſir. On lâche les Cochons dans les endroits où il y a beaucoup de ces arbres, afin qu'ils ramaſſent les fruits qui tombent, ce qui les engraiſſe à merveilles. On ſe ſert de ce fruit pour faire de la Marmelade, & une eſpece de gelée qui eſt très-ſaine & très-rejoüiſſante ; on en donne aux malades pour leur exciter l'appetit.

Le bois de cet arbre eſt blanc & filaſſeux, & ſe gâte fort aiſément ; je ne l'ai jamais vû emploïer à d'autre uſage qu'à brûler, faute d'autre ; on en fait quelquefois du douvain, lorſqu'il eſt d'une groſſeur conſiderable ; je croi qu'on les pourroit emploïer à faire des canots, auſſi-bien que le Poirier & le Cotonier rouge.

On dit qu'il y a une infinité de ces arbres dans la Terre-ferme. J'en ai vû beaucoup à Saint Domingue qui étoient très-gros, & dont les fruits avoient aussi beaucoup plus de chair, & étoient de meilleur goût qu'aux Isles du Vent.

Chêne verd.

On voit à Saint Domingue & dans quelques endroits des Isles du Vent un arbre qui ressemble beaucoup au Chêne verd ; quoiqu'il soit dur il vient assez vîte, & brave le vent & l'air marin, qui est si contraire à tous les autres arbres. Le bois est brun, il a le grain fin, les fibres longues & pressées ; on en fait des planches, des membres, & du bordage pour les vaisseaux ; car outre qu'il est assez leger, & qu'il retient bien le cloud, on a remarqué que les Vers Marins, qui gâtent tous les bois d'Europe, ne s'attaquent point à celui-ci ; on en peut faire des avenuës devant les maisons, qui outre l'agrément qu'elles y donneroient, seroient encore d'une grande utilité, quand on se trouve dans un besoin pressant de bois de Charpente.

M. Auger qui avoit reçu ses provisions pour le Gouvernement de l'Isle de la Tortuë, & Côte Saint Domingue, partit à la fin du mois de Septembre, pour aller prendre possession de son nouveau Gouvernement ; il vendit aux Peres Jesuites, aux Religieux de la Charité,

& à quelques particuliers les Terres d'Hoüelmont, & de Bifdari qu'il avoit acquifes de M. Hincelin. En attendant que le Roi lui eut nommé un Succeffeur, le fieur de Bois-fermé Gouverneur de l'Ifle de Marie-galante, qui n'avoit rien à faire, fut envoié pour commander à la Guadeloupe, jufqu'à ce que M. de la Malmaifon eut reçu les provifions de ce Gouvernement.

CHAPITRE IX.

Changemens qui arrivent dans la Miffion des Jacobins.
L'Autheur retourne à la Martinique, & eft chargé du foin du temporel.

IL arriva dans ce même tems du changement dans nos Miffions. Le Pere Cabaffon qui en étoit Superieur Général depuis quatre ans, & qui fe flatoit d'être continué dans fon pofte, encore pour quatre autres années, fut furpris d'apprendre que le Général de tout nôtre ordre avoit nommé à cette Charge le Pere Jacques Bedarides, un de nos Miffionnaires. Nos Anciens trouvoient qu'il étoit encore un peu jeune, quoiqu'il eut trente-cinq ans, comme s'il en falloit moins pour être Evêque, que pour être Chef d'une Mission : Mais ce défaut vrai ou prétendu d'âge, étoit recompensé par un vrai merite, & par des qualitez qui le rendoient digne d'une Charge beaucoup plus importante. Il étoit bon Theologien, & bon Predicateur ; il étoit fort sage & fort moderé, ami du conseil, d'une vie exemplaire, & d'une grande exactitude à remplir ses devoirs, & à les faire remplir aux autres. Il m'écrivit aussi-tôt qu'il eut pris possession de son emploi, & me marqua qu'il avoit besoin de moi à la Martinique, pour achever nôtre nouveau bâtiment, & remedier à la couverture de plomp, que la violence de la chaleur du Soleil avoit ouverte & crevée de tous côtez ; ce qui avoit obligé nos Religieux de se retirer dans l'ancien Couvent.

Je partis de la Guadeloupe le Mercredi 3. Octobre. La barque où j'étois s'arrêta deux jours au Carbet de Madame Ouvinard, à qui il fallut promettre que le Pere Beaumont, mort depuis plus de trente ans, reviendroit bien-tôt demeurer avec ses bons Comperes : car de vouloir leur persuader qu'il est mort, c'est battre l'air ; ils ne l'ont pas vû mort, & il leur a promis de revenir; ils se le diront les uns aux autres, & d'ici à deux ou trois cens ans, ce sera toûjours la même chose. Nous bûmes tous joïeusement à sa santé & à son retour. Je passai ces deux jours à la chasse & à la pêche; & comme j'étois en bonne compagnie, je ne m'ennuiai point du tout.

J'arrivai à la Martinique le Samedi au soir 6. Octobre; j'appris en mettant pied à terre, que nos Peres m'avoient elû Procureur Syndic de la Mission. Cette nouvelle m'affligea beaucoup; & si j'eusse trouvé dans le moment une occasion, je m'en serois retourné à la Guadeloupe, où j'aurois mieux aimé de servir une Paroisse telle qu'elle eût pû être, que de m'engager dans ces sortes d'embarras; sçachant d'ailleurs que nôtre maison étoit chargée de dettes, & nôtre Habitation fort en desordre.

Le Superieur Général de nos Missions étoit à la Cabesterre; on l'envoia avertir de mon arrivée, & que je ne voulois point du tout entendre parler d'être Syndic. Il vint aussi-tôt, & sçut si bien me tourner, qu'il arracha mon consentement; mais avant d'aller à nôtre Habitation du fond Saint Jaques à la Cabes-

1703.

terre, il voulut que je l'accompagnasse au Fort Roial, où il alloit voir M. de Machault Gouverneur Général des Isles. Je connoissois ce Général & sa famille, je l'avois vû en 1701. à la Martinique, lorsqu'il commandoit un vaisseau de l'escadre de M. de Chateau-Renaut; & comme il avoit deux Sœurs Religieuses de nôtre Ordre à Poissy, nous avions lieu d'esperer qu'il protegeroit nos Missionnaires dans les occasions où ils auroient besoin de son pouvoir. Il est certain que cela auroit été ainsi ; car c'étoit un homme d'une très-grande pieté, qui frequentoit les Sacremens, qui donnoit beaucoup de tems à l'oraison mentale, qui lisoit assiduëment l'Ecriture, & qui se faisoit un plaisir d'en parler, & de l'expliquer à tous ceux qui venoient chez lui : mais il avoit eu le malheur de se laisser prévenir contre tous les Religieux d'une maniere extraordinaire ; & comme les gens qui font profession d'être devots, ne reviennent presque jamais des impressions qu'ils ont une fois prises, les Religieux qui sont établis aux Isles, sans en excepter aucun, ont souvent souffert de choses fâcheuses de sa part.

Mr. de Machault Gouverneur Général des Isles.

Le motif de nôtre voiage au Fort Roial étoit pour lui faire entendre raison sur une affaire de conſequence, où il prenoit beaucoup plus d'interêt qu'il ne devoit, & dans laquelle il auroit soûtenu la Religion & les Miſſionnaires, ſi on ne l'eût pas prévenu contre eux aussi fortement qu'on l'avoit fait.

Il avoit pris à ſon ſervice, après l'affaire de la Guadeloupe, un certain Abbé Signier, Provençal, qui étoit paſſé de l'Ordre des Carmes Déchauſſez dans le grand Ordre de Saint Benoît, en vertu d'un bref de la Penitencerie d'Avignon. Il y avoit ſix ans qu'il étoit aux Iſles; je l'avois connu à la Cabeſterre de la Martinique, lorſqu'il étoit Precepteur des enfans du ſieur de Jorna. Il avoit été enſuite Aumônier des Religieux de la Charité à la Guadeloupe, & il avoit amaſſé dans ces deux emplois une ſomme conſiderable, qu'il trouva moien d'augmenter tout d'un coup, pendant que les Anglois attaquoient le Fort de la Guadeloupe. Comme ſa vie & ſon argent lui étoient en ſinguliere recommandation, il n'eut garde de ſe tenir avec les autres Eccleſiaſtiques dans des lieux où il auroit riſqué de perdre quelque choſe, en aſſiſtant les malades & les bleſſez; il ſe retira à la Cabeſterre, & s'aviſa de marier deux perſonnes qui étoient de la Re-

L'Abbé Signier Aumônier du Général.

ligion prétendue reformée, & qui malgré leurs abjurations réiterées, n'avoient jamais fait aucun exercice de la Religion Catholique, & qui outre cela étoient alliez au second degré d'affinité ; il reçut soixante & sept Loüis d'or pour la celebration de ce mariage, dont il donna un certificat en bonne forme, après l'avoir fait sans pouvoir, & sans authorité, à l'insçu du Curé, sans proclamations de bans, sans dispense, ni permission, dans une maison seculiere ; en un mot, clandestinement. Cette affaire demeura secrette jusqu'au départ des Anglois ; alors le sieur Greffier (c'est le nom du prétendu marié) qui étoit de la Paroisse des trois Rivieres, desservie par les Peres Carmes, amena chez lui la Damoiselle Poyen sa femme prétenduë qui étoit de nôtre Paroisse de la Cabesterre. Les deux Curez furent extrémement surpris de cette union illegitime, dont ils ne sçavoient rien, & qu'ils regarderent comme un concubinage public & scandaleux ; ils en firent leurs plaintes au Gouverneur, & ensuite à M. Mithon Commissaire Ordonnateur, qui faisoit les fonctions d'Intendant depuis le départ de M. Robert. Celui-ci ordonna que la fille retourneroit chez ses Parens, jusqu'à ce que l'affaire eut été examinée ; cependant l'Abbé Signier étant devenu Aumônier de M. de Machault, il lui fut facile de persuader son maître qu'il avoit pû faire ce mariage sans blesser les loix, ni sa conscience, & que les Religieux ne s'y opposoient que par un interêt sordide, pour n'avoir pas été satisfaits de leurs droits curiaux. Cette affaire reveilla les préventions où il étoit contre les Religieux. Ce fut sur ce pied là qu'il écrivit une lettre fort dure au Pere Cabasson, qui étoit encore alors Prefet Apostolique de nos Missions.

Le Pere Bedarides aiant succedé au Pere Cabasson, M. de Machault ne manqua pas de lui parler de cette affaire comme d'une bagatelle où nous montrions une avidité scandaleuse, pour la perception de nos droits. Celui-ci qui n'étoit pas encore informé assez amplement de ce mariage clandestin, lui répondit que ce ne pouvoit pas être à cause de nos droits, puisqu'il étoit de notorieté publique que nous n'exigions rien pour l'administration des Sacremens, & que ce qui étoit taxé pour les sepultures, publications de bans, & autres fonctions Ecclesiastiques, étoit trop peu de chose pour avoir porté les Curez à s'opposer à ce mariage. On pourra voir la taxe des droits curiaux au commencement de ces Memoires ; il lui promit cependant de s'informer exactement de cette affaire, & même d'aller sur les lieux s'il étoit necessaire, & de lui donner ensuite toute la satisfaction que sa conscience, son honneur & ses pouvoirs lui pourroient permettre.

Les choses en étoient là lorsque j'arrivai de la Guadeloupe. Le Superieur Général ne manqua pas de me demander comment cette affaire s'étoit passée, & me pria de lui en dire mon sentiment; je le fis avec plaisir, peu de gens en avoient une connoissance plus entiere, j'étois sur les lieux quand elle s'étoit passée, & on avoit eu la temerité de m'offrir cinquante Loüis, & même davantage, si je voulois m'employer à applanir les difficultez qui s'y trouvoient. Je rapportai donc à nôtre Superieur Général toute la suite de cette affaire, & je lui dis pour conclusion, qu'il n'avoit qu'à examiner les pouvoirs que le Pape lui avoit donné, comme Prefet Apostolique, pour voir *Primò*, s'il pouvoit dispenser dans le second degré d'affinité. 2°. S'il le pouvoit faire en faveur des personnes, qui avoient contracté & consomm un mariage clandestin contre la disposition du Concile de Trente qui les prive dans ce cas de pouvoir jamais esperer de dispense. *Tertio*, S'il pouvoit administrer le Sacrement de Mariage comme Sacrement, à des gens, dont l'un, sçavoir l'homme, avoit déja fait deux fois abjuration de l'Heresie de Calvin, & la fille une fois, sans que depuis ce tems-là ils eussent donné la moindre marque de leur Catholicité, & qui par consequent ne regardoient le mariage que comme un contract purement civil.

Ce fut pour expliquer toutes ces choses à M. de Machault, & lui developper l'intrigue de son Aumônier, que le Pere Bedarides me mena avec lui au Fort Roial. Le besoin que M. le Général avoit de nous, pour tirer d'affaire son domestique, fit qu'il nous reçut assez bien; mais quand il vit que nôtre Superieur ne vouloit pas outrepasser ses pouvoirs, ni s'exposer à une excommunication, pour faire plaisir à son Aumônier, il recommença ses vieilles plaintes sur l'avarice des Moines, qui lui faisoient souhaiter de bons Prêtres de l'Oratoire, pour gouverner les Paroisses, & de bonnes Sœurs Grises, pour avoir soin des Hôpitaux. Nous lui offrîmes de nous desister entierement, & de consentir que les Missionnaires des autres Ordres, c'est-à-dire, les Jesuites & les Capucins la reglassent comme ils le jugeroient à propos. Cela ne le contenta pas; & quoi qu'il vit par les Patentes de nôtre Prefet Apostolique que nous lui mîmes entre les mains, que nos facultez de donner des dispenses ne s'étendoient pas au-delà du troisiéme au quatriéme degré, il vouloit toûjours nous persuader qu'il ne tenoit qu'à nous de trouver un expédient, pour r'ajuster la mal-façon de son Aumônier. Nous le quittâmes enfin après lui avoir dit que ces gens-là devoient obtenir une dispense en Cour de Rome, & y exposer le fait comme il étoit, sans obmettre aucune circonstance, parce qu'autrement on ne pourroit pas s'en servir en leur faveur, s'il se trouvoit qu'elle fut surreptrice.

Je demeurai quatre ou cinq jours en nôtre Couvent du Moüillage, pour voir ce qu'il y avoit à faire au nouveau bâtiment; je priai le Superieur Général de faire assembler les Religieux, afin d'avoir leurs avis, parce que j'étois resolu de ne rien faire que ce qui seroit déterminé dans une assemblée. On s'assembla; je fis le rapport de l'état du bâtiment, & je priai l'Assemblée de dire ce qu'on voudroit faire, afin que le faisant exécuter, je ne fuſſe point obligé de répondre du ſuccès ; mais au lieu de me donner quelque ordre, ou du moins quelque avis comme je le ſouhaitois, ils convinrent tous de s'en rapporter entierement à ce que je jugerois à propos de faire, & me donnerent là-deſſus un pouvoir général & abſolu. L'acte en fut dreſſé & ſigné par le Superieur Général, & toute l'Aſſemblée.

Je partis enſuite pour nôtre Habitation du Fond de Saint Jaques, que je trouvai dans un très grand deſordre ; il y avoit environ deux mois que le Syndic qui m'avoit précedé, s'étoit chargé d'une vingtaine de Negres nouveaux qui étoient le rebut d'une carguaiſon de la Compagnie de Guinée, qui n'avoient pas laiſſé de lui conter neuf mille cinq cens livres, quoiqu'il y en eut les deux tiers qui fuſſent ſi vieux qu'ils avoient déja les cheveux gris, marque aſſurée chez les Negres d'une grande vieilleſſe : & pour ſurcroît de malheur, ils n'étoient pas paiez. Je trouvai encore que la maiſon étoit chargée de beaucoup de dettes ; qu'il n'y avoit pas de manioc en terre pour deux mois, & que depuis mon départ pour la Guadeloupe, on n'avoit pas fait la moindre reparation : de ſorte qu'il fallut commencer par faire un Moulin neuf, recouvrir tous les bâtimens, & travailler les bois necessaires pour la charpente du bâtiment neuf. du Moüillage.

CHAPITRE X.

Remede dont les Missionnaires se servent, pour guerir les Païens obsedez. Quelques pratiques des Negres. Etat des Missions des Jacobins.

Je commençai à faire faire du Sucre dans les premiers jours de l'année 1704. mais nos cannes avoient été si negligées, & les rats y avoient fait de si prodigieux dégats, qu'au lieu que dans l'année 1698. il ne me falloit que douze ou quinze personnes pour les couper, & entretenir le Moulin, cinquante personnes ne le pouvoient pas fournir dans celle-ci; parce que l'on étoit obligé de découvrir autant de terrain dans un jour qu'on en découvroit dans une semaine, six ans auparavant: de sorte que je travaillai pendant près de sept mois, pour faire autant de Sucre que j'en avois fait autrefois en deux mois. Ce chagrin étoit augmenté par l'embaras que me donnoient les vingt Negres nouveaux que l'on avoit achepté tout recemment. Comme ils étoient vieux, ils étoient fort indociles, & presque point du tout propres au travail, & les anciens Negres de la maison ne vouloient point s'en charger. Le plus jeune de tous prit la peine de se pendre au balancier du Moulin, un jour qu'on ne faisoit pas de Sucre. Le sujet de son desespoir, à ce que les autres me dirent, étoit qu'il ne pouvoit souffrir la douleur qu'on lui faisoit en lui tirant les chiques : il prétendoit s'en exempter en retournant en son païs après s'être pendu. Ce qu'il y eut de surprenant, c'est qu'il s'étrangla avec une lianne, grosse comme le poûce, sans y avoir fait aucun nœud coulant ; & qu'un de nos anciens Negres qui vit quand il se jetta en bas de la table du Moulin, sur laquelle il étoit monté, étant accouru aussi-tôt, pour l'empêcher de s'étrangler, le trouva mort quand il arriva, quoiqu'il n'eut pas deux cens pas à faire. Je fus fâché de cet accident pour plusieurs raisons, & sur tout, parce qu'étant nouveau venu, & ne sçachant pas encore assez la langue, on n'avoit pû l'instruire, ni le baptiser, ce qui auroit empêché sans doute ce malheur ; car il est rare que les Negres se portent

Negre qui se pendit.

à ces coups de desespoir quand ils sont Chrétiens, au lieu qu'ils y sont fort portez avant ce tems-là ; ils sont aussi souvent obsedez par le diable qui leur aparoit sous diverses formes, les excite à se pendre, ou à se noyer, les maltraite, & les épouvente tellement par ses apparitions frequentes, qu'il les fait tomber dans des convulsions, comme s'ils étoient épileptiques, & les fait devenir maigres & décharnez comme des étiques.

Sans entrer ici dans la discussion, si ce sont de simples effets de leur imagination blessée, ou une obsession réelle & veritable ; car le monde est à présent rempli d'esprits forts, qui se piquent de ne croire que ce qu'ils ont vû, nous nous servons d'un remede qui les guérit ou les délivre infailliblement. Ce remede est le Baptême : si ce sont des jeunes enfans, on les baptise aussi-tôt ; mais si ce sont des adultes qui doivent être instruits, avant de recevoir le Baptême, on fait sur eux les exorcismes ordinaires, & on leur attache au col une petite Croix de bois ou de métal benite selon le Rit de l'Eglise ; & nous sommes convaincus par une infinité d'expériences que l'obsession cesse dans le moment. Le Lecteur pourra voir ce que j'ai écrit sur cette matiere, à la fin de la premiere partie.

Les Negres, comme je l'ai dit dans un autre endroit, font bien plus fufceptibles de nôtre Religion & de nos Mifteres, que les Indiens & les Caraïbes; leur naturel eft tout different. Ce qu'il faut bien obferver avant de baptifer les adultes, c'eft de découvrir ceux qui ont fait le métier de forcier en leur païs : car quelques promeffes qu'ils faffent, ils le quittent rarement, comme je l'ai fait voir ci-devant. Il faut differer leur Baptême fans fe rendre à leurs importunitez, & les tenir au rang des Cathécumenes, jufqu'à ce qu'on fe foit affuré par une longue expérience qu'ils ont abandonné tout-à-fait les pratiques qu'ils avoient avec le diable. Nous fçavons encore que leurs forts & leurs malefices font moins à craindre quand ils font paiens, que lorfqu'ils font Chrétiens. Je laiffe à la curiofité des Lecteurs de chercher la raifon de ce fait; ce que j'en puis dire, c'eft qu'il eft très-conftament vrai.

En parlant des Negres, j'ai oublié deux chofes affez particulieres : la premiere, que ceux qui font forciers font des bâtons, auxquels ils attachent un fort, qui a la vertu d'imprimer une douleur violente & continuelle à la partie qui en

1704.

Précaution avant de baptifer les adultes.

Bâtons charmez & leurs effets.

a été touchée, sans qu'on ait trouvé jusqu'à présent aucun remede naturel contre ce mal. J'ai cru pendant long-tems, que c'étoient des Rhumatismes, ou des Tressaillemens de nerfs ; mais après avoir emploié les remedes, dont nous servons ordinairement contre ces maux, & qui sont toûjours infaillibles, sans qu'ils aient rien operé sur ces sortes de coups de bâton, j'ai été reduit à croire qu'il y avoit quelque chose de surnaturel là-dedans.

La seconde, que tous les Negres Chrétiens ont une devotion très-grande, & une foi très-vive pour le pain beni & l'eau benie. Ils portent toûjours du pain benit sur eux ; ils en mangent, lorsqu'ils se trouvent mal, ou quand ils craignent quelque danger. A l'égard de l'eau benie, quelque quantité qu'on en fasse le Dimanche à la Grande Messe, il est rare qu'on en trouve une goûte quand le service est fini ; ils l'emportent dans de petites calebasses, & en boivent quelques goutes, en se levant, & prétendent se garentir par ce moien de tous les malefices qu'on pourroit jetter sur eux. Quelque diligence que j'aie pû faire, je n'ai jamais pû découvrir qui leur avoit inspiré cette devotion ; ceux même qui étoient les plus anciens, & les plus raisonnables, ne

Devotion des Negres pour le pain benit, & l'eau benie.

Françoises de l'Amerique. 331

m'en ont pû dire autre chose, si non qu'ils la tenoient de leurs Peres, la transmettoient les uns aux autres, & s'en trouvoient bien.

Le Lundi 11. Fevrier, le Superieur Général de nos Missions fit assembler au Fond Saint Jaques tous les Religieux qui étoient depuis six ans dans les Missions, afin de leur proposer de s'y engager pour le reste de leurs jours, en renonçant aux affiliations des Couvens qu'ils avoient en Europe.

Pour entendre ceci, il faut sçavoir que les Religieux de l'Ordre des Freres Prêcheurs sont attachez par leur Profession à un Couvent particulier; & non pas à une Province comme dans la plûpart des autres Religions. Ils ont droit de demander à rester dans leur Couvent; & le Couvent reciproquement a droit de les repeter, & de les obliger d'y venir résider, puisque l'engagement est reciproque : De sorte que si un Religieux tombe dans une maladie habituelle, ou dans quelque autre accident, c'est au Couvent qui l'a adopté, & dont il est Fils (pour me servir des termes usitez dans l'ordre) à faire toutes les dépenses necessaires pour son soulagement, & à le garder, nourrir & entretenir jusqu'à

1704.

Ce que c'est que les Affiliations dans l'Ordre des Freres Prêcheurs.

la fin de ses jours. Si en échange le Religieux acquiert quelque bien, il appartient incontestablement à son Couvent, sans que le Provincial, ou quelque autre Superieur que se puisse être, en puisse disposer en faveur d'un autre Couvent. Il n'y a qu'un seul cas où sa dépoüille peut être partagée ; c'est quand il meurt dans un autre Couvent que le sien, dans lequel il demeuroit en vertu d'une obéissance de ses Superieurs, & dans lequel il joüissoit de tous les droits de suffrage, & autres dont joüissent les enfans du Couvent. En ce cas sa dépoüille est partagée par moitié entre le Couvent dont il est Fils, & celui dans lequel il est mort; & cette moitié est attribuée à ce dernier Couvent comme une recompense des frais & des dépenses qu'il a fait dans la maladie du défunt. Cette dépoüille pourtant ne s'entend que des effets qui se trouvent actuellement dans le Couvent où il est mort; car tout ce qui se trouve autre part, appartient de droit à son Couvent originaire.

Cette connoissance supposée. Les maisons ou Couvens que nous avions aux Isles, n'avoient aucuns enfans, tout le monde y étoit étranger, & peu d'entre eux par consequent songeoient serieuse-

ment au bien de ces maisons. Il y avoit
encore un autre abus, qui étoit une suite
necessaire de ce premier ; c'étoit que les
Religieux qui avoient passé dans les Missions toute leur jeunesse, qui est le tems
où ils auroient pû travailler pour leur
Couvent, étoient pour l'ordinaire obligez
d'y retourner, cassez de fatigues, hidropiques, ou paralitiques, en un mot, hors
d'état d'y rendre aucun service ; il sembloit qu'ils venoient manger le miel,
après avoir toûjours été absens de la ruche,
& n'y avoir jamais travaillé. Quand même la charité qui doit être entre les Religieux, auroit étouffé les murmures de
ceux qui étoient demeurez au couvent,
& qui avoient passé toute leur vie dans
l'observance, & dans le travail, cette
même charité ne pouvoit pas empêcher
ceux qui y revenoient de penser qu'ils
alloient être à charge à leur couvent,
& qu'au lieu de soulager leurs Freres,
en leur aidant à porter le fardeau de la
Religion, ils alloient leur en augmenter la pesanteur par le soin, les peines
& les dépenses, qui seroient necessaires,
pour les soulager, ou les guerir. Ils
avoient honte d'y paroître les mains vuides ; & ce qu'ils emportoient avec eux,
ne pouvoit pas manquer de porter un

préjudice considerable aux Missions, qui d'ailleurs étoient obligées de faire de grosses dépenses pour les voiages des Religieux qu'on faisoit venir de France, ou qui y retournoient.

On crut que le moien le plus propre, pour remedier à tous ces inconveniens, étoit de fixer pour toûjours, & d'attacher par des affiliations à la congregation des Missions les Religieux qui voudroient s'y consacrer pour toute leur vie, après qu'ils y auroient demeuré six ans, & qu'on auroit été assuré de leur bonne vie, mœurs & doctrine, & qu'ils étoient capables de remplir les devoirs des Missionnaires. Le Général de tout l'Ordre y affilia de son authorité en 1701. les Peres Cabasson & Bedarides qui avoient fait un voiage à Rome, & envoia les ordres necessaires aux Isles, pour affilier ceux qui le souhaiteroient, & qui auroient les qualitez requises pour cela.

C'étoit pour l'exécution de ce projet, que nous nous assemblâmes ; le Pere Bedarides Superieur Général de nos Missions, après nous avoir fait un discours fort pathetique sur ce sujet, proceda à l'examen des sujets qui s'offrirent à s'attacher pour toûjours aux Missions ; j'y fus reçu avec six autres, outre les Peres

Bedarides & Cabasson, & nous donnâmes ainsi commencement à un établissement, dont les suites auroient été heureuses, & auroient étendu, & fait fleurir nos Missions, si des personnes que je ne dois pas nommer, ni rapporter les motifs qui les ont fait agir, n'eussent remué tant de machines, qu'elles sont venuës à bout de détruire cet établissement.

Le 20. Avril, M. le Général envoia au Pere Bedarides une dispense que le sieur Greffier avoit obtenuë, pour rehabiliter son prétendu mariage : il lui écrivit en même tems, qu'il s'attendoit que nous ne trouvions plus de raisons, pour differer la conclusion de cette affaire. Nous examinâmes le Bref, & nous reconnûmes d'abord qu'il ne valoit rien ; il étoit en termes de pratique Ecclesiastique, subreptice & obreptice ; cela obligea le Pere Bedarides d'aller trouver M. le Général, de lui rapporter ce Bref, & de lui dire les raisons pour lesquelles on ne pouvoit pas s'en servir en faveur des deux personnes qu'il protegeoit si hautement, à cause de son Aumônier. Je l'accompagnai encore dans ce voiage, & pour faire voir à M. le Général que nous ne cherchions qu'à l'obliger, je lui donnai la formule de la Supplique que ces prétendus mariez dévoient préfenter en Cour de Rome. Je l'avertis en même tems, qu'afin que rien ne retarda la conclufion de cette affaire, lorfque la difpenfe feroit obtenuë, ils devoient fe feparer dès-à-prefent, ne fe plus frequenter, affifter à la Meffe de Paroiffe, & faire les autres fonctions de la Religion Catholique, afin d'en pouvoir avoir des certificats de leurs Curez, fans quoi on feroit encore obligé de les faire attendre, jufqu'à ce qu'Ils euffent donné des marques affurées de leur Catholicité.

J'avois encore un autre motif pour faire ce voiage; le voici: quatre particuliers avoient obtenu des conceffions fur un terrain appellé les Pitons du Carbet, qui nous avoit été donné par feu M. du Parquet, Seigneur Propriétaire de la Martinique, & qui faifoit partie de nôtre Fondation, ainfi que le Fond Saint Jaques, dans les hauteurs duquel d'autres s'étoient nichez. Nous avions commencé depuis quelques années une habitation à Cacao, aux Pitons du Carbet; de forte que dans toute la rigueur de la Juftice, & des loix du païs, on ne pouvoit nous en retrancher aucune partie, quand même ces terres n'auroient pas été des referves que le Propriétaire s'étoit con-
fer-

servées, en rendant l'Isle au Roi.

Nous nous étions opposez à la prise de possession de ces Habitans ; mais comme ils se sentoient soûtenus, ils avoient passé outre, & avoient commencé à défricher nôtre terrain. Je priai M. le Général d'empêcher les suites de cette usurpation en retractant les concessions qu'il avoit données, puisqu'il contoit qu'il avoit été surpris; il ne jugea pas à propos de défaire ce qu'il avoit fait, mais il me dit de me pourvoir pas les voies ordinaires, & me promit de ne s'en point mêler, & de laisser le cours libre de la Justice. Comme je n'en attendois pas tant, je m'en revins fort content, & je fis assigner tous les Habitans; ceux qui s'étoient placez sur nôtre terrain des Pitous furent bientôt condamnez à déguerpir, & à tous nos dépens, dommages, & interêts. Après que la Sentence leur eut été signifiée, nos Peres jugerent à propos de leur laisser ces mêmes terres à titre de rente fonciere rachetable au denier de l'ordonnance, c'est-à-dire, à cinq pour cent, pour faire voir à tout le monde, que ce n'étoit pas par un motif d'avarice que nous avions poursuivi leur condamnation, mais par la necessité où nous étions de conserver nos droits.

Ceux qui s'étoient établis sur nôtre terrain du Fond de Saint Jaques, n'en furent pas chassez si aisément ; ils soûtinrent qu'ils n'étoient point sur nos terres ; de sorte que le Juge ordonna qu'elles seroient arpentées. Je me servis pour cela d'un jeune homme que M. Houdin, Juge Roïal de toute l'Isle, m'avoit prié quelque tems auparavant d'examiner, pour être sûr qu'il étoit capable de la charge d'Arpenteur qu'il demandoit. Je fis donc appeller nos parties, & nos voisins ; on reconnut les anciennes bornes, & nos parties s'étant trouvées sur nôtre terrain, furent condamnées à déguerpir. Nous nous accommodâmes ensuite ; celui qui avoit travaillé à 4500. pas du bord de la mer nous offrit une somme d'argent assez modique, dont nos Peres se contenterent, & lui cederent le terrain à perpetuité. Pour les autres qui étoient plus proches de nous, nous leur accordâmes la joüissance de leurs défrichez pendant dix ans, à condition qu'ils nous reviendroient après ce tems-là, avec tout ce qui se trouveroit dessus. Ce fut ainsi que je terminai sept ou huit procez, que nous n'eussions pas eu, si nos Peres avoient été un peu moins negligens.

CHAPITRE XI.

Maladie extraordinaire dont les Bestiaux furent attaquez, qui tombe ensuite sur les Negres.

IL y avoit déja sept ou huit mois qu'il couroit dans toute l'Isle une maladie sur les bestiaux, qui fit mourir une quantité prodigieuse de chevaux, de bœufs, de moutons & de cabrittes. Comme nôtre habitation est située d'une maniere, que nous avons plus besoin que beaucoup d'autres de bœufs de cabroüet, j'observai avec attention les simptomes de cette maladie, pour tâcher d'en garentir les nôtres; je vis donc chez plusieurs de nos voisins qui firent ouvrir les bœufs qui étoient morts chez eux, que le foie & les poûmons de ces animaux étoient secs & retirez, & les intestins retressis, & secs presque comme du parchemin, quoique le reste des parties nobles fussent dans leur état naturel. Ce qu'il y avoit de surprenant, c'est qu'on trouvoit les mêmes simptomes dans ceux qui mouroient après avoir traîné long-tems, & être devenus maigres & décharnez com-

P ij

me des squellettes; & dans ceux qui étant attaquez de ce mal, se trouvant au travail, mouroient en cinq ou six heures avec des hurlemens & des contorsions épouventables; & ce qui étoit encore plus mauvais dans cette maladie, c'est qu'elle se communiquoit aisément, & que quand elle étoit une fois dans une habitation, elle emportoit tous les bestiaux qui s'y trouvoient, à moins que l'on ne prit un soin tout particulier de separer d'abord ceux qui étoient attaquez du mal, de ceux qui ne l'étoient pas.

Mortalité sur les Bestiaux.

Les uns disoient que c'étoit un malefice que quelque miserable avoit jetté sur les bestiaux : d'autres, à mon avis, plus raisonnables, croïoient que cela venoit de l'intemperie de l'air, de même que le mal de Siam qui s'étoit déja rallumé plusieurs fois, après avoir été éteint entiérement pendant plusieurs mois de suite. Je conseillai à nos voisins de faire enterrer tous les bestiaux qui mouroient chez eux ; parce que si leur mort étoit l'ouvrage de la malice des Negres, pour les pouvoir manger après qu'ils étoient morts, il étoit à propos de les priver du fruit de leur crime en les mettant en terre dans des lieux où ils ne pussent pas les déterrer pendant la

Avis de l'Auteur sur cela.

nuit, à peu près comme on fait dans les vaisseaux, où l'on jette à la mer toutes les volailles qu'on trouve mortes dans les cages, depuis qu'on s'est apperçû que les Matelots avoient la malice de leur percer la tête avec une épingle, pendant la nuit, afin qu'on les leur donnât quand on les trouvoit mortes le matin. Ou si cette maladie venoit de l'intemperie de l'air, comme il étoit impossible qu'elle fit mourir l'animal sans influer quelque chose de sa malignité dans les chairs, quoiqu'il n'y parût rien de gâté, cette malignité ne manqueroit pas de se communiquer à ceux qui en mangeroient, & leur causer le même mal & la mort.

Pour prévenir tous ces accidens, je fis changer le parc où l'on renferme les bestiaux pendant la nuit ; je les fis mettre dans un grand enclos, que je fis faire dans la Savanne, après les avoir fait saigner & purger, & leur avoit fait couper les barbes qui sont certaines excroissances de chair qui leur viennent à la langue, qui les empêchent de tortiller l'herbe ; on ne manquoit pas de les laver tous les jours à la mer, & ensuite dans la Riviere, & de leur donner toutes les semaines un breuvage composé d'eau, avec du jus de citron & de la casse. Ce

Précaution contre les maladies des bestiaux.

fut ainsi que je conservai nos bestiaux, dont j'eus le bonheur de ne perdre que deux ou trois.

Mais cette maladie étant passée des bestiaux aux Negres, je n'eus pas le même bonheur ; & malgré tous mes soins, nous en perdîmes vingt-sept en huit mois de tems. Encore ne fûmes-nous pas des plus maltraitez ; d'autres habitans en perdirent bien plus que nous, & un entre les autres qui en avoit plus de soixante, les perdit réellement tous, sans qu'il lui en restât un seul. Je fis ouvrir quelques-uns de ceux qui étoient morts chez nous ; l'on y trouva les mêmes simptomes que l'on avoit trouvé dans tous ceux qui étoient morts dans les autres quartiers de l'Isle ; c'est-à-dire, le foie, les poûmons, & les intestins secs & retirez comme du parchemin grillé, & le reste dans son état ordinaire. Il y en eut qui furent emportez dans huit ou dix heures ; d'autres languirent cinq ou six jours, & les uns & les autres moururent avec d'étranges convulsions. Je n'ai point connoissance qu'il en soit rechappé un seul de tous ceux qui furent attaquez de ce mal. Il ne passa pas aux blancs ; si cela étoit arrivé, je croi qu'il eut emporté tous les Habitans qui sont généralement parlant d'une complexion bien moins forte que les Negres.

Les Negres ne laissent pas d'être sujets à bien des maladies, dont la plûpart leur sont causées par le travail, le défaut de nourriture, & souvent par leur intemperance, & leur indiscretion; la colique les attaque assez souvent; ils sont sujets aux maux d'estomach, qui degenerent en hidropisie; leur intemperance sur l'eau de vie, & les mauvais alimens qu'ils prennent, leur donnent des cours de ventre, & des flux de sang; mais le mal auquel ils sont les plus sujets, c'est l'Epian, & les autres maladies qui viennent de la même cause. Nos Chirurgiens ignorans & mal pourvus de remedes, en ont fait crever une quantité incroiable, d'autres qui se sont échappez de leurs mains, ont porté toute leur vie les impressions du Mercure qu'on leur avoit donné mal à propos, ou sont demeurez couverts d'ulceres & de nodus.

Maladies ordinaires des Negres.

Un Chirurgien habile, nommé Masson, qui s'étoit établi à la Guadeloupe, & qui joignoit à une parfaite connoissance de son art, beaucoup de piété & de droiture, a fait des cures surprenantes tant à la Guadeloupe qu'à la Martinique, avec une ptisanne dont il m'a donné la recepte, & que je croi devoir donner au public, puisqu'elle est excellente, non seulement pour toutes les maladies honteuses, mais encore pour purifier parfaitement la masse du sang, mettre les humeurs dans l'équilibre qu'elles doivent garder, & nettoïer le corps de toutes les impuretez qu'il peut avoir contracté. Plusieurs personnes s'en sont servis en France avec un succès merveilleux. Nous l'appellons Ptisanne de la Guadeloupe, à cause de la demeure de celui qui l'a mise en vogue; voici sa composition, & la maniere de s'en servir.

Ptisanne de la Guadeloupe.

Sur une pinte d'eau, mesure de Paris, mettez une once de Salsepareille, une once de Coques de Noix, demie-once de Seguine du Levant, ou une once de celle des Isles: fendez par le milieu la Salsepareille & la Seguine, & puis les coupez par petits morceaux, pilez les Coques de Noix, & les reduisez en poudre, prenez aussi une once d'Antimoine, reduisez-le en poudre, & en faite un noüet dans un morceau de bonne toille, forte, bien serrée & pliée en double, liez-le bien, afin que rien n'en puisse sortir; mettez l'eau, la Salsepareille, la Séguine & les Coques de Noix dans un pot de terre, neuf, & bien vernissé ; suspendez-y au milieu le noüet d'Antimoine, de sorte qu'il trempe entierement dans la liqueur, mais sans toucher au fond, ni aux bords ; faite boüillir le tout à petits boüillons, & doucement sur un feu de bonne braise, sans fumée, jusqu'à la consommation d'un tiers, après quoi retirez le noüet d'Antimoine, & passez la liqueur dans un linge, sans comprimer les ingrédiens qui étoient dedans, & mettez la Ptisanne dans une bouteille de verre; on doit après cela remettre dans le même pot la Seguine, la Salsepareille, & les Noix qui sont demeurées dans la serviette où l'on a passé la Ptisanne, avec la même quantité d'eau, & suspendre le noüet d'Antimoine comme la premiere fois, & faire boüillir doucement le tout, jusqu'à la consommation du tiers, puis la passer comme la premiere, & la mettre dans une bouteille de verre, pour s'en servir comme je le dirai ci-après. Cette seconde Ptisanne est bien moins chargée, & moins forte que la premiere, aussi l'appelle-t-on petite Ptisanne. La Salsepareille, la Seguine, & les Noix ne peuvent servir qu'une fois ; le noüet d'Antimoine peut servir jus-

P v

qu'à cinq fois, après quoi il faut le renouveller.

Avant de donner la Ptisanne au malade, il faut le préparer par une Saignée, & le lendemain le purger à l'ordinaire; on le laisse reposer le troisiéme jour, on le saigne encore le quatriéme; on le purge le cinquiéme, & le sixiéme on lui donne la Ptisanne sans discontinuation, pendant quinze ou vingt jours, & tout au plus trente. Il faut que le mal soit bien opiniâtre, pour n'être pas gueri dans ce terme-là.

La doze que le malade doit prendre, est d'environ trois quarts de pinte par jour, & cela en trois fois; on lui donne le premier verre à six heures du matin, à dix heures on lui donne à manger: il prend le second verre à deux heures après midi, & il soupe à six heures, & à dix heures du soir on lui fait prendre le troisiéme verre. Sa nourriture pendant tout ce tems-là ne doit être que de viandes rôtiës à la broche, ou sur le gril, sans sel, sans potage, sans ragoût, salade, fruit, poisson, fromage, ou autre chose; sa boisson doit être uniquement de la petite Ptisanne, tant à ses repas, que pendant la journée, lorsqu'il a soif. Il doit s'abstenir de tabac, de quelque maniere que se puisse être; il faut encore se tenir chaudement. Quoique ce regime paroisse un peu difficile, il est bien plus agréable de se servir de ce remede qui n'est sujet à aucun inconvenient, que de beaucoup d'autres, qui ont souvent des suites fâcheuses, & qui sont d'une dépense bien plus considerable. Son operation est douce, & presque insensible, on ne la remarque que par les sueurs abondantes qu'elle excite, qui poussent au dehors tout ce qu'il y avoit de mauvais, & renouvellent, pour ainsi dire, le corps tout entier.

CHAPITRE XII.

L'Auteur fait achever leur Couvent du Moüillage; on le fait Superieur de la Martinique, & Vice-Prefet Apostolique. Flotte Angloise.

APrès que j'eus mis ordre aux affaires de nôtre habitation, & fait avec un très-grand travail le Sucre que l'on pût tirer de nos cannes ruinées, je fretai une barque, pour porter au Moüillage les bois que j'avois fait faire pour la charpente du bâtiment que j'avois fait commencer en 1698, & je me rendis sur le lieu le 28. de Juillet. Il fallut lever tout le plomp dont on avoit couvert la terrasse qui regnoit sur tout le bâtiment. Le soleil avoit fendu & crevé toutes ces longues planches de plomp; ce qui nous causa une perte très-considerable, que nous aurions évité, si on avoit voulu suivre mon conseil, & faire une couverture à l'ordinaire, ou une mansarde. Il fallut changer la plû-part des poutres & des sommiers, & pour contenter nos Religieux, laisser autour du comble une plate-forme d'environ huit pieds de large, pour leur servir de promenade, & joüir de la vûë de la rade, & de la plus grande partie du Bourg.

Cette petite terrasse étoit composée d'un massif de pierres de ponce avec un bon mortier de poussolane, & bien carrelée; par ce moien je rendis nos chambres plus fraîches, & parfaitement habitables.

Avis sur la Pouſſolane.

Ceux qui se serviront de la poussolane, soit de celle que l'on trouve à la Guadeloupe, & à la Martinique, soit de celle d'Italie, doivent se souvenir que les ouvrages qui en seront faits, ne seront bons qu'à proportion de l'eau dont on aura eu soin de les arroser pendant plusieurs jours, après qu'ils auront été faits. Il faut emploïer ce mortier tiercé, c'est-à-dire, un tiers de chaux, & deux tiers de poussolane fort claire & promptement. Il se seche fort vîte, & fait corps; mais si on manque de le baigner, & pour ainsi dire, de le noïer, il s'échauffe, & devient en poudre; au lieu que si on y jette quantité d'eau, on amortit la violente action de la chaux, & on fait une masse, qui au bout de quelques jours devient dure comme la pierre même qu'elle renferme, que l'on casse plûtôt que le mortier dont elle est environnée. C'est ce que j'ai vû pratiquer en Italie, & ce que j'ai pratiqué moi-même dans les voutes & autres ouvrages que j'y ai fait faire, & dont je parlerai autre part.

Le Superieur Général de nos Missions aiant été obligé de faire un voiage à la Guadeloupe, me pria avant de partir de prendre le soin de la Mission jusqu'à son retour. Le Père Paris qui en étoit Superieur, aiant jugé à propos de se demettre de cet emploi, le dessein du Superieur Général étoit de me nommer Superieur de la Guadeloupe, dès que celui qui y étoit auroit achevé son tems; mais

1704.

L'Autheur est fait Superieur de la Mission de la Martinique.

à peine y fut-il arrivé, que nos Religieux de la Martinique lui écrivirent, & le pressèrent de me nommer leur Superieur, lui faisant voir que j'étois plus necessaire à la Martinique qu'à la Guadeloupe. Il y consentit, & envoia la patente de cette charge, & de celle de Vice-Prefet Apostolique au plus ancien de nos Missionnaires, pour me la signifier, & pour me contraindre de l'accepter.

J'eus toutes les peines du monde à m'y resoudre, je ne me plaisois pas à la Martinique, & j'aurois été plus aisé d'être à la Guadeloupe, où M. de la Malmaison, qui avoit beaucoup d'amitié pour moi, venoit d'être nommé Gouverneur. Nos Peres vivoient tranquillement dans cette Isle, au lieu que depuis quelques mois les libertins se donnoient la liberté d'insulter les Curez de la Martinique, de sorte qu'il falloit être sans cesse aux plaintes, & s'attendre à ne recevoir presque jamais de satisfaction. A la fin il fallut obéïr, & accepter cette charge le 11. de Septembre. Je fis travailler aussi-tôt aux offices qui devoient accompagner le bâtiment. Je les en éloignai de huit toises tant pour éviter les accidens du feu qui sont plus frequens dans les lieux où il y a une cuisine & un four, que pour ne

Françoises de l'Amerique. 351

pas entendre le bruit que les Negres font ordinairement. Je fis aussi clore la cour qui étoit devant le grand corps de logis, & je pressai tellement tous ces ouvrages, que nous allâmes loger dans nôtre nouvelle maison à la fin du mois d'Octobre.

Mais il ne suffisoit pas de l'avoir bâti, il falloit la meubler, & ce que nous avions de meubles dans l'ancienne étoit si peu de chose, & si délabré, que cela faisoit pitié. Je mis en œuvre nos Menuisiers, pour faire des tables, des buffets, & autres choses semblables; & je trouvai au cul de Sac Robert un habile Tourneur, qui me fit neuf douzaines de chaises de bois de Cipres, garnies très-proprement de latanier; ce bois s'appelle bois de roses à la Guadeloupe, & ce nom lui convient assurément mieux que le premier, car il a une agréable odeur de roses qu'il conserve toûjours, & qu'il communique à tout ce qu'on renferme dans les coffres & armoires qui en sont faites. Cet arbre vient ordinairement de la grandeur & de la grosseur de nos noiers, il a l'écorce assez mince, fort brune, & fort tailladée; l'aubier ne se distingue presque pas du reste du bois, qui est d'une couleur d'œil de perdrix, avec des taches brunes, en maniere de volutes ou

1704.

Bois de Cipres ou de Roses.

d'yeux de differentes teintes. Ce bois est compact, il a le grain fin, & prend un fort beau poli, soit qu'on le travaille au tour, ou en tables; il est pesant quand il est verd, parce qu'il est alors rempli d'un suc huileux & amer, qui le conserve de la pourriture, & des poux de bois; mais quand il est sec, il devient d'un poids raisonnable, & proportionné à son volume. La feüille de cet arbre est petite, étroite, rude & cassante; il ne croît que dans des lieux secs & arides; il est rare d'en trouver dans les bonnes terres. Ces chaises me coutoient deux écus la piece, & ce n'étoit pas trop eu égard au bois qui est rare, & par consequent fort cher, & à la main de l'ouvrier.

Moïen de faire fleurir les Roses.

Le bois de roses me fait souvenir que les Rosiers que l'on a apporté d'Europe aux Isles, portent des fleurs toute l'année, pourvû qu'on ait soin d'en battre les branches à coups de bâton quatre ou cinq fois par an. Ce n'est pourtant pas à dire qu'il faille rompre les branches, mais seulement les meurtrir, & entamer ou écorcher un peu la peau; sans cette précaution, ils ne portent que pendant trois ou quatre mois, comme en Europe. Ce fait est constant; je le rapporte ici, pour exercer un peu Messieurs les fleuristes, & autres gens desœuvrez.

Le 10. du mois de Decembre nous eûmes une allarme assez chaude à la Martinique. Nous étions avertis depuis deux jours qu'il étoit arrivé une grosse escadre à la Barbade. Sur cet avis M. le Général avoit fait partir quelques Corsaires pour en avoir des nouvelles plus certaines. Un de ces Corsaires revint le matin du 10. & rapporta que la Flotte ennemie le suivoit, & qu'il avoit été chassé si vivement par une Fregate, qu'il n'avoit pas eu le loisir d'examiner, ni de compter les bâtimens. Son rapport se trouva vrai, toute la Flotte ennemie parut aux Ances d'Arlet deux heures après son arrivée, & s'avança en bon ordre jusqu'à la portée du canon du Fort-Roïal. On compta vingt-deux gros vaisseaux de guerre, autant de bâtimens de charge ou Marchands, dix-sept barques, six Galliotes, & quelques doubles Chaloupes. On peut juger de l'embarras où se trouva à cette vûë nôtre Général, & comment il se seroit tiré d'affaires si cette Flotte avoit eu quatre ou cinq mille hommes à jetter à terre. Il étoit pris sans verd, & nous aussi ; & le Fort-Roïal auroit couru grand risque,

1704.

Allarme à la Martinique.

d'être enlevé, ou le Fort Saint Pierre pillé, & brûlé. On donna l'allarme par toute l'Isle, on prit les armes ; mais tout cela auroit été inutile, & on n'auroit jamais pû s'assembler assez à tems, si la Flotte ennemie avoit eu envie de faire une descente. Heureusement ce n'étoit pas son dessein ; elle continua sa route en rasant la Côte de fort près. Quelques-unes de ses Chaloupes firent descente en un lieu appellé le Fond Laillet, où elles firent un prisonnier, & dans une autre Ance voisine elles pillerent & brûlerent quelques maisons, & enleverent une barque chargée de Sucre.

Cette Flotte parut sur les deux heures après midi devant le Fort Saint Pierre, à une bonne portée de canon, faisant peu de voile ; on la perdit de vûë pendant la nuit. Je croi qu'elle n'étoit venuë que pour se faire voir, intriguer nos Officiers, & donner de l'exercice à nos Troupes. M. le Général la suivit avec ce qu'il put ramasser de Cavaliers à la hâte, & arriva sur le soir au Fort Saint Pierre. Je ne manquai pas de l'aller saluer aussi-tôt, & de le complimenter sur la diligence qu'il avoit fait pour venir s'opposer aux ennemis. Il reçut fort gracieusement mon compliment ; &

me rendit ma visite dès le lendemain ; il vit tout nôtre nouveau bâtiment, & examina le plan des jardins, & autres commoditez que nous meditions de faire pour le perfectionner. Je lui dis que nous avions disposé l'appartement du rez de chaussée d'une maniere à le lui pouvoir offrir, quand il viendroit à Saint Pierre; il me fit là-dessus beaucoup d'honnêtetez, & me parla ensuite de l'affaire de son Aumônier. Je me doutai qu'il y avoit là-dessus quelque chose de nouveau, & en effet j'appris quelques jours après, que ce bon Prêtre s'étoit embarqué précipitament, sur l'avis qu'on me dit qu'il avoit eu, qu'il y avoit ordre de la Cour de l'arrêter, & de lui faire son procès. Cela l'auroit fort intrigué ; car son Certificat le convainquoit d'avoir fait ce mariage clandestin, ce qui l'auroit conduit à droiture aux Galeres.

CHAPITRE XIII.

Voïage de l'Autheur à la Guadeloupe; Ses diverses avantures. Combat naval.

LE Vendredi second jour de l'année 1705. j'allai avec nôtre Superieur Général au Fort-Roïal faire les complimens ordinaires au Gouverneur Général. Quoiqu'il eut encore sur le cœur le départ de son Aumônier, auquel il nous soubçonnoit d'avoir contribué, en donnant avis en Cour de sa malversation, il ne laissa pas de nous bien recevoir. Après quelques momens de conversation, il nous fit entrer dans son cabinet & nous mit en main une nouvelle dispense que le sieur Greslier avoit obtenu; nous la lûmes; & quoiqu'elle ne fut pas tout-à-fait comme nous la desirions, nous resolûmes de nous en contenter, d'autant qu'aiant fait consulter l'affaire en France, on nous avoit mandé que l'usage de la Cour de Rome n'étoit pas de specifier tout-à-fait dans les Brefs les termes des Supliques. Le Superieur Général de nos Missions dit à M. le Général qu'à sa consideration il passeroit par dessus quelques circonstances qui manquoient, & que pour terminer l'affaire plus promptement, & épargner aux prétendus mariez la peine de venir à la Martinique, il m'envoiroit à la Guadeloupe comme son Commissaire, pour faire les informations, & donner la Sentence diffinitive. Cela fit plaisir à M. le Général, il me fit beaucoup d'honnêtetez, & me dit de lui écrire quand je serois prêts à partir, afin qu'il donna ordre à quelqu'un de nos Corsaires de m'y transporter. Quoique je n'eusse pas besoin de sa recommandation pour cela, puisque tous nos Capitaines Flibustiers étoient de mes amis, je ne laissai pas de recevoir, comme je devois, l'honnêteté qu'il me faisoit, & de lui dire que je serois en état de partir immediatement après le jour des Rois, aiant seulement besoin de trois ou quatre jours, pour aller donner les ordres necessaires à nôtre habitation du Fond Saint Jaques. Il s'informa aussi-tôt s'il y avoit quelque corsaire prêt à partir, & aïant sçu que le capitaine Daniel se disposoit à mettre dehors, il lui envoia ordre de m'attendre, & de me porter à la Guadeloupe. Nous nous separâmes fort contens les uns des autres.

Je partis le lendemain pour le Fond

1705.

Saint Jaques, où aiant fait ce que j'avois à y faire, j'en revins le Lundi au soir.

L'Autheur part de la Martinique pour aller à la Guadeloupe.

Le Mercredi 7. je donnai à dîner au Capitaine Daniel, à son contre-Maître, son Ecrivain, & son Chirurgien, & nous nous embarquâmes sur les quatre heures du soir, comptant d'aller déjeûner le lendemain à la Guadeloupe. La barque qu'il montoit, étoit vermudiene, très-bonne voilure, il avoit quatre-vingt dix bons hommes, & six canons. C'étoit plus qu'il n'en falloit pour attaquer un Gallion d'Espagne, ou un Anglois de quarante canons. Nous mîmes en panne devant le Prêcheur, où selon la bonne coûtume de nos Flibustiers, ils ont toûjours quelque affaire, sur tout ceux qui ont encore quelque argent ; car les loix de la bonne Flibuste ne permettent pas d'en porter en mer ; & quand on se trouve dans le cas, il faut au plus vîte le dépenser dans un cabaret. Le Capitaine Daniel rassembla ses gens sur les neuf heures, & fit servir ses voiles. Nous fûmes à merveille jusqu'à mi-canal entre la Dominique & la Martinique ; mais tout d'un coup le vent tomba, & nous eûmes un calme tout plat. Notre pilotte ne se trompa point dans le jugement qu'il porta de ce calme imprévû ; il dit que nous allions avoir une bourasque ; il fit prendre les ris dans la grande voile, passer de nouvelles manœuvres au trinquet & au foc ; il visita les amarres des canons, & renforça les amarres qui tenoient le canot. A peine avoit-il achevé, que nous fûmes pris d'un tourbillon de vent d'Est-Sud-Est, si furieux, & si incivile, qu'il commença par enfoncer nôtre grande voile. Encore fûmes-nous heureux qu'il ne nous demâta pas ; nous sauvâmes les lambeaux de nôtre voile, & nous pougeâmes d'abord à mâts, & à cordes, & ensuite avec un morceau de trinquet, grand comme une serviette. Quoique je fusse sans contredit un des meilleurs dormeurs de la mer, l'affaire étoit si brusque, que je ne pûs pas fermer les yeux ; d'ailleurs mon matelats fut bientôt tout moüillé, car les lames nous couvroient à tous momens de l'arriere à l'avant. Je m'assis à plat à l'arriere du gaillard, enveloppé dans un capot, & lié par le milieu du corps avec une bonne corde, à peu près comme un singe, de peur que quelque lame ou quelque roulis ne prit la liberté de me jetter hors le bord. Nos gens dans un profond silence obéissoient à l'envie au

Tempête qu'ils essuierent.

moindre commandement, & travailloient de toutes leurs forces. La mer paroissoit toute en feu ; le tems qui étoit noir, avoit quelque chose d'affreux ; je ne pouvois pas voir mes mains en les approchant de mes yeux, quand il n'éclairoit point ; mais les éclairs étoient si vifs, que je voïois alors tous les mouvemens de nos gens. Le Capitaine Daniel me donna une bouteille d'eau de vie, dont j'avallai adroitement un bon coup ; car il ne faut pas être mal-adroit pour mettre une bouteille à sa bouche sans se rompre les dents. Cette liqueur que je n'ai jamais aimé, me parut alors excellente ; elle me rechauffa, car j'étois à moitié glacé, l'eau de la mer aiant cette propriété dans les païs chauds d'être extrémement froide, & je n'avois rien de sec sur le corps. Sur les quatre heures du matin la pluie tomba avec violence, & abbatit beaucoup le vent, & au point du jour un de nos gens cria, terre sous le vent à nous. Nous la vîmes en effet distinctement quelques momens après, avec un navire qui étoit sur le côté. Aussi-tôt grande dispute entre nos gens ; les uns vouloient que ce fut une Isle qu'on n'avoit pas encore vûë, & peut-être de nouvelle creation ; le Capitaine & le Pilotte soûtenoient

noient que ce ne pouvoit être que la petite Isle d'Aves ou des Oiseaux, qu'il ne faut pas confondre avec celle du même nom, qui est au Vent de Corossol, où le Marechal d'Estrées alla se casser le nez avec toute sa flotte, en 167, mais la petite Isle d'Aves est cinquante lieües sous le vent de la Dominique, Est & Ouest de la grande Savanne, & il ne paroissoit pas naturel que nous eussions pû faire ce chemin en sept heures. C'étoit pourtant la petite Isle d'Aves, nous y moüillâmes sur les sept heures du matin à un demi quart de lieüe au vent du navire échoué. La pluie cessa sur les huit heures, le vent d'Est commença à se faire sentir; & la mer fut aussi tranquille à dix heures, que s'il n'y avoit point eu de tempête peu d'heures auparavant. Nos gens changerent d'habits, c'est-à-dire, qu'ils prirent des chemises, & des calçons secs; quelques coups d'eau de vie reparerent les forces perduës par le travail de la nuit passée, nous fismes la priere & puis nous déjeunâmes de grand appetit; nous tînmes conseil en mangeant, & aussi-tôt après le Capitaine, le Quartier-maître, & autant d'hommes que le canot en put contenir, & bien armez descendirent à terre.

Ils moüillent à la petite Isle d'Aves.

Tome VI. Q

Nous y apperçevions dix à douze hommes, qui nous paroissoient Anglois; ils étoient venus sur le bord de la mer, vis-à-vis de nous, & sembloient par leurs gestes nous demander du secours. Nos gens sauterent à terre, & renvoïerent le canot à bord chercher du monde; j'y fus au troisiéme voïage; nous nous trouvâmes alors plus de cinquante hommes à terre. Les Anglois nous dirent, qu'ils étoient là depuis onze jours, ils étoient au nombre de quatorze hommes avec deux femmes de consideration de la Barbade, & huit Esclaves des deux sexes.

Nous sçûmes qu'ils s'étoient échoüez par non-vûë, c'est-à-dire, pour n'avoir pas eu connoissance de la terre, que leur navire ne pouvoit pas avoir beaucoup souffert, parce qu'il y avoit peu de vent quand il avoit touché, & qu'il ne s'étoit couché sur le côté que deux jours après. Ce vaisseau venoit d'Angleterre, il avoit touché à la Barbade, où il avoit pris ces deux Dames, qui prétendoient aller passer la Fête de Noël à Antigues avec leurs parens, sans le malheur qui leur étoit arrivé.

On sçait que la Fête de Noël est une des mieux celebrée chez les Anglois; & quand on devroit jeûner toute l'année, il faut faire grande chere, & s'enyvrer ce jour-là.

On doit encore sçavoir qu'ils font Noël dix jours après nous, parce qu'ils suivent l'ancien Calendrier ; non parce qu'ils le trouvent plus juste, (ils sont convaincus du contraire) mais par entêtement, & pour ne pas se conformer à une reformation, dont le Pape Gregoire XIII. a été l'Autheur.

Le Capitaine & le Pilote de ce bâtiment, qui selon les apparences, étoient de francs ignorans, ou qui avoient interêt que leur navire fut perdu, s'étoient mis dans la chaloupe avec les meilleurs Matelots, & avoient planté là les passagers avec le reste de l'équipage, en attendant qu'ils les vinssent reprendre avec un bâtiment qu'ils étoient aller chercher à une de leurs Isles sous le Vent, dont ils n'étoient pas éloignez de plus de soixante à soixante-dix lieües. Ceux qui étoient sur l'Isle les attendoient à tous momens, & nous avoient pris d'abord pour leurs Compatriotes, qui venoient à leur secours. Cet avis fit que Daniel mit tout en état pour enlever le bâtiment qu'on attendoit. Il fit conduire à bord de la barque les deux Dames avec leurs Esclaves, leurs coffres, & tout ce qu'el-

Q ij

1705.

les avoient pû faire retirer du vaisseau échoué; il leur donna sa chambre, & les traita, aussi-bien que tout son équipage, avec beaucoup d'honnêteté & même de respect. Elles me firent present de deux Bagues d'or à charnieres. On travaille en perfection à ces sortes d'ouvrages à la Barbade. Ces bagues sont composées de petits morceaux de charnieres doubles, travaillées si delicatement, que quand elles sont au doigt, on diroit qu'elles sont d'un seul cercle entier; & dès qu'on les en tire, elles se ramassent en un petit paquet gros comme la quatriéme partie d'une noisette.

Bagues à charnieres.

J'avois reçu tant d'honnêtetez à la Barbade & autres Isles Angloises, où je m'étois trouvé, que je fus ravi de trouver l'occasion d'en marquer ma reconnoissance à ces Dames par tous les services que je pûs leur rendre. J'engageai Daniel à leur promettre de les mettre à terre à S. Christophe, ou à quelques autres de leurs Isles, sans les conduire chez nous, & à leur rendre leurs Esclaves. Le prix en fut fixé, & on promit de se contenter de leur promesse, s'il arrivoit qu'on fut obligé de les mettre à terre dans un lieu où elles n'eussent pas de credit; de sorte qu'elles eurent lieu de se loüer de la politesse de nos Flibustiers. Elles descendoient à terre quand elles vouloient, & étoient servies & obéïes à peu près comme chez elles.

On visita le bâtiment échoué, & on travailla aussi-tôt à le décharger; car nos gens se mirent en tête de le relever, parce qu'il étoit neuf, percé pour 36. pieces, & qu'il en avoit actuellement 24. L'on disoit que l'eau qui y étoit jusqu'à moitié de la grande écontille, étoit entrée par dehors, & qu'assurément le fond étoit sain. On ôta les peroquets & les huniers, que l'on trouva encore entiers & de bout, les Anglois s'étant contentez de desenverguer les voiles pour faire des tentes. On ôta le canon, les ancres, & généralement tout ce qu'on en put tirer, & tout étoit porté à terre, & rangé comme dans un Magazin. Je n'ai jamais vû travailler de meilleure grace. Nos prisonniers s'y emploïoient à l'envi de nos gens. On faisoit grande chere; & dès qu'on eut tiré du fond de calle quelques pipes de vin de Madere, & de Canarie, avec force cidre & bierre en barique & en bouteilles, c'étoit un plaisir de voir tout le monde boire, manger & travailler; mais dès que la nuit étoit venuë, Daniel faisoit rembarquer tout son monde avec ses deux Dames, & laissoit sur l'Isle le reste de ses prisonniers sous des tentes qu'ils avoient fait avec leurs voiles.

Le Lundi 12. nôtre Vigie, c'est-à-dire celui qui étoit en Sentinelle au haut de nôtre mast, cria qu'il voïoit une voile; il étoit environ neuf heures du matin, & nous achevions de déjeûner. Aussi-tôt tout le monde fut à bord; on offrit aux Dames de les laisser à terre, avec promesse de les venir reprendre dès qu'on auroit vû de quoi il s'agissoit. Elles aimerent mieux courir les risques de se trouver à un combat, que de demeurer sur l'Isle. On les fit descendre à fond de calle, où il y a moins de danger. Nous reconnûmes que c'étoit une barque, & nous vîmes bien que c'étoit ce que nous attendions; il étoit de l'honnêteté d'aller au devant de ces gens-là, quand ce n'auroit été que pour leur montrer le moüillage. Nous portâmes dessus, en leur gagnant le vent, en moins de trois horloges nous fûmes à bord, & il ne nous en coûta que deux coups de fusil pour les faire amener. C'étoit une bonne grande barque, qui avoit huit canons, & vingt hommes d'équipage. Le Capitaine

Prise d'une barque Angloise.

du vaisseau échoüé la commandoit ; il nous dit qu'il avoit une caiche avec lui, dont il s'étoit efflotté pendant la nuit, mais qu'elle ne pouvoit pas tarder à paroître. On fit passer 15. de nos nouveaux hostes sur nôtre barque, & on mit vingt des nôtres sur la prise, & l'on l'envoia à l'Isle d'où nous étions partis. Cependant la caiche parut plûtôt que nous ne souhaitions, car nous ne voulions pas qu'elle découvrit deux bâtimens au lieu d'un, avec lequel elle étoit partie. Le malheur nous en voulut, elle nous vit tous les deux, & se doutant bien de ce qui étoit arrivé, elle ne se fit pas prier pour faire vent arriere. On ne jugea pas à propos de lui donner chasse, non pas que nous doutassions de la prendre, cela étoit certain, mais parce que nous aurions été trop avaut le vent, & eu par consequent trop de peine à remonter.

La caiche n'a que deux mâts droits, & un beaupré ; le grand a deux voiles quarrées, c'est-à-dire, la grande & un hunier, avec un artimon sans peroquet de fougue. Ces sortes de bâtimens, comme il est facile de le voir par cette description, ne sont bons que vent arriere; ils ne servent d'ordinaire que pour la charge. J'ai pourtant vû une caiche que nos Flibuſtiers avoient armé en courſe, qui n'a pas laiſſé de faire un bon nombre de priſes; parce que les bâtimens ne s'en défiant point, la laiſſoient approcher, ne pouvant croire qu'on eut armé une ſemblable charette, & étoient ainſi les dupes de leur erreur.

Nous revînmes moüiller auprès de nôtre navire échoüé ſur les ſix heures du ſoir; nous mîmes ſur l'Iſle les nouveaux venus, & dès le lendemain matin on ſe remit à travailler de toutes ſes forces à achever de décharger le navire, afin de le redreſſer, mais ce fut inutilement; car après qu'il fut redreſſé, on reconnut qu'il étoit crevé, & la quille rompuë; en un mot, il étoit trop incommodé, pour être rajuſté, & ainſi bien du travail perdu, & bien des plaintes contre ceux qui avoient prétendu qu'il pouvoit être remis à flot: cependant on le vuida entierement. Son leſt étoit preſque tout de plomb en plaques & en ſaumons, & d'eſtain. Nous deleſtâmes nos deux barques; & au lieu de cailloux, nous les leſtâmes de ces métaux avec quelques barils d'acier en verge, du fer en barres, & des barils de ferremens. On avoit étendu ſur le ſable les étoffes & les toiles moüillées de l'eau de la mer, pour les sécher un peu, car à moins de les bien laver en eau douce, elles ne séchent jamais entierement. On chargea cependant nôtre prise de tout ce qu'on y put mettre, viandes salées, vin de Madere & de Canarie, bierre & cidre, l'étain & fer travaillé, cordages, toiles à voiles, caisses de chapeaux, & autres semblables choses; & quand elle fut remplie à morte charge, l'Isle paroissoit encore toute couverte de marchandises.

Le Jeudi 15. nous apperçûmes au point du jour nôtre caiche environ à une lieüe de nous ; on mit pavillon Anglois à nos deux barques, & on la laissa approcher. Elle vint tranquillement mouiller auprès de celle qui étoit partie avec elle de Saint Christophle. Celui qui la commandoit s'étoit mis en tête, que les deux bâtimens qu'il avoit vû étoient amis, puisqu'on ne lui avoit pas donné chasse, & sur ce beau préjugé il avoit fait depuis trois jours bordées sur bordées, pour se venir faire prendre. Ses compatriotes le penserent desesperer à force de se moquer de lui, pendant que nous le remercions de la peine qu'il avoit pris, de venir nous aider à transporter nos marchandises ; & effectivement nous lui étions obligez, car sans lui il falloit en

Prise d'un Caiche.

laisser la plus grande partie à terre, à la garde des oiseaux, dont cette Isle est quelquefois toute couverte.

Cette nouvelle prise fit prendre d'autres mesures à nos gens ; ils avoient resolu d'aller en droiture à Saint Christophle mettre nos deux Dames à terre, & recevoir, si cela étoit possible, l'argent dont on étoit convenu avec elles, pour le prix de leurs Esclaves. Ils demanderent au Capitaine de la barque & de la caiche, s'ils vouloient racheter ce dernier bâtiment avec tout ce dont on le pourroit charger; ils en convinrent, mais comme ils n'avoient pas de credit à Saint Christophle, & que nos gens ne vouloient point aller à Niéves, ni à Antigues, ils resolurent d'aller à Saint Thomas, où ils étoient bien sûrs de vendre leur caiche & sa charge, si les deux Capitaines ne trouvoient pas là du credit, pour payer la somme dont on étoit convenu avec eux.

Cependant nous donnâmes un couroi à nôtre barque, & nous chargeâmes la caiche ; on y mit jusqu'aux mâts, vergues, canons, affuts, & marchandises, dont nous ne pouvions, ou dont nous ne jugeâmes pas à propos de nous charger. Daniel mit dans la sienne ce qu'il y avoit

Françoises de l'Amerique. 371

1703.

de meilleur dans le vaisseau échoüé, comme argenterie, franges & galons d'or, dentelles, rubans, toiles fines, bas de soie & d'estame, satins, étoffes des Indes, brocards, draps d'écarlatte, & autres, sans compter ce que nos gens jugerent à propos de s'approprier comme pillage. Ils s'équiperent de chapeaux, plumets, peruques, bas, rubans, & autres nippes d'une maniere la plus plaisante du monde. C'étoit un plaisir de les voir en castor bordé avec un plumet magnifique, une peruque, & un grand ruban or & soie au col d'une chemise bleüe ou raiée, avec un calçon gaudronné sans juste-au-corps, bas, ni souliers. Ce n'est pas qu'ils n'eussent pû s'accommoder plus regulierement ; mais l'usage établi parmi eux, est d'avoir toûjours leurs habillemens dépareillez. J'en ai vû souvent à la Martinique, & autre part aller dans les ruës avec un juste-au corps galonné, un chapeau bordé & un plumet, sans bas, ni soulier ; d'autrefois des souliers sans bas, ou des bas sans souliers.

Ajustemens des Flibustiers.

Nous sçûmes par les Negres qu'on avoit enterré quelques caisses de marchandises fines, & de l'argenterie dans un endroit de l'Isle. Sur cette découverte on resolut de confronter la facture

Q vj

372 *Nouveaux Voyages aux Isles*

1705. du vaisseau avec l'inventaire de ce qu'on avoit trouvé ; & comme il se trouvoit de manque beaucoup de choses de prix, nôtre Quartier-maître dit à l'Ecrivain du vaisseau, que s'il ne faisoit pas trouver ce qui manquoit, on lui donneroit la gêne à la maniere de la Flibuste. La peur lui fit tout découvrir, & on en profita.

Enfin nôtre grosse barque, & la caiche étant chargées, & aiant pris dans la nôtre tout ce qu'on y pouvoit mettre, sans être hors d'état de combattre, nous fîmes partir nôtre grosse barque pour la Martinique ; on y mit dix Flibustiers & quatre Anglois pour la conduire. On mit quatorze François & six Anglois sur la caiche, & tous bien munis de viandes salées, de tortuës en vie & boucannées, de vins de Madere & de Canarie, de cidre & de bierre. Nous mîmes à la voile le Mercredi 28. Janvier sur les neuf heures du matin, laissant le vaisseau & quantité de choses, dont on pouvoit s'accommoder, pour ceux qui pourroient y venir après nous.

Depart des Isles d'Aves.

Nous prîmes la route de l'Isle à Crabes, pour y laver nos étoffes & nos toiles, & les y faire sécher avant d'aller à Saint Thomas, où nous n'eussions pas eu la même commodité, parce qu'il n'y a point de rivieres, au lieu que l'Isle à Crabes en est très-bien pourvûë. Il ne se passa rien dans cette petite traversée; nôtre caiche pesante & trop chargée nous obligeoit d'avoir toûjours nôtre grande voile à mi mast. Pour surcroît de malheur, nous eûmes 15. à 16. heures de calme par le travers de Sainte Croix; de sorte que nous ne mouillâmes à Boriquen, ou l'Isle à Crabes, que le Samedi dernier jour de Janvier, sur le midi.

Mais avant de m'éloigner davantage de l'Isle d'Aves, il est juste d'en dire ce que j'en sçai, je m'y suis assez promené pour la connoître; car, excepté l'équipage Anglois qui y a demeuré onze jours plus que moi, je doute qu'il y ait des François qui y aient fait un plus long séjour, & qui s'y soient moins ennuiez que moi.

Cette Isle qui est par les quinze degrez & demi de latitude Septentrionale, n'a pas plus de deux lieües en tout, ou au plus trois lieües de tour. Elle a à l'Ouest & au Nord-Ouest deux Islets où je n'ai pas été, qui en sont éloignez de cinq à six cens pas, qui ne m'ont paru que comme des rochers steriles, couverts & tous blancs des ordures des oiseaux qui s'y retirent. A la vûë ils peu-

Description de l'Isle d'Aves.

vent avoir un quart de lieüe de tour. Ils sont joints à l'Isle par des hauts fonds, parsemez de brisans, qui se decouvrent de Basse-Mer, qui sont remplis de Coquillages & de Gengembre, c'est-à-dire, de petits morceaux de chaux, arrachez du fond de la mer, dont la superficie est devenuë unie, à force d'être roulez par les lames sur les roches du bord de la mer. Quoique cette Isle, qui est beaucoup plus longue que large, ne paroisse de loin que comme un banc de sable, presque de niveau avec la superface de l'eau; elle paroit toute autre chose, lorsqu'on est dessus. Je ne l'ai pas mesurée, & cependant je suis sûr que son milieu est plus de huit toises au dessus du bord de la mer; il y a des rechifs à l'Est, & au Nord-Est, qui avancent considerablement dans la mer; le reste m'a paru assez sain. Nous étions moüillez au Sud-Ouest à demi-portée de pistolet de terre, sur trois brasses & demie de fond de sable blanc.

Le terrain de cette Isle est sablonneux presque par tout; son milieu est mêlé de pierres, & d'une terre grise, que les ordures des oiseaux engraissent continuellement; ils étoient si fiers dans les commencemens, qu'à peine se vouloient-ils donner la peine de se remuër de leurs places pour nous laisser passer ; à force de les frequenter, & de les corriger, ils devinrent plus polis, & nous avions à la fin besoin du fusil, pour nous familiariser avec eux, au lieu que le bâton, ou les pierres suffisoient dans les premiers jours. Il est inutile de chercher sur ce rocher des ruisseaux ou des fontaines, ou des mares pour conserver les eaux de pluie, tout cela y manque absolument; quoique en échange il y ait plusieurs mares & petits étangs d'eau salée, ou plus de demi salée, qui servent de retraites à une infinité de gibier de mer. Je crois pourtant que si on fouilloit à cent cinquante, ou deux cens pas du bord de la mer, on pourroit faire des puits dont l'eau seroit potable ; cependant il faut avoüer que ceux qui se laissent mourir de soif dans de semblables endroits, sont de vrais innocens ; puisqu'il est certain, qu'on trouve par tout de l'eau bonne à boire. Voici le moïen de n'en pas manquer : faite avec la main ou une pelle un trou dans le sable, cinq ou six pieds au dessus de l'endroit où vous présumez que les plus grosses lames ne couvrent pas le terrain ; vous n'aurez pas creusé huit dix ou douze poûces, que vous trouverez l'eau ; prenez cette premiere

Moïen de trouver de l'eau douce.

eau en diligence, vous la trouverez parfaitement douce, & si vous vous donnez la patience de la laisser reposer dans un vase, pour donner le loisir au sable qui y étoit mêlé de tomber au fond, vous aurez de parfaitement belle & bonne eau; mais il ne faut pas s'attendre que ce petit puits vous en fournira long-tems ; en moins d'un quart d'heure vous y voiez l'eau croître à vûe d'œil, & devenir salée en même tems. Cet inconvénient qu'on ne peut éviter, est compensé par la facilité & le peu de dépense qu'il y a à faire ces puits, on en est quitte pour boucher celui dont on s'est servi, & en faire un nouveau chaque fois qu'on en a besoin. Ceux qui aiment la magnificence, trouveront à se contenter là-dedans, puisqu'ils pourront se vanter de ne s'être jamais servi de la même fontaine deux fois.

Les Phisiciens voïent tout d'un coup la raison du changement qui arrive à cette eau ; mais comme tout le monde n'est pas Phisicien, il faut l'expliquer à ceux qui ne la sçavent pas, après les avoir assuré que ce que j'avance ici, n'est pas une speculation Metaphisique, mais un fait réel & constant, dont j'ai fait plusieurs fois l'expérience.

Tout le monde sçait que l'eau douce est beaucoup plus legere que l'eau de la mer, parce que celle-ci est chargée de quantité de parties étrangeres, qui ne se trouvent point dans la premiere. C'est cette plus grande pesanteur qui fait qu'un vaisseau qui est à flot dans la mer, couleroit bas dans une eau douce, parce que le volume d'eau, dont il occupe la place dans l'eau salée, est plus pesant que le même volume d'eau douce ; & qu'on se soûtient plus facilement en nageant dans la mer que dans une riviere : or l'eau de pluie qui a passé au travers du sable, sur lequel elle est tombée, trouvant l'eau salée, se soûtient aisément au dessus d'elle, parce qu'elle est beaucoup moins pesante, & cette legereté l'empêchant en même tems de se mêler, il est clair qu'elle doit conserver sa douceur ; à peu près comme l'huile se conserve au dessus des autres liqueurs qui sont plus pesantes qu'elle, sans se mêler avec elles, ni se charger de leurs qualitez. Je sçai qu'on me peut faire quelques objections là-dessus ; mais outre que la digression que je ferois pour y répondre m'empêcheroit de suivre le fil de mon journal, & ennuiroit peut-être mon Lecteur, je croi en avoir dit assez pour mettre les gens au fait de la question, & leur faire voir, que quand on a enlevé l'eau douce, celle qui est salée s'éleve aussi-tôt, pour remplir la place que la douce occupoit, & remettre ainsi l'équilibre, & le niveau qui doit être entre elle & la surface de la mer.

Si Serrano avoit sçu ce secret, il n'auroit pas eu tant de peine à subsister sur son rocher, & il n'auroit pas été obligé de boire du sang de Tortuë, pour se desalterer.

Il ne faut pas s'imaginer que l'Isle d'Aves ne soit qu'un rocher pelé, ou entierement couvert de sable; il y a des arbrisseaux en quantité, & même des goyaviers, des corossoliers & des cachimans, petits, à la verité, & mal faits, parce qu'ils ne trouvent pas beaucoup de fond & de nourriture. Si on y trouve dans la suite des orangers, & des citroniers, je suis bien aise d'avertir le public que c'est à moi qu'il en aura obligation, parce que j'ai semé quantité de graines de ces deux fruits dans beaucoup d'endroits qui pourront être d'un grand soulagement à ceux que la providence y conduira. Quant aux arbres Fruitiers que je viens de nommer, il faut que ce soit les oiseaux, qui après avoir mangé ces fruits dans les Isles voisines, en ont rendu les graines avec leurs excremens sur celle-ci, où elles ont germé, crû & porté des fruits. De cette maniere le bois ne nous manquoit pas, & avant que l'on eut reconnu & jugé que le navire échoué étoit hors d'état de pouvoir servir, nous ne nous servions point d'autre bois pour la cuisine que de celui que nous coupions sur l'Isle, dont nous faisions une grosse consommation, parce que nous faisions une fort grosse cuisine ; car sans compter le cuisinier de nôtre barque, & celui du navire, & leurs aides, nos deux Dames qui avoient pris la surintendence de tout ce qui regardoit la bouche, faisoient des merveilles, & empêchoient bien leurs Esclaves d'oublier aucun des ragoûts qu'ils avoient vû faire à la Barbade ; en un mot, elles nous faisoient faire grande chere, & cela produisoit des effets merveilleux ; car tout le monde travailloit sans chagrin, on avoit des complaisances infinies pour elles, & à peine y avoit-t-il quelqu'un parmi nous qui pensât que nous étions au milieu de la mer sur une Isle deserte.

Les Tortües franches, dont la chair est si delicate, ne nous ont jamais manqué. Nous en consommions beaucoup tous les jours ; nous en avons emporté en partant une bonne provision tant en vie, que salée & boucannée ; & cependant il ne paroissoit pas d'un jour à l'autre que le nombre de celles qui venoient ou pondre ou marquer leur places, diminua. Nos gens prirent quelques carets, & me firent presens de beaucoup de feüilles ; je les envoiai en France pour les faire travailler ; un Corsaire incivile les porta en Angleterre, où je ne les envoïois pas, & d'où elles ne me sont pas revenuës.

J'enseignai à nos Surintendantes à faire des boucans de Tortuë comme je l'avois appris au grand Cul de Sac de la Guadeloupe. En échange elles m'apprirent à faire cuire une poitrine de bœuf d'Irlande à la maniere Angloise, des pâtez en pot, des boudins de Tortuë, & je ne sçai combien de ragouts, dont je pourrois faire un volume entier ; & qui sçait si la demangâison ne me prendra pas de faire imprimer à la suite de ces Memoires: *Le Cuisinier Anglois Ameriquain*, avec la maniere de servir une table de cent vingt-cinq couverts dans une Isle deserte, magnifiquement, & sans dépense.

De crainte que les Anglois ne nous ravissent l'honneur d'une invention de cuisine, dans laquelle nôtre nation a eu la meilleure part, je la vais écrire ici: c'est un Mouton en robe de chambre. Je voi bien qu'on me va reprocher que l'invention en est dûe aux Sauvages, ou que ce n'est qu'une imitation du boucan de Tortuë; qu'importe: il s'agit de la décrire ici, en faveur de ceux qui en voudront faire l'expérience, & qui parviendront peut-être à la porter à une plus haute perfection. On prit un Mouton, & après l'avoir saigné, on lui ouvrit le ventre, on le vuida, & puis promptement on le remplisit de sa fressure hâchée bien menuë avec du lard, de l'oignon, des épiceries, du jus de citron, quelques canards sauvages coupez par morceaux, des aloüettes de Mer, & autres gibiers semblables, tant qu'il en pût tenir; après quoi la peau fut bien proprement recousuë. Quand je dis la peau il ne faut se tromper, c'est celle où est la laine dont je parle; ainsi tout habillé on le coucha dans le fond d'une fosse, qui avoit été bien échauffée par le bois que l'on y avoit fait brûler; il fut couvert du sable brûlant des environs, & de charbon, & au bout de deux heures de tems la laine avoit fait une croute noire sur la peau; il fut facile de l'en détacher ; on ouvrit enfuite le Mouton, & affurément c'étoit un manger delicieux.

Je n'ai jamais vû une plus grande quantité d'oifeaux de mer, ou d'eau douce qu'on en trouve fur cet Iflet. Je m'étois imaginé qu'il falloit de l'eau douce pour toutes ces efpeces d'oifeaux ; ce que j'ai vû aux Ifles d'Aves m'a détrompé, à moins qu'on ne veuille dire que les oifeaux ceffent d'être délicats, quand ils ne trouvent pas à fatisfaire leur delicateffe, & qu'ils fe fervent d'eau falée, ou faumatre quand ils manquent d'eau douce. En effet j'y ai tué des Pluviers, des Vingeons, des Chevaliers, des Poules d'eau de toutes les fortes qui font bonnes à manger, & que l'on trouve ordinairement dans nos Ifles, dans les lieux marécageux.

Outre ces efpeces, il y en avoit quantité d'autres, que je n'avois pas vû de fi près.

On y trouve des Flamands, des grands Gofiers, des Mauves, des Fuftu-en-cul; c'eft le lieu où les Fregates & les Fous viennent pondre, & élever leurs petits.

Les Flamands que le Pere du Tertre appelle Flambans, font des oifeaux fort hauts montez ; quoiqu'ils ne le foient pas à beaucoup près tant que le dit mon Confrere; il est certain qu'ils le sont beaucoup pour leur grosseur, qui n'excede pas celle d'une Poule d'Inde ordinaire. Il est vrai que je ne les ai pas mesuré, mais je suis sûr que des pieds à la tête, ils n'ont pas plus de quatre pieds de hauteur; ils ont les pieds & les cuisses toutes rouges ; presque toutes leurs plumes des aîles, du dos & du ventre, sont de la même couleur, & très-vive ; leur col est grêle, & la tête est petite ; mais elle est armée d'un bec long, assez gros, arcqué & fort dur, qui leur sert à chercher dans le sable & dans les marécages les vers, les petites crabes, les poissons, & les insectes qui s'y trouvent ; ils boivent à merveilles de l'eau salée ; ils sont extrémement deffians ; & lorsqu'ils sont à chercher leur nourriture, il y en a toûjours un qui fait le guet, & qui avertit par un cri ses Camarades dès qu'il apperçoit la moindre chose qui lui donne de l'ombrage, & aussi-tôt il s'envole & tous les autres le suivent ; ils sont toûjours en troupe, & lorsqu'ils sont à terre, ils se rangent de file, les jeunes & les vieux entremêlez. Les jeunes ont le plumage gris-clair ; ce n'est qu'en croissant & avançant en âge qu'ils deviennent

1705.

Oiseaux appellez Flamands.

rouges. On me montra quantité de leurs nids, ils ressemblent à des cones tronquez, composez de terre grasse, d'environ dix-huit à vingt poûces de hauteur, sur autant de diametre par le bas, ils les font toûjours dans l'eau, c'est-à-dire dans des mares, ou des marécages. Ces cones sont solides jusqu'à la hauteur de l'eau, & ensuite vuides comme un pot avec un trou en haut. C'est-là dedans qu'ils pondent deux œufs qu'ils couvent, en s'appuïant contre, & couvrant le trou avec leur queüe. J'en ai rompu quelques-uns sans y trouver ni plumes, ni herbe, ni aucune chose pour reposer les œufs ; Le fond est un peu concave, & les parois fort unis ; mais j'ai eu le malheur de n'y trouver ni œufs, ni petits.

Ces oiseaux ne se laissent approcher que très-difficilement ; il faut se cacher dans des broussailles, pour les tirer quand ils viennent à terre. Nos gens en tuerent quelques-uns, & trouvoient leur chair bonne. J'en ai mangé, elle sent un peu le marécage ; les jeunes sont meilleurs que les vieux, parce qu'ils sont plus tendres. Je souhaitois fort d'en avoir de jeunes pour les apprivoiser ; car on en vient à bout, & j'en avois vû de fort

fort familiers chez le Gouverneur de la Martinique. Je fis des lacets que j'attachai à des piquets que j'avois fait enfoncer dans des marécages, où il y avoit de leurs anciens nids, & où ils venoient chercher leur nourriture. Je fis jetter aux environs tous les petits poissons que nous prenions à la senne, & ma ruse me réussit, j'en pris plusieurs. Quand ils avoient une fois passé leurs larges pates dans le nœud coulant, il n'y avoit plus moïen de s'en dedire; ils vouloient s'envoler, mais il falloit demeurer. Ce n'étoit pourtant pas tout achevé, les vieux se deffendoient à grands coups de bec; & lorsqu'on leur avoit saisi la tête, & amarré le bec, ils égratignoient à merveille avec leurs griffes, dont leurs pieds, quoique faits en pates d'Oye, sont bien armez. Nous fismes tout ce que nous pûmes, pour leur faire entendre raison, il n'y eut jamais moïen de les faire ni boire, ni manger, ni les empêcher de donner des coups de bec, ou d'égratigner dès qu'ils se trouvoient en état de le faire. A la fin nous les tuâmes, & nous les mangeâmes. Leur langue vaut mieux que tout le reste du corps, non par sa grandeur, mais par sa tendreté, & par sa delicatesse. Si jamais je me rencontre en lieu où il y ait des Flamands, je ne manquerai pas d'éprouver, si les langues des femelles sont meilleures que celles des mâles, comme bien des gens le prétendent. A l'égard des jeunes que nous prîmes, ils furent plus sages que leurs peres & meres ; en moins de quatre ou cinq jours ils venoient manger dans ma main ; cependant je les tenois toûjours attachez, sans me fier trop à eux ; car un qui s'étoit détaché, s'enfuit vîte comme un liévre, & mon chien eut de la peine à l'arrêter. J'avois eu la précaution de lui couper les grosses plumes d'une aîle, afin qu'il ne put pas s'élever de terre, sans cela il étoit perdu pour moi ; on étoit obligé de leur donner de l'eau salée à boire. Il m'en restoit deux quand j'arrivai à la Guadeloupe, dont je fis present à un de mes amis qui s'en alloit en France. C'est assurément un des plus beaux oiseaux que l'on puisse voir ; outre les grosses & les moyennes plumes dont il est couvert, il en a de très-petites en maniere de duvet très-fin & assez long, aussi doux, & aussi chaud que les peaux de Cigne ; on s'en sert aux mêmes usages. La couleur rouge & vive des Flamands, doit, ce me semble, les faire préferer aux Cignes.

Le Grand Gosier, ou Pelican de l'Amerique, est un oiseau fort approchant de nos Oyes d'Europe pour la taille, la grosseur, les pattes, la demarche, & la pesanteur; il a la tête applatie des deux côtez, & fort grosse, & telle qu'il convient pour porter un bec de deux à trois pouces de large, sur un pied & demi ou environ de longueur; la partie superieure est osseuse, & toute d'une piece; l'inferieure est composée de deux pieces qui s'unissent par une de leurs extrémitez au bout du bec, dans un fort cartilage, & dont les deux autres, comme des mâchoires, s'emboitent dans la partie superieure, où est le centre de leur mouvement. La partie inferieure & la superieure sont garnies de petites dents en forme de scie, fort menuës & tranchantes; le vuide que les deux parties de la mâchoire inferieure laissent entre-elles, sert à soûtenir l'orifice d'un sac qui y est attaché tout autour, & qui tombe sur l'estomach de l'oiseau, où il est encore attaché, & le long du col, par de petits ligamens; afin qu'il n'aille point d'un côté & d'autre. Ce sac est composé d'une membrane épaisse, grasse, & assez charnuë, souple, & qui s'étend comme un cuir. Il n'est point couvert de plumes, mais d'un petit poil

Oiseau appellé Grand Gosier.

R ij

extrêmement court, fin, doux comme du satin, d'un beau gris de perle, avec des pointes, des lignes, & des ondes de differentes teintes, qui font un très bel effet. Lorsque ce sac est vuide, il ne paroît pas beaucoup; mais quand l'oiseau trouve une pêche abondante, il est surprenant de voir la quantité & la grandeur des poissons qu'il y fait entrer; car la premiere chose qu'il fait en pêchant, est de remplir son sac, après quoi il avalle ce qu'il juge à propos; & quand la faim commence à le presser, il retourne le remplir.

Cet oiseau a les aîles fortes, garnies de grosses plumes, couleur de cendre, aussi-bien que toutes les autres qui lui couvrent le corps. Il a les yeux beaucoup trop petits par rapport à sa tête, l'air triste & mélancolique, aussi lent, pesant, & paresseux à se remuer, que le Flamand est vif & allerte. Ils pondent sans façon à plate terre, & couvent ainsi leurs œufs. J'en ai trouvé jusqu'à cinq sous une femelle, qui ne se donnoit pas la peine de se lever, pour me laisser passer; elle se contentoit de me donner quelques coups de bec, & de crier quand je la frappois pour l'obliger de quitter ses œufs.

On voit aſſez par la deſcription que je viens de faire de ces oiſeaux, qu'ils ſont peſans au vol, & qu'ils ont de la peine à quitter la terre, & à s'élever dans l'air. Ils le font pourtant, car autrement ils mouroient de faim ; & comme ils ſont grands mangeurs, il faut malgré eux qu'ils travaillent. Lorſqu'ils ſe ſont élevez à quatre ou cinq toiſes au deſſus de la mer, ils panchent la tête de côté ; & dez qu'ils apperçoivent un poiſſon, ils fondent deſſus comme un trait, le prenent, & l'engloutiſſent, & auſſi-tôt ſe relevent en l'air, quoiqu'avec peine, & recommencent à quêter. Ils vont ſe repoſer à terre quand leur ſac eſt rempli, avalent à loiſir ce qu'ils y ont mis ; & lorſque la nuit s'approche, ou que la faim les preſſe, ils retournent à la pêche. Ils nourriſſent leurs petits en dégorgeant dans leur bec le poiſſon qu'ils ont dans leur ſac.

La chair de ces oiſeaux eſt dure, & ſent l'huile & le poiſſon pourri. Cela vient apparament de ce qu'ils ne font pas aſſez d'exercice, pour conſommer les cruditez qui leur reſtent dans l'eſtomach, & qui s'y putrifient. Les Flamands qui vivent de poiſſon comme eux ſont bien meilleurs.

R iij

Qui croiroit que ces grosses bêtes avec leurs larges pates d'Oye s'avisassent d'aller prendre leur repos, perchées sur des branches d'arbres, comme les oiseaux les plus legers, & les plus propres? Cela est pourtant ainsi ; elles passent tout le jour, hors le tems de leur pêche, à terre dans un profond repos, ensevelies, selon les apparences, dans le sommeil, la tête appuiée sur leur long & large bec qui porte à terre, & ne changent de situation que quand la nuit s'approche, ou que la faim les avertit qu'il faut aller remplir leur magasin. Après que cela est fait, elles se plantent sur une bonne branche d'arbre, & y passent tranquillement la nuit.

Cependant malgré leur grossiéreté & leur pesanteur, on est assuré par plusieurs experiences que les grands Gosiers sont capables d'instruction. Mon Confrere le Pere Raimond, Breton, rapporte dans son Dictionnaire Caraïbe, qu'il en a vû un chez les Sauvages, si privé & si bien instruit, qu'après qu'il avoit été rocoüé, c'est-à-dire, peint de rouge, le matin, il s'en alloit à la pêche, d'où il revenoit le soir sa besace bien garnie. Ses Maîtres lui faisoient rendre ce qu'il avoit de trop, & s'en servoient pour leur nourriture. C'étoit peut-être par ce regime qu'ils l'avoient rendu un peu plus spirituel, & plus disciplinable. Je m'en serois chargé de quelques-uns, car il y en avoit quantité de jeunes sur nôtre Islet ; mais comment nourrir des gens de si grand appetit ; car à peine un pêcheur auroit-il suffi, pour entretenir la table d'un seul ; car de compter que les instructions que j'aurois dû lui donner, l'auroient rendu aussi obéïssant & aussi traitable que celui des Caraïbes, c'est que je ne devois pas esperer ; outre que j'avois bien d'autres gens à instruire que des grands Gosiers, je ne demeurois pas dans un endroit assez commode pour la pêche. Je me contentai d'en prendre deux petits, que j'attachai avec une corde par un pied à un piquet, où j'eus le plaisir pendant quelques jours de voir leur mere qui les nourrissoit, & qui demeuroit tout le jour avec eux, & qui passoit la nuit sur une branche au dessus de leur tête ; car ils ne pouvoient pas encore voler assez, pour se percher. Ils étoient devenus tous trois si familiers, qu'ils souffroient que je les touchasse, & les jeunes prenoient fort gracieusement les petits poissons que je leur présentois, qu'ils mettoient d'abord dans

1705. leur havresac. Je croi que je me serois déterminé à les emporter, si leur malpropreté ne m'en avoit empêché; ils sont plus sales que les Oyes & les Canards; & on peut dire que toute leur vie est partagée en trois tems, chercher leur nourriture, dormir, & faire à tous momens des tas d'ordures, larges comme la main.

Nos gens en tuerent beaucoup, non pas pour les manger, comme on le peut croire, nous n'étions pas assez affamez pour cela, mais pour avoir leurs Blagues, c'est ainsi qu'on appelle le sac dans lequel ils mettent leur poisson. Tous nos fumeurs s'en servent pour mettre leur tabac haché; on s'en sert encore pour mettre de l'argent, & je croi que c'est delà que sont venuës ces sacs de soie, travaillez à l'aiguille à plain, & à jour, dont on se sert en bien des endroits en guise de bourses, pour serrer l'argent. On étend les blagues dès qu'on les a tiré du col de l'oiseau, & on les saupoudre de sel, battu avec de la cendre, ou avec de l'alun, quand on en a, afin de consumer la graisse, dont la membrane est revêtuë, après quoi on les frotte entre les mains avec un peu d'huile, pour les étendre, & les rendre maniables.

Blagues de Grands Gosiers.

Quand on a la commodité, on les passe comme les peaux d'Agneau, & elles sont bien plus belles, & plus douces. Elles deviennent de l'épaisseur d'un bon parchemin, mais extrémement souples, douces & maniables. Les femmes Espagnoles les brodent d'or & de soie d'une maniere très-fine, & très-delicate. J'ai vû de ces ouvrages qui étoient d'une grande beauté.

Il n'y a pas d'oiseau au monde qui vole plus haut, plus long-tems, plus aisément, & qui s'éloigne plus des terres, que celui que je vais d'écrire. Les Aigles qu'on regarde comme les Rois des oiseaux & de l'air, sont des vraies tortuës en comparaison. On l'appelle Fregate à cause de la ressemblance que lui donne la legereté de son vol avec la vîtesse des vaisseaux qui portent ce nom, qui communément sont les meilleurs voiliers de la mer. On trouve cet oiseau au milieu de la mer, à trois & quatre cens lieües des terres, ce qui marque en lui une force prodigieuse, & une legereté surprenante ; car il ne faut pas penser qu'il se repose sur l'eau comme les oiseaux aquatiques, il y periroit s'il y étoit une fois. Outre qu'il n'a pas les pates disposées pour nager, ses aîles sont

Oiseaux appellez Fregates.

si grandes, & ont besoin d'un si grand espace pour lui donner le mouvement necessaire pour s'élever, qu'il ne feroit que battre l'eau, se moüiller, se fatiguer, & se mettre hors d'état de sortir jamais de la mer, où il ne manqueroit pas d'être bient-tôt la proye de quelque poisson : d'où il faut conclure, que quand on le trouve à trois ou quatre cens lieües des terres, il faut qu'il fasse sept ou huit cens lieües avant de pouvoir se reposer. Il est vrai qu'il vole d'une maniere tout à fait aisée ; ses aîles étenduës, & sans aucun mouvement sensible, le soûtiennent suffisamment, sans qu'il soit obligé de battre l'air, ce qu'il ne pourroit pas faire sans se fatiguer beaucoup, & sans avoir besoin de venir prendre de tems en tems du repos à terre. Le grand éloignement où on le trouve de toute terre, fait voir que ce soulagement lui est peu necessaire, & qu'il peut se soûtenir plusieurs jours dans l'air. Il s'y éleve quelquefois à une telle hauteur, qu'on le perd absolument de vûë. Le Pere du Tertre a pensé que c'étoit pour se garentir de la pluie. Si sa pensée est juste, il faut qu'il s'éleve au dessus de la moïenne Region de l'air, dans cet espace où l'on prétend que les pluïes, les orages, les vents, & les neiges sont inconnuës; mais cet autheur a-t-il pris garde, que pour empêcher cet oiseau d'être un peu moüillé, il le met dans un lieu où l'air est si subtil, qu'il n'est pas propre pour la respiration, & par consequent beaucoup moins pour soûtenir un corps. Je me garderai bien de faire faire de semblables voïages aux Fregates, il faudroit trop de tems pour les faire revenir, & qui les nourriroit dans ces païs inhabitez, elles qui ne vivent que de poisson que l'on ne trouve point dans l'air. Il faut convenir que ces oiseaux volent très-haut, & que souvent on les perd de vûë; mais il n'est pas necessaire pour cela qu'ils aillent se perdre au delà de la moïenne Region de l'air.

Cet oiseau n'est guéres plus gros qu'une poule ; son col & sa tête sont proportionnez à sa grosseur ; il a les yeux noirs & grands, le regard asseuré, la vûë extrémement perçante ; son bec est fort & assez gros ; la partie inferieure est droite, la superieure est un peu arcquée, crochuë par le bout, & pointuë ; ses jambes sont courtes, assez grosses & ramassées, & ses pieds sont armez de griffes crochuës, longues, fortes, & aiguës ; il s'en sert pour prendre les poissons vo-

Description de la Fregatte.

lans, & autres poissons qui sont poursuivis par les Dorades, dont il semble qu'il se sert comme de chiens courans pour faire lever le gibier, sur lequel il fond, & qu'il enleve en rasant la superficie de la mer avec une adresse admirable, sans presque jamais manquer son coup. Les aîles de cet oiseau sont d'une grandeur prodigieuse, par rapport à son corps ; il est ordinaire d'en voir de sept, huit & neuf pieds d'envergure. On me pardonnera ce terme de marine, aussi-bien aurois-je trop de peine à en trouver un autre pour exprimer la distance qu'il y a d'un bout d'une aîle jusqu'au bout de l'autre, quand l'oiseau les tient ouvertes, & toutes étenduës. C'est à la grandeur de ces aîles qu'il doit la facilité qu'il a de se soûtenir si long-tems en l'air ; mais aussi elles l'empêchent de s'élever facilement de terre, à cause de l'espace qu'il lui faut, pour les mettre en mouvement. C'est apparament pour remedier à cet inconvenient qu'il perche, & qu'il descend rarement à terre. Ses plumes du dos & des aîles sont noires, grosses & fortes ; celles qui couvrent l'estomach & les cuisses, sont plus delicates, & moins noires. On en voit dont toutes les plumes sont brunes sur le dos & aux aîles, & grises sous le ventre; on dit que ces dernieres sont les femelles, ou peut-être des jeunes. Outre la noirceur des plumes les mâles ont encore une membrane rouge & boutonnée, à peu-près comme les Coqs d'Inde, qui leur prend jusqu'au milieu du col.

Il y avoit quantité de ces oiseaux à un bout de l'Isle où nous étions. Je cherchai avec soin quelqu'un de leurs nids, sans en trouver, peut-être que ce n'étoit pas la saison, ou qu'ils alloient faire leur ponte dans quelque autre lieu. Il est sûr que si j'en avois trouvé, j'aurois emporté les petits, & je les aurois élevé, & dressé. Avec un attelage de deux Fregates, & une machine à la maniere de Cirano de Bergerac, quels voïages n'aurois-je pas été en état d'entreprendre! Je serai peut-être plus heureux une autre fois. J'en tuai quelques-unes à coups de fusil, pour avoir leur graisse, & j'en apportai un tout entier, dont j'avois tiré la chair, & séché le reste à la fumée. Quoique cette chair sente un peu le poisson, elle ne laisse pas d'être bonne. J'en ai mangé par curiosité, je l'ai trouvé fort nourrissante, & à peu près la-même que celle des Diables de la Guadeloupe.

Graisse de Fregatte, ses propriétez.

On dit que la graisse de Fregatte est admirable pour les douleurs de la goute sciatique, pour les engourdissemens des membres, & autres accidens qui arrivent par des humeurs froides. On doit faire chauffer la graisse, & pendant qu'elle est sur le feu, faire de fortes frixions sur la partie affligée, afin d'ouvrir les pores, & mêler de bonne eau de vie, ou de l'esprit de vin dans la graisse, au moment qu'on en veut faire l'application. On peut mettre un papier broüillard, imbibé de la liqueur, sur la partie, avec des compresses & une bande, pour les tenir en état. Bien des gens ont reçu une parfaite guerison, ou du moins de grands soulagemens par ce remede, que je donne ici sur la foi d'autrui, n'aiant pas eu l'occasion de le mettre en pratique. La graisse de Serpent fait le même effet, & je le sçai par experience. Les Medecins devineront, s'ils peuvent, comment deux animaux si differens en toute chose, & dont les graisses n'ont aucun rapport, ne laissent pas de produire le même effet.

On trouve entre les deux Tropiques certains oiseaux, auxquels on a donné le nom d'Oiseau de Tropique, parce qu'on ne les rencontre jamais hors de ces deux bornes. L'espace de leur promenade ne laisse pas d'être bien raisonnable, puisqu'il renferme toute la Zone Torride, ce païs que l'antiquité ignorante avoit declaré inhabitable. Les Matelots qui donnent des noms aux choses conformément à leur maniere de penser & de parler, les ont appellez Pailles en Cul, ou Festu en Cul. Nous en dirons la raison ci-après. Ils sont à peu-près de la grosseur d'un Pigeon ; ils ont la tête petite, & bien faite, le bec d'environ trois poûces de longueur, assez gros, fort & pointu, & tout rouge aussi-bien que leurs pieds, qui sont faits comme ceux des Canards ; ils ont les aîles beaucoup plus grandes & plus fortes que leur corps ne semble le demander. Les plumes des aîles, & de tout le corps sont très-blanches ; la queüe est composée de douze à quinze plumes de cinq à six poûces de longueur, du milieu desquelles sortent deux plumes de quinze à dix-huit poûces de longueur, accollées & qui semblent n'en faire qu'une seule; c'est ce qui a donné occasion aux Matelots de les appeller Pailles en Cul.

Ces oiseaux volent très-bien & très-haut ; ils s'éloignent des terres autant que les Fregattes, mais ils se reposent sur l'eau comme les Canards. Ils vivent de poisson ; ils pondent, couvent & élevent leurs petits dans des Isles desertes, & dorment selon les apparences sur l'eau. Je n'en ai jamais vû sur l'Isle, où nous étions ; ce n'est qu'en passant au dessus de nous, que nous en avons tué quelques-uns, qui m'ont donné le moïen de faire la description que je viens d'en donner.

Oiseau appellé Fol.

On trouve encore entre les Tropiques un oiseau de mer, qu'on appelle Fol, parce qu'il se laisse prendre à la main, lorsqu'il vient se poser sur les vergues, ou les manœuvres des vaisseaux qu'il trouve en Mer. Excepté la couleur, il ressemble beaucoup à nos Corbeaux, c'est le même air, la même grosseur, même bec ; il bat l'aîle en volant, il l'a forte, & se soutient bien en l'air ; il vit du poisson qu'il prend en rasant la superficie de l'eau. On pourroit sans beaucoup hazarder le nommer Corbeau blanc, ou Corbeau de mer ; il a les aîles & le dos couverts de plumes grises, & tout le ventre de plumes blanches. Je n'ai jamais vû mettre à aucun usage sa graisse, ni ses plumes ; ils venoient familiairement sur les vergues & les manœuvres de nos bâtimens examiner ce qui s'y passoit ; on en prit quelques-uns tous en vie, qui en moins de deux ou trois jours étoient aussi privez, que si on les avoit élevé depuis leur plus tendre jeunesse. Ils ont les pieds comme les Canards, nagent fort bien, & volent encore mieux.

CHAPITRE XIV.

Des Poissons, & des Coquilages que l'on trouve aux Isles d'Aves.

LE poisson fourmille sur les côtes de cette Isle, & on trouve sur ses hauts fonds une quantité incroiable de toutes sortes de Coquillages. Je ne suis pas surpris que ces lieux soient comme le rendez-vous des poissons; ils y sont en repos, & il se passe des siecles entiers sans qu'ils soient inquiétez de personne. Nous avions une mechante petite senne dans nôtre barque, mais nous en trouvâmes une bonne de cent vingt brasses dans le navire Anglois, & Dieu sçait de quelle maniere nous balayions nos côtes, & quel massacre nous faisions de Tazards, de Capitaines, de grandes Ecailles, de Lunes, d'Orphis, d'Assiettes & autres semblables poissons. J'en ai parlé dans

1705.

Bonite ou Germon espece de Thon.

la premiere Partie de ces Memoires, je ne dois pas repeter ici ce que j'en ai dit; mais il est juste de faire connoître ceux dont je n'ai encore rien dit, & qu'on ne prend pas ordinairement sur les côtes de nos Isles avec nos sennes. Le plus considerable est la Bonite; quelques Navigateurs l'appellent Germon; d'autres la prennent pour le Thon, plus jeune, & plus petit, à la verité, que celui qu'on prend dans la Mediterannée, ou peut être d'une autre espece, mais également bonne & delicate. Je ne déciderai rien sur cela; car je n'aime pas à decider, & je crains les procez; je me contenterai de dire que la Bonite est un poisson gros & rond depuis la tête jusqu'aux trois quarts de sa longueur, où elle commence un peu à s'applatir, pour former une queüe fourchuë, assez épaisse pourtant, & qui n'est pas le plus mauvais endroit de la bête; elle a deux aîlerons au deffaut du col, une empenure sur le dos, & deux autres aîlerons plus petits sous le ventre. Ce poisson va toûjours en troupe, il frequente peu les Côtes de nos Isles, parce qu'il y est harcelé; mais nous en voïons souvent un grand nombre aux Côtes de l'Isle d'Aves, où ils ne sont inquietez de personne. Il n'est pas ordinaire de le prendre à la senne. Quoique nous en aïons pris quelques-uns, c'étoit un pur hazard; la pêche ordinaire s'en fait avec le harpon, ou à la ligne, ou à la traîne. Ce poisson vit de proie, & est fort gourmand; il chasse continuellement aux poissons volans & autres petits poissons, dont il fait une grande consommation. On couvre l'ameçon qu'on lui jette d'un morceau de linge blanc, ou de deux plumes blanches, & on le fait sautiller sur l'eau comme si c'étoit un poisson volant ; la Bonite y accourt dès qu'elle l'apperçoit ; & sans marchander, l'engloutit aussi-tôt ; mais il faut que la ligne soit bonne, & l'ameçon bien attaché avec des fils d'archal; car ce poisson est fort & vigoureux, il a de bonnes dents, & bien tranchantes, & se donne de violens mouvemens pour se décrocher.

Sa chair est grasse & délicate, particulierement celle du ventre qui est d'une tendreté admirable ; la tête se met en soupe ou au bleu ; le reste du corps se coupe en roüelles, & se prepare en différentes manieres. Quand on la fait mariner, pour la conserver, on la mange avec l'huile & le vinaigre comme le Thon ; & c'est une très-bonne viande.

Mon Confrere le Pere Du Tertre dit,

que la Bonite a le goût du Canard, & qu'elle est demi-chair & demi-poisson. Il me semble qu'il auroit dû nous expliquer sa pensée, & nous dire ce qu'il entend par ces mots demi chair, & demi poisson; car s'il ne prétend dire autre chose, si non que la chair de la Bonite est aussi nourrissante que celle du Canard, dont il s'imagine qu'elle a le goût; il faudra aussi qu'il dise que le Lamentin, le Marsoüin, la Tortuë, & le Lezard sont demi-chair, & demi-poisson, parce que leurs chairs sont aussi nourrissantes que celles de Bœuf, de Veau & de Poulet, dont elles ont le goût, l'apparence & la substance : à moins qu'il ne veuille que le dos de la Bonite, comme plus sec & plus maigre, sera le poisson, & le ventre qui est plus gras sera la chair. Il devoit bien nous instruire là-dessus, afin que nous sçussions la partie que l'on peut manger les jours maigres, & celle dont on peut se servir en tout tems. Il est heureux que le sieur de Rochefort, qui l'a copié très-exactement, n'a pas pris garde à cette expression; car il ne la lui auroit pas pardonné, ou s'il s'en fût servi comme lui, nous aurions le témoignage de deux Autheurs graves, qui auroient fait de la Bonite un Monstre moitié chair & moitié poisson.

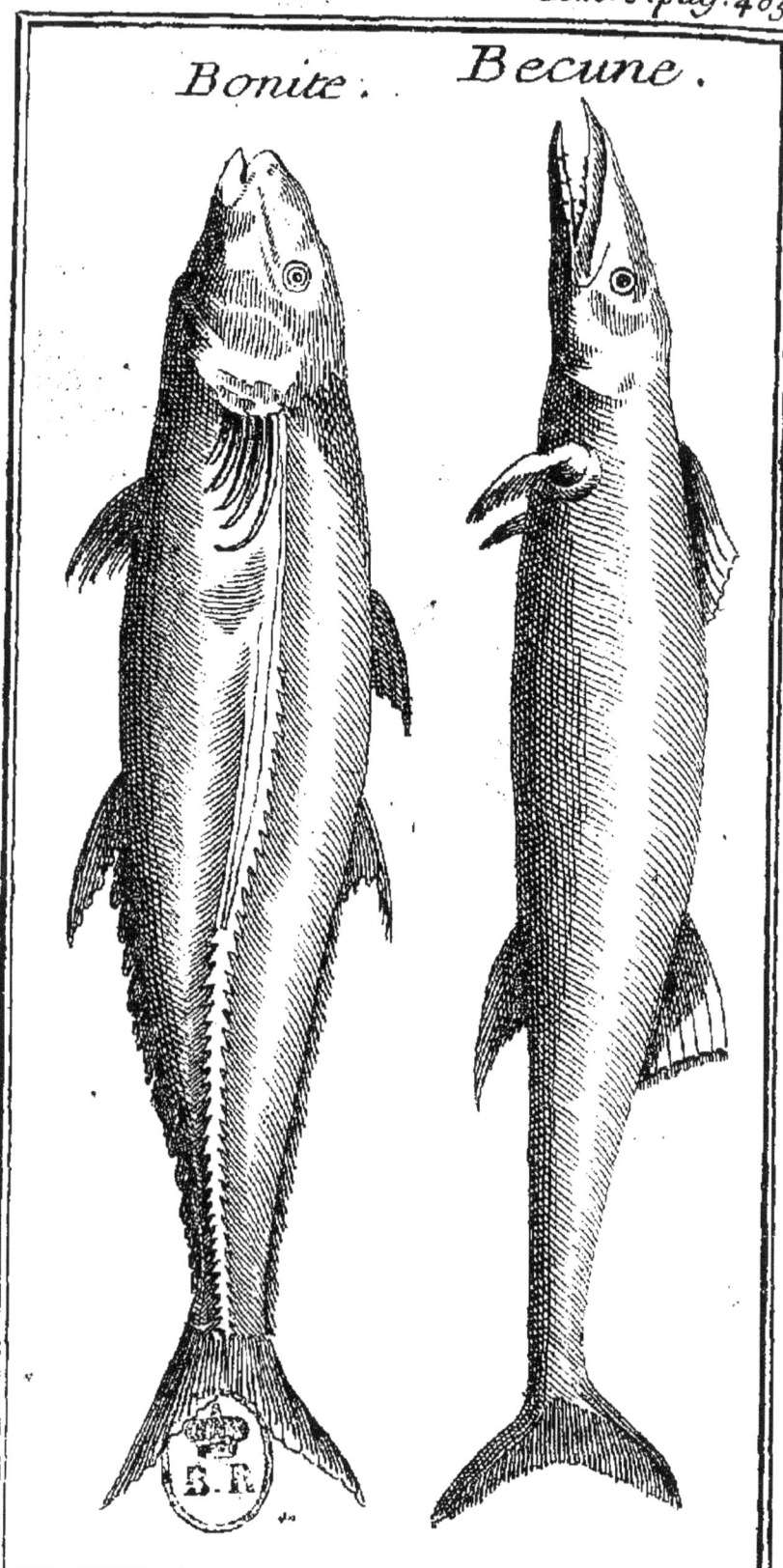

La Carangue est un poisson fort commun sur les Côtes de nos Isles ; on le prend à la senne, à la ligne, & à la traîne. J'en ai vû à la Martinique qui avoient près de deux pieds de longueur, un pied de large au droit du ventre, & quatre à cinq poûces d'épaisseur ; on les appelle pour lors Carangues franches, pour les distinguer d'autres qui sont beaucoup plus petites, & plus minces, moins grasses, & par consequent moins bonnes.

Celles que nous prîmes aux Isles d'Aves étoient des monstres en comparaison de celles de nos Isles. Il nous étoit ordinaire d'en prendre de trois pieds de longueur, & souvent nous en avons pris de plus de quatre pieds. On voit par ce que j'ai dit ci-dessus, que ce poisson est plat, il a la gueule grande & bien armée de bonnes dents ; ses yeux sont grands & rouges, il a une assez grande empenure sur le dos, qui est partagée en deux parties inégales, & deux grandes nageoires au défaut du col ; sa queüe est large & fourchuë ; c'est un des meilleurs sauteurs de la mer. Dès qu'il se sentoit renfermé dans la senne, il faisoit quelques efforts pour la rompre, en la heurtant de toutes ses forces ; mais comme ses efforts étoient inutiles, parce que le filet obéissoit, il se mettoit à bondir, pour s'élever par dessus, & il falloit que les gens qui étoient dans le canot élevassent le filet le plus haut qu'ils pouvoient, pour l'empêcher de sauter par dessus, en quoi ils ne réüssissoient pas toûjours; la plus grande partie s'échapoit pour l'ordinaire, il en tomboit quelquefois dans la chaloupe & le canot qui étoient derriere la senne, & ceux-là n'alloient pas plus loin, parce qu'ils étoient d'abord assommez.

Il faut l'avoir vû, pour croire quelle est la force de ce poisson, & les efforts qu'il fait lorsqu'il est pris à l'ameçon. Il brise souvent les meilleures lignes, souvent deux & trois hommes ne sont pas capables de le tirer à terre, il rompt ou fait plier les ameçons; & je puis dire qu'il n'y a point de poisson qui donne plus d'exercice aux pêcheurs que celui-là; mais aussi ils sont bien récompensez de leur peine, quand ils l'ont une fois entre les mains; car c'est un des meilleurs poissons de la mer. Sa chair est blanche comme la neige, grasse & par consequent tendre & delicate, & remplie d'un suc également nourrissant & savoureux. De quelque maniere qu'on l'aprête, on est sûr qu'il est excellent. La tête se met pour l'ordinaire au bleu ou en soupe ; on en fait de la gelée aussi-bonne que celle de Veau & de Chapon, & ce que cette chair a d'admirable, c'est qu'on ne s'en degoute jamais.

Nous avions parmi nos Flibustiers un jeune Creolle de l'Isle de Saint Martin, dont le plaisir étoit de se jetter dans la senne quand il voïoit que les poissons la vouloient rompre, ou sauter par dessus, il avoit une addresse merveilleuse pour saisir les plus mutins, & pour les jetter dans la chaloupe ou sur la terre ; il nous a souvent sauvez de beaux poissons que nous aurions perdu sans lui. C'étoit pour nous un divertissement de le voir combatre contre une Carangue, un Capitaine, ou un grand Ecaille, & de voir les efforts que faisoit le poisson qu'il tenoit embrassé pour s'échapper, les coups de queüe qu'il lui donnoit, & quelquefois de bons coups de dents ; il s'en trouvoit souvent de si forts, que n'en pouvant venir à bout, il étoit contraint de leur fendre le ventre d'un coup de couteau, ce qui terminoit la bataille ; mais il fut obligé de se priver, & nous aussi du divertissement que nous avions dans ces combats ; nous prîmes dans la senne un Serpent Marin monstrueux, qui auroit, selon les apparences, fait perir ce jeune homme, s'il l'eut

Histoire d'un Flibustier.

trouvé dans la senne dans son exercice ordinaire.

Cet animal avoit près de dix pieds de longueur, & deux pieds de circonférence dans son milieu. Sa peau étoit bluatre avec de grandes taches noires & jaunes, lustrées, & comme vernissées ; il avoit une empenure sur le dos depuis le défaut du col jusqu'à six poûces ou environ près de la queüe. Cette empenure avoit sept poûces de hauteur près de la tête, & se terminoit insensiblement. La queüe étoit fourchuë. Outre cette empenure, il avoit trois aîlerons de chaque côté, dont les bouts étoient garnis d'onglets, comme ceux qu'on voit sur les grandes Rayes, il en avoit aussi un dans le milieu de l'échancrure de la queüe qui avoit deux bons poûces de saillie. La tête de ce Serpent n'étoit ni plate, ni triangulaire comme nos viperes de la Martinique ; elle étoit longue de sept à huit poûces, ronde & un peu arcquée ; il avoit deux gros yeux à fleur de tête qui paroissoient étincelans. Sa guelle, qui s'ouvroit demesurement, faisoit voir deux rangées de dents longues de près de deux poûces, fortes & pointuës ; il n'avoit point de crocs comme nos viperes, peut-être que toutes ses dents lui en tenoient lieu & étoient tou-

Serpent Marin

tes garnies de petites vessies de venin; c'est ce que je n'ai pas pû bien examiner, car cet animal me donnoit de la frayeur, même après sa mort. Nos gens connurent d'abord ce que c'étoit ; les poissons qui étoient dans la senne avec lui le connoissoient aussi, & le fuyoient. Dès qu'il sentit le granier, il s'élança sur terre, & nous auroit fait du mal, si un de nos gens ne lui eût rompu les vertebres d'un coup d'aviron ; on l'acheva ensuite, & sa vûë fit perdre à nôtre combatant l'envie de se signaler contre les poissons, parce qu'il étoit à presumer que ce dangereux animal n'étoit pas seul de son espece dans cet endroit ; & que s'il eût trouvé nôtre jeune homme dans la mer, il l'auroit fait perir, soit par ses morsures, soit en l'entortillant, & le tenant sous l'eau. Je voulois le faire écorcher, & sécher la peau & la tête ; mais personne ne voulût me rendre ce service, tant on craignoit de se piquer aux pointes de son empenure, & aux crochets de ses aîlerons & de sa queüe.

Tous les Hauts-fonds, & les Côtes de cette Isle sont remplis des plus beaux & des plus gros Peroquets que l'on puisse voir. C'est ainsi qu'on appelle de certains Poissons assez semblables à nos Carpes, qui dans nos Isles n'ont pour l'ordinaire

Tome VI. S

que douze à quinze pouces de longueur, mais qui en ont bien davantage aux Isles d'Aves. La peau & les écailles de ce poisson sont d'un verd foncé sur le dos, qui s'éclaircit à mesure qu'il approche du ventre. Il a deux empenures sur le dos, & quatre aîlerons à ses côtez, qui aussi-bien que sa queüe sont colorez de bleu, de jaune & de rouge, d'une maniere si délicate, que le meilleur Peintre auroit de la peine à les imiter. Cette belle peau couvre une chair qui est encore meilleure; elle est blanche, grasse, ferme, pleine d'un suc nourrissant, agréable, & de très-facile digestion.

Je ne finirois point, si je voulois faire le détail & la description de tous les poissons que j'ai vû dans cette Isle deserte. Il faudroit n'avoir ni pieds ni mains pour y mourir de faim; pour moi j'y ferois bonne chere; & quand je n'aurois que les Coquillages qui se trouvent sur ses hauts fonds, je voudrois y faire subsister avec moi une communauté de Minimes.

Je ne parlerai point des Crabes de mer, des Homars, des Poupars & des Moules. Ces animaux sont à peu près les mêmes en Amerique & en Europe; leur grandeur, qui est plus considerable en Ame-

Françoises de l'Amerique. 411

rique, ne change point leur espece; mais les Lambis, les Casques, les Trompettes, les Burgaux & les Porcelains sont si particuliers à l'Amerique, & j'en ai trouvé de si beaux à l'Isle d'Aves, que je ne puis m'empêcher d'en dire un mot.

Le Lambis est une espece de gros Limaçon, dont tout le corps semble n'être qu'un Boudin terminé en pointe à une extremité, & ouvert à l'autre par une bouche ronde & large, d'où il sort une membrane épaisse & longue comme une langue, avec laquelle l'animal prend sa nourriture, & se traîne au fond de la mer & sur les hauts fonds, où on le trouve ordinairement. Je n'en ai jamais disséqué; & j'aurois été fort embarassé s'il m'avoit fallu faire cette operation ; mais j'en ai souvent coupé en morceau de ceux qui étoient cuits, & je n'y ai remarqué ni foie, ni cœur, ni poûmons, mais seulement un assez gros boyau plein d'herbe hachée, de mousse & de sable qui étoient apparament des restes de la nourriture que l'animal avoit pris, sans m'être apperçu d'aucun conduit par lequel il se déchargeât de ses excremens, à moins qu'il ne les rendît par le même endroit, par lequel il les avoit introduit ; car il n'est pas vraisemblable qu'il les consom-

Lambis espece de Limaçon.

S ij

me si entierement, & qu'il les change en sa substance d'une maniere qu'il n'en reste rien du tout ; & quand cela seroit vrai des herbes & de la mousse, il faut au moins qu'il rende le sable qu'il a avalé & qu'on trouve dans cet intestin. La chair de cet animal & de tous dont je parlerai dans la suite, qui ne sont differens que par les coquilles dont ils sont revêtus, est blanche & ferme, & plus l'animal est gros plus elle est dure, difficile à cuire, & de difficile digestion. Elle ne laisse pas d'être grasse, & d'avoir de la saveur. On jette pour l'ordinaire la premiere eau dans laquelle on les a fait bouillir, parce qu'elle se trouve chargée de bave qui vient au dessus comme une écume épaisse ; on acheve de les faire cuire dans une autre eau que l'on peut emploïer à quelque usage, & lorsqu'ils sont tirez de l'eau & égoutez, on les fend dans toute leur longueur pour en tirer cet intestin, & on coupe le reste en rouelles que l'on met dans une casserolle sur le feu, avec du beure ou de la mantegne, un bouquet d'herbes fines, des petits oignons, un peu d'ail écrasé, des écorces d'oranges, du sel & des épiceries; & lorsqu'on est prêt à les servir, on jette dessus une sauce liée avec les jaunes d'œufs, le vinaigre, ou le jus d'orange. Ainsi accommodez ils sont moins mal faisans, & d'une digestion plus aisée ; mais comme on manque ordinairement de tout l'attirail de cuisine, qui est necessaire pour les accommoder comme je viens de dire, on se contente de les faire bien boüillir dans deux eaux, ou de les faire rôtir sur les charbons, & de les manger avec la Pimentade. J'ai connu un Habitant du petit Cul de Sac des Gallions à la Martinique, nommé Maurecourt, qui passoit pour le plus grand mangeur de l'Amerique, qui souvent, faute d'autres choses, avoit recours aux Lambis, & aux Burgaus qu'il prenoit comme la viande la plus succulente & la meilleure nourriture du monde. Il lui étoit aisé de se contenter, car il étoit en lieu où ces Coquillages ne sont pas rares, & il pouvoit faire de la chaux de leurs cocques qui y sont très-propres, & la vendre pour avoir ses autres necessitez ; car la chaux faite avec ces sortes de coquillages est excellente, & fait un mortier qui durcit comme le marbre ; le seul défaut qu'elle a, est d'être beaucoup plus dure à cuire que celle dont on se sert ordinairement aux Isles.

Chaux de Coquillage

Ce n'est pas assez d'avoir des Lambis, & autres semblables Coquillages, il faut

S iij

sçavoir la maniere de les tirer de leur maison sans la rompre ou la gâter, sur tout quand on la veut conserver pour quelque usage où la vivacité des couleurs dont elle est peinte, doit être tout entiere, & point du tout ternie ; car lorsqu'on ne s'en soucie pas, il n'y a qu'à mettre le Lambis dans l'eau boüillante, ou sur les charbons, l'animal est bientôt mort, & le volume de sa chair diminuant en cuisant, il est facile de le tirer ; mais lorsqu'on veut conserver la cocque avec toute la beauté & la vivacité de son coloris, que le feu ou l'eau boüillante gâtent absolument, il faut enfoncer dans l'ouverture un ameçon un peu long ou un crochet de fer le plus avant qu'il est possible. L'animal, qui se sent si rudement chatouillé, quitte l'extremité de sa cocque ; & soit qu'il meure dans ce moment, soit qu'il veuille s'échapper, on le tire aisément dehors. On trouve dans toutes les cocques environ un demi verre d'eau, plus ou moins selon leur grandeur, qui est très-claire & très-douce : on prétend qu'elle est admirable pour les inflammations des yeux.

On trouve des Lambis d'une grosseur considerable, & d'un si grand poids, qu'il semble impossible qu'un animal aussi foible que celui-là, puiſſe traîner ou porter une maiſon ſi lourde & ſi incommode. Le Limaçon dont j'ai parlé dans un autre endroit ſous le nom de Soldat, change tous les ans de coquille ; mais comme ceux qui ont frequenté beaucoup les bords de la mer n'ont point remarqué ces changemens dans les Lambis, & autres poiſſons à coquilles, il faut dire que leur cocque croît avec leur corps, & que comme elle eſt d'une matiere extremément dure, il lui faut bien des années pour arriver à dix & quinze poûces de longueur ſur environ autant d'ouverture, & à dix & douze livres de peſanteur. Ce peſant équipage empêche l'animal de courir bien vîte, mais il ne l'empêche pas de changer de place & de venir du fond de la mer ſur le bords du rivage, & le long des rochers, & des hauts fonds, où on le trouve, & où on le prend plus aiſément que quand il faut l'aller chercher en plongeant dix ou douze braſſes ſous l'eau. Je m'étonne que de tant d'Aſtronomes qui ſont venus en Amerique, il ne s'en ſoit pas trouvé quelqu'un qui ait obſervé les mouvemens du Lambis, & compté exactement combien il fait de chemin par ſecondes & par minutes ; il auroit peut-être trouvé du rapport entre ce mouvement, & ceux de quelque étoile fixe, ou de quelque planette, ou de quelque satellite. Découverte qui auroit été, ou pourroit être très-utile à la perfection des arts & des sciences, ou du moins qui auroit fourni de matiere aux entretiens des gens oisifs.

La superficie de la cocque du Lambis est parsemée de quantité de pointes émoussées de huit à douze lignes de hauteur sur presque autant de diametre à leurs bases. Ce qui se trouve entre ces bosses est brut, pierreux, & souvent tout couvert de mousse, un des bords qui semble destiné à fermer l'ouverture de la cocque, s'éleve tout droit & fait voir la tête & la langue de l'animal quand il juge à propos de se montrer; car il se retire souvent sous les replis de sa maison comme dans des appartemens secrets. Rien n'est plus beau, plus poli, plus luisant, & plus lustré que l'émail dont cette maison est tapissée, à commencer par ce grand morceau du bord qui en découvre l'entrée. C'est une couleur de chair la plus vive qu'on puisse s'imaginer, qui est toûjours la même dans tout le dedans de la cocque. Si le dehors étoit aussi beau, on pourroit dire que le Lambis seroit le plus proprement logé de tous les animaux.

Je croi pourtant que si on s'en vouloit donner la peine, on découvriroit une très belle couleur sous le gravier & les rocailles qui couvrent la superficie exterieure.

La bonté du logement ne depend pas de la couleur.

Le Limaçon, qu'on appelle Casque, à cause de la figure de sa cocque, n'est jamais si gros que le Lambis. Il est un peu ovale. Un côté qu'on peut regarder comme le dos est rond, avec deux petites pointes émoussées & creusées en façon de canal; l'autre côté est plat & ouvert dans toute sa longueur. Les bords de cette ouverture sont repliez en dedans & dentelez; c'est par là que l'animal se fait voir, & qu'il avance sa tête & sa langue pour chercher sa nourriture. La cocque est bien plus mince & plus delicate que celle du Lambis. Comme elle est unie, le gravier, la mousse & les autres ordures ne s'y attachent pas, elle est lustrée & peinte de blanc, de gris & de brun, avec des points tirant sur le jaune, diversifiez en une infinité de manieres. Le dedans est de couleur de chair fort claire; il n'y a point de Coquillage où la nature fasse voir une plus grande diversité de coloris & de desseins.

Casque de mer.

La trompette est faite comme un cornet long & tors, sur tout vers le petit

S v

418 *Nouveaux Voyages aux Isles*

<small>1705.</small>

<small>Trompettes de mer.</small>

bout. J'en ai trouvé qui avoient près de quinze poûces de longueur, & dont l'ouverture avoit quatre poûces de diametre; le dehors est d'ordinaire d'une couleur brune avec des ondes de différentes teintes de la même couleur, fort vives & fort polies ; le dedans est argenté comme la nacre de perle ; on perce le petit bout, & on s'en sert comme d'un cor pour se faire entendre de loin.

Il y a des Burgaux d'une infinité de grosseurs, de couleurs & de figures. J'ai déja parlé de quelques-uns, aussi-bien que des Porcelaines, dans mon voïage à Saint Domingue. J'en amassay aux Isles d'Aves de très-beaux & de très-curieux, soit pour la grosseur ou la petitesse, soit pour la forme & le coloris, & j'en avois rempli un coffre de bonne grandeur que l'on m'avoit donné du debris de nôtre prise : mais nos Flibustiers s'étant avisez de vouloir partager ce qui leur revenoit comme pillage, afin d'avoir de quoi se divertir à Saint Thomas, je fus obligé d'accepter mon lot comme les autres, & j'eus besoin de mon coffre pour le serrer; de sorte que mes beaux Coquillages que je fis mettre à l'avant de nôtre barque dans la fosse aux cables, souffrirent beaucoup ; & quand je quittai le bâtiment, je crus qu'il étoit plus à propos de me charger de ce dont nos gens m'avoient fait préfent, que de ces bagatelles.

CHAPITRE XV.

De l'Ifle à Crabes. De Saint Thomas & des Vierges.

NOus arrivâmes à l'Ifle à Crabes le Samedi dernier jour de Janvier fur le midi; on fit auffi-tôt defcendre tous nos prifonniers à terre; car on n'en laiffoit aucun à bord dès que nous étions moüillez. On tenoit toûjours les canots à bord, & on avoit toûjours une garde à terre vis-à-vis des bâtimens, afin de prévenir les mauvais deffeins des Anglois, s'ils fe fuffent mis en devoir de faire quelque tentative, pour s'emparer de nos bâtimens, & nous planter-là.

Ifle de Boriquen ou à Crabes

Nous moüillâmes dans une Ance de fable devant une jolie riviere au Sud de l'Ifle, à peu près dans l'endroit où j'avois moüillé en 1701. en revenant de Saint Domingue dans la barque l'Aventuriere. Nous étions à la portée du piftolet de terre fur quatre braffes & demie, fond de fable blanc.

La quantité de Crabes que l'on trouve

dans cette Isle lui en fait donner le nom par nos Flibustiers. Son veritable nom est Boriquen ; elle est éloignée de cinq à six lieües de la pointe du Sud-Est de Portric, à dix-sept degrez, & dix minutes de latitude Septentrionale ; elle peut avoir huit à dix lieües de circonference, du moins autant que j'en ai pû juger en la traversant du Sud au Nord. Elle est montagneuse, mais ces montagnes ne sont ni excessivement hautes, ni escarpées, ni arides ; elles laissent entre elles de très-beaux & très-grands fonds, où la terre m'a paru très-bonne, elles sont couvertes de bois de toutes sortes, & il en coule des sources d'eau qui forment plusieurs petites rivieres d'une eau fort claire & fort bonne. On trouve par tout des marques des habitations que les Espagnols y ont eu autrefois ; on y voit de longues allées d'Orangers, & de Citroniers, & de vastes fonds, où il n'y a que des bois mols, des Goyaniers, & autres arbres fruitiers : marque certaine que ces endroits ont été cultivez, qui sont aisez à distinguer de ceux qui ne l'ont pas été, où l'on voit des arbres d'une grosseur & d'une hauteur extraordinaire. La chasse y est très-abondante ; o ny trouve des Ramiers en tout tems, des Peroquets, de

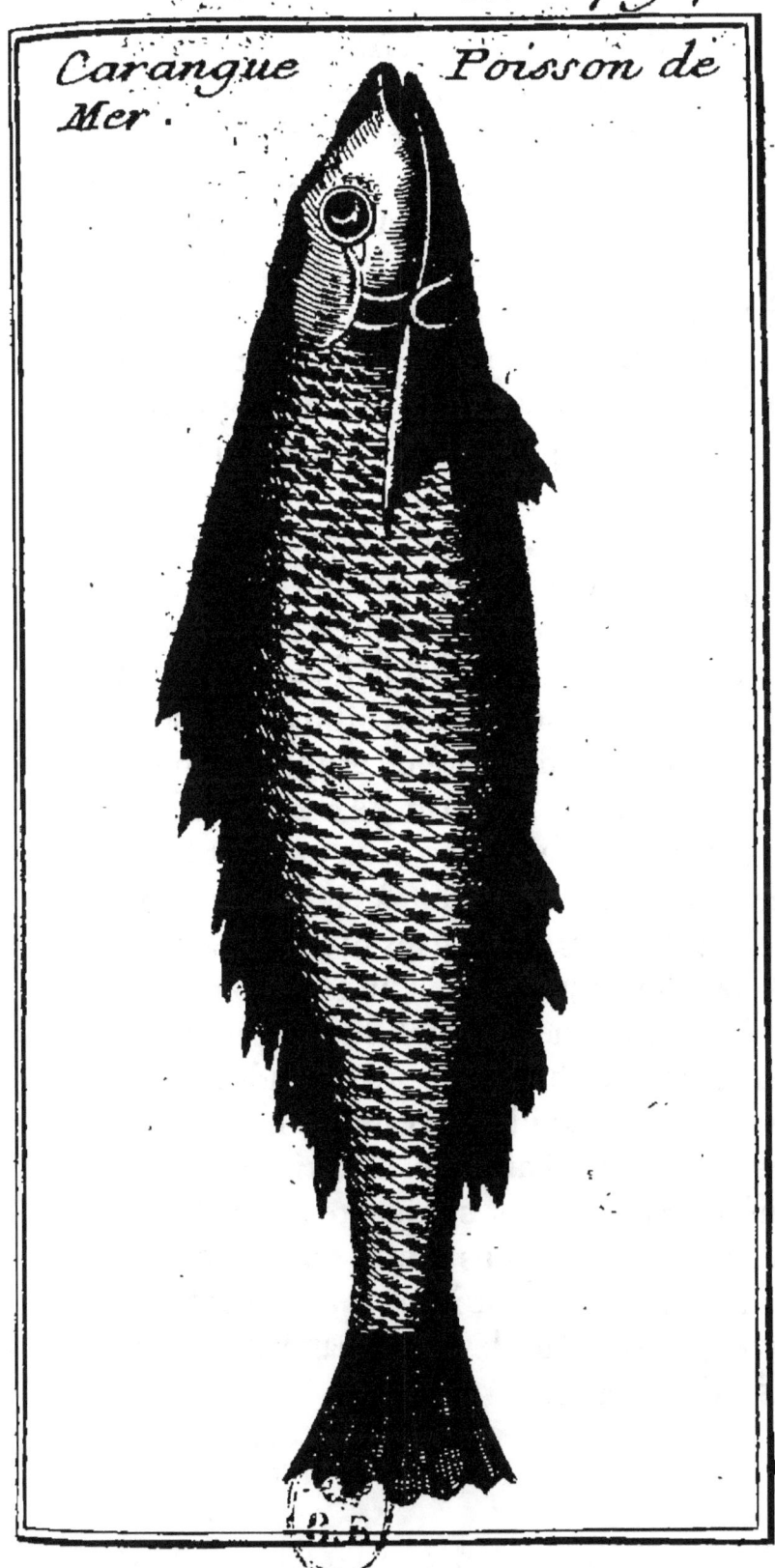

Grives, des Ortolans, des oiseaux de mer & d'eau douce, des Cochons Marons, des Lezards, & des Tatous. Il y a une quantité prodigieuse de Figuiers & de Bananiers, & les bords de la mer sont tous couverts de pommes de raquettes. J'ai trouvé en differens endroits de belles Cannes de sucre, & des ignames sauvages tant que l'on en veut. C'est dommage qu'un païs si agréable & si fecond soit abandonné, & que la politique des Espagnols ne permette pas aux autres Européens de s'y établir. Après tout ils ont raison, car il pourroit à la fin y venir des gens si puissans que leur voisinage deviendroit incommode & même dangereux pour leur colonie de Port-ric. Au reste ce lieu m'a paru fort sain, les eaux en sont bonnes, les arbres beaux & point chargez de mousse, les fruits gros & bien nourris, & le Gibier gras, & d'un très-bon goût.

Le Capitaine Daniel fit descendre à terre tous les balots de marchandises qui avoient été moüillez d'eau de mer, on les porta à un bassin de la riviere, éloigné d'environ cent cinquante pas du bord de la mer, & tous ceux qui n'étoient point de garde se mirent à travailler, à laver & étendre les marchandises pour les faire sécher.

Le Dimanche premier jour de Fevrier après que nous eûmes fait la priere, & déjeûné, je m'en allai à la chasse avec mon Negre & un jeune Creolle de la Guadeloupe qui étoit passager dans nôtre barque; le jeune homme & moi avions des fusils & des bayonnettes. Je fis prendre à mon negre une machette, c'est ainsi qu'on appelle une espece de coutelas de deux pieds de long, dont la poignée est de bois. Ceux qui vont dans les bois en portent ordinairement avec eux, pour couper les lianes & les crocs de chien qui embarassent leur chemin. Je ne sçai par quel instinct je le chargeai d'une bouteille d'eau de vie, & de trois ou quatre galetes, comme si j'avois dû coucher dehors, quoique ce ne fut pas mon dessein. Le Capitaine Daniel me dit en riant qu'on s'attendroit à ma chasse pour souper, & me la souhaita bonne.

Nous marchâmes environ une lieüe & demie le long de la riviere, où nos gens lavoient les Marchandises, & nous trouvâmes assez de Ramiers, & de Peroquets. Avant qu'il fut une ou deux heures après midi, nous avions près de cinquante pieces de gibier, & nous étions sur le point de nous en retourner, lorsque nous trouvâmes des fouillures & des

Traces de Cochons Marons qui nous parurent toutes fraîches. Je fis aussi-tôt des paquets de nos oiseaux, que nous mîmes dans la riviere bien couverts & bien entourez de pierres, de peur que la chaleur ne les gâta, ou que les mouches ne s'y missent, si on les avoit laissé à l'air. C'est ainsi qu'on conserve la viande dans nos païs chauds, quand on se trouve obligé de laisser le gibier dans le bois ; des Sangliers y ont demeuré les trois & quatre jours sans se corrompre, parce que la fraîcheur de l'eau empêche qu'il ne s'y excite de la fermentation qui est la cause de la pourriture.

Moïen de conserver la viande.

Nous suivîmes ces traces jusques sur les cinq heures du soir que nous trouvâmes une Lée avec sept Marcassins d'environ deux mois. Je tirai sur trois Marcassins qui étoient à ma portée, & tous de file, & je les couchai par terre. Le jeune Creolle tira sur la Lée, & la blessa, & aussi-tôt elle vint sur lui ; par bonheur elle rencontra devant elle ses trois petits étendus qu'elle s'amusa à retourner avec son grouin. Je criai au jeune homme de recharger ; mais il avoit été tellement effraié par cette bête, qu'il laissa tomber son fusil, & s'enfuit de toutes ses forces. Mon Negre mit sa bouteille à terre, & grimpa sur un arbre. Je chargeai cependant, & je tirai sur la bête, je la blessai, mais je ne l'arrêtai pas, elle vint sur moi toute écumante, & m'auroit fait un mauvais parti si je n'avois pas sçu mon métier. Je me jettai à côté d'un arbre en mettant ma bayonnette au bout du fusil, & quand je la vis prête à me donner un coup de croc, je me parai avec l'arbre qui le reçût pour moi, & dans l'instant j'enfonçai ma bayonnette entre le col & l'épaule de la bête jusqu'au manche. Elle fit un si grand effort, qu'elle me fit sauter le fusil des mains, & fit encore quelques pas avant de tomber. Je ramassai alors mon fusil qui étoit un peu faussé aussi-bien que ma bayonnette ; j'en donnai encore quelques coups à la bête, pour l'achever, & mes gens étant revenus, nous nous mîmes à chercher les quatre autres Marcassins. Mon chien en tenoit un, & en avoit étranglé un autre ; nous trouvâmes les deux autres dans des cuisses d'un arbre, nous les prîmes en vie, & leur liâmes les pieds, & revînmes triomphant où la Lée étoit étenduë. Nous bûmes un coup, & nous reposâmes en pensant à ce que nous avions à faire pour retrouver nôtre chemin ; car les tours & les détours que nous avions

Danger auquel l'Autheur fut exposé.

faits en suivant les traces de ces bêtes, nous avoient conduit si loin, & tellement dérouté que nous ne sçavions où nous étions. Je voïois bien avec mon petit compas de poche, où nôtre barque nous demeuroit, mais j'avois oublié de m'orienter en quittant la Riviere, & d'ailleurs nous l'avions passez & repassez, elle ou d'autres cinq ou six fois, en sorte que je ne sçavois pas si nous en étions à bas bord ou à stribord ; d'ailleurs le soleil étoit couché, & comme je l'ai remarqué dans un autre endroit, il n'y a point de crepuscule entre les Tropiques; & dès que cet astre est vingt ou vingt-cinq degrez sous l'horison, il fait noir comme à minuit. Je pris le parti de coucher où nous étions, bien assuré que nous trouverions nôtre chemin quand il feroit jour, & que le Capitaine Daniel nous envoïeroit chercher.

Je dis à mon Negre de couper du bois sec pour allumer du feu, & faire à souper, pendant que le jeune homme & moi coupâmes des gaulettes, & amassâmes des feüilles de Balisier, pour faire un ajoupa. Tout cela fut promptement exécuté. Dèz que le boucan fut en état, nous y étendîmes deux Marcassins; & pendant qu'ils cuisoient, je dis, comme je pûs, ce qui me restoit à dire de mon Breviaire. Nous soupâmes joïeusement après cela, nous mangeâmes un Marcassin, & nous entamâmes l'autre : si on trouve que c'étoit beaucoup, il faut considerer que nous étions quatre, y compris mon chien, qui avions bien travaillé ; & par consequent grand appetit. Nous bûmes de l'eau de Balisier, & puis un coup d'eau de vie ; & après avoir prié Dieu & bien ajusté nos fusils, nous nous endormîmes sous la garde de mon chien.

Il étoit grand jour quand je me reveillai ; il fallut éveiller mes gens & mon chien aussi ; Nous fismes la Priere, & nous allions commencer à déjeûner, lorsque j'entendis deux coups de fusil. Je vis bien qu'on nous cherchoit, nous répondîmes aussi-tôt de deux coups ; on en tira un troisiéme, & nous aussi, & je fis allumer du feu, pour cuire de la viande, pour faire déjeûner ceux qui viendroient nous trouver. A mesure qu'ils avançoient ils tiroient, & nous répondions ; à la fin ils nous joignirent. C'étoit le Capitaine Daniel, lui-même, qui étoit en route avec cinq de ses gens depuis une heure avant le jour, pour nous chercher. Il lui avoit été facile de nous suivre le long de la riviere, parce que mon Negre plumoit les oiseaux que je lui donnois à porter, & les plumes qui étoient repanduës à terre les conduisirent jusqu'au lieu, où nos oiseaux étoient cachez dans la Riviere ; ils avoient ensuite trouvé nos traces sur celles des cochons, & avoient bien vû que nous nous étions mis à chercher ces animaux. Il étoit près de dix heures quand ils nous joignirent, & selon leur compte, ils avoient fait plus de quatre lieües. Daniel m'aborda en jurant doctement qu'il ne souffriroit plus que j'allasse à la chasse qu'avec quelqu'un de ses gens. Il me dit qu'il avoit été dans une peine extrême que je ne fusse tombé entre les mains de quelques Mulatres de Port-ric, qui viennent souvent dans cette Isle, qui sont des gens demi sauvages, & qui tueroient le plus honnête homme du monde pour avoir sa chemise. Je le remerciai de son soin, & je lui dis qu'il falloit dejeûner avant de nous en retourner. Il avoit fait apporter du biscuit, du vin, & de l'eau de vie. Il donna un morceau à manger à un de ses gens, le chargea de deux Marcassins, & le renvoia à bord porter de nos nouvelles, afin qu'on ne fût point en peine. Nous mangeâmes en contant nos proüesses, après quoi on coupa nôtre grosse bête en quartiers, & nous nous en retournâmes chaſſans & tuans force Ramiers, Peroquets & Grives. On ne manqua pas de me feliciter quand nous fûmes arrivez ſur ma bonne chaſſe, & de faire une partie pour le lendemain.

Nous y fûmes en effet, deux Anglois étoient avec les quatre Flibuſtiers que Daniel me donna; nous tuâmes trois gros Cochons Marons, & un Cabry avec beaucoup d'oiſeaux, & revînmes ſans nous être égarez à Soleil couchant. Nos Dames avoient fait accommoder nôtre chaſſe du jour précedent, & elles nous firent ſervir des mets à l'Angloiſe, qui étoient très-bons.

Ce fut dans ces deux parties que je vis & que je parcourus la plus grande partie de l'Iſle à Crabes; je ne m'étonne pas que les Anglois aient voulu s'y établir, ils avoient raiſon, & elle merite plus que beaucoup d'autres d'être habitée; elle n'a point de port, à la verité, mais elle a de bonnes rades, & un acul du côté de Portric, qui pourroit bien tenir lieu d'un port. Je n'y ai rien vû qui ne m'ait fait envie, & qui ne m'ait fait deplorer l'aveuglement de mes Compatriots qui ſe ſont allez établir à Saint Martin, Saint Barthelemi, & autres mauvais endroits; au lieu de venir poster une bonne colonie en cette Isle, & s'y maintenir par la force contre ceux de Port-ric. Nous avions une Colonie à Sainte Croix qui est au Sud-Est de Boriquen que l'on a abandonné en 1696. comme je l'ai dit en son lieu qui auroit été infiniment mieux à l'Isle à Crabes, où le bon air & les bonnes eaux, qui ne se trouvent point à Sainte Croix, l'auroient fait multiplier à vûë d'œil. Je le repete encore de toutes les Isles que j'ai vû, il n'y en a point de plus propre pour établir une Colonie, & pour faire dans peu de tems un commerce avantageux.

Le Mercredi 4. j'allai encore à la chasse avec deux de nos Flibustiers, & deux Anglois. Le Capitaine Daniel m'avertit de ne pas m'éloigner, parce qu'il vouloit lever l'Ancre sur le soir; en effet, sur les quatre heures après midi nous entendîmes un coup de canon; nous reprimes aussi-tôt le chemin de la mer, bien fâchez de ne pouvoir continuer nôtre chasse, parce que nous avions decouvert des traces fraîches de Cochons Marons; il fallut nous en revenir, nous avions tué un particulier, c'est ainsi qu'on appelle un Sanglier mâle, que l'on trouve seul, quoiqu'on lui eût coupé la tête

& les pieds, & jetté la freſſure, deux de nos hommes qui en portoient chacun la moitié, plioient ſous la charge. Un autre portoit une bonne chevre graſſe; le quatriéme étoit chargé de deux Cabrittons, & de la tête du Particulier;& mon Negre & moi d'oiſeaux.

Nous arrivâmes au bord de la mer au Soleil couchant; tout le monde étoit embarqué. Le canot vint nous chercher dès que nous parûmes, & nous porta à bord. Le ſouper étoit prêt, on fit la Priere, & nous nous mîmes à table. Sur les dix heures on tira à bord l'ancre qui étoit à pic; nous appareillâmes, & ſuivîmes la caïche qui étoit partie quatre bonnes horloges avant nous.

On la rejoignit bientôt, & comme elle étoit mauvaiſe voiliere, & trop chargée, on fut contraint de lui jetter un grelin, & la tirer en ouaiche derriere nous. Je ne vis rien de cette manœuvre que le lendemain matin que je me reveillai ſur les ſept heures, après avoir dormi comme un homme qui avoit extremément fatigué depuis trois jours.

Nos Dames Angloiſes avoient fait préparer le chocolat; on le prit, puis je fis la Priere, & on ſe mit à table pour déjeûner. Si Daniel en avoit été cru, la miche qui nous empêchoit de marcher, ne nous auroit pas incommodé long-tems, car il la donnoit au diable autant de fois qu'il jettoit les yeux dessus; mais comme il n'étoit pas le seul qui y avoit interêt, le diable ne pût pas profiter du présent qu'il lui vouloit faire. A la fin nous vîmes le rocher blanc, nous dinâmes & mouillâmes dans le port de Saint Thomas sur les cinq heures du soir, le Jeudi 5. Fevrier. On debarqua aussi-tôt tous les Anglois qui étoient fort contens des bonnes manieres de nôtre Capitaine. J'accompagnai nos Dames chez le Gouverneur qui étoit le même que j'y avois vû en 1701. il me reconnut & me fit beaucoup d'honnêtetez & d'offres de service; de là nous fûmes au Comptoir de Dannemarcq, où nous fûmes reçus parfaitement bien. Nos Dames dirent tous les biens imaginables de nôtre Capitaine & de ses gens, & n'oublierent pas les petits services que je leur avois rendus. Nous fûmes très-bien logez, & traité magnifiquement. Daniel vint souper avec nous, il avoit envoié à ses prisonnieres la moitié du dernier Sanglier que nous avions tué, & tout ce qui restoit de Ramiers & de Perdrix.

Je ne trouvai plus Mr. Van-bel à Saint

L'Autheur arrive à St. Thomas.

Thomas, il avoit quitté son poste de Directeur du Comptoir des Danois, & s'étoit retiré parmi les Anglois à Saint Christophle. J'appris des Commis du Comptoir qui avoient servis sous lui, qu'il n'avoit pas lieu de se loüer des Anglois. Quoiqu'il eut des lettres de naturalité en bonne forme, avec une permission expresse de demeurer dans tel endroit des domaines d'Angleterre qu'il voudroit choisir, & d'y transporter ses effets & ses Esclaves, on n'avoit pas laissé de saisir ses Negres, & son bâtiment dès qu'il fut moüllé à la grande Rade de Saint Christophle, sous prétexte de quelque manque de formalité, & il lui avoit compté une somme trés-considerable pour avoir main levée de ses effets. On voit par cet échantillon que les Anglois de l'Amerique sont aussi habiles dans la chicane que ceux d'Europe & que ceux dont ils descendent.

Nos Dames n'eurent pas de peine à trouver l'argent dont on étoit convenu avec elles pour le prix de leurs Esclaves; dés le lendemain matin il fut compté au Capitaine Daniel & à son Quartiermaître. Il n'étoit resté à bord de nôtre barque qu'un Negre & une Negresse de ces Dames pour avoir soin des coffres &

des

des pacquets que l'on n'avoit pas eu le temps de débarquer le soir en arrivant. Le Negre s'embarqua avec le bagage de sa maîtresse ; mais la Negresse ne voulut jamais sortir de la Barque, & dit à Daniel qu'elle se jetteroit plutôt à la mer, que de retourner avec des gens qui n'étoient pas de sa Religion, qu'elle étoit Catholique, & qu'elle vouloit mourir avec des Catholiques. Je sçavois qu'elle étoit creolle de la Guadeloupe, d'où elle avoit été enlevée dans l'irruption que les Anglois y firent en 1703. elle étoit mariée, & avoit des enfans. Par bonheur je me trouvai à bord quand cela arrivât, & j'empêchai Daniel de la faire amarrer, & la faire embarquer par force. J'offris de rendre à la Dame Angloise le prix qu'elle en avoit donné à nos gens, & je les tournai si bien que Daniel me laissa maître de cette affaire. J'allai donc trouver cette Dame, & lui presentai l'argent qu'elle avoit donné pour sa Negresse, lui representant que cette pauvre esclave étoit mariée, qu'elle avoit des enfans, & toute sa famille parmi nous, & qu'elle feroit une action digne de la generosité Angloise, de luy faciliter le moyen d'aller vivre avec les gens de sa communion. Cette Dame se rendit sans

Histoire d'une Esclave.

Tom. VI.   T

beaucoup de peine à mes raisons ; mais elle me dit qu'elle ne vouloit point qu'elle servît d'autres gens, après avoir été son esclave qu'elle ne vouloit point recevoir l'argent que je lui presentois, & qu'elle lui donnoit la liberté, si je voulois lui donner parole qu'on la laisseroit libre, lorsqu'elle seroit parmi les François. Je lui dis que pourvû qu'elle voulût bien lui donner la liberté par un acte en bonne forme, je lui répondois que sa volonté seroit executée de point en point, & que j'en faisois mon affaire. On fit venir sur le champ un Notaire, l'acte fut dressé & signé, & le Gouverneur de l'Isle étant venu dans ce moment rendre visite à ces Dames, je le priai de confirmer par son seing & son cachet la verité de l'acte ; il le fit aussi-tôt, l'acte fut aussi signé du Directeur du Comptoir, & d'un Ministre qui se trouva-là, & la Dame me le mit entre les mains, ajoûtant que c'étoit à ma consideration qu'elle se privoit de sa Negresse. Je la remerciai, & lui rendis l'acte, la priant de le donner elle-même à l'esclave quand elle viendroit la remercier. J'envoiai mon Negre à bord pour l'amener à terre ; mais quelque chose qu'on lui dit, il n'y eut pas moyen de la persuader ; il fallut que j'allasse moi-même la chercher, & que je l'assurasse qu'elle ne demeureroit plus avec les Anglois, & qu'elle étoit libre. Elle me crut à la fin, & me suivit, & je la conduisis à sa maîtresse. Ses larmes furent les intrepretes de ses pensées, elle se jetta aux pieds de sa maîtresse, elle les baisa plusieurs fois, & ne faisoit que répandre des larmes sans parler ; c'étoit une scene des plus touchantes, car la maîtresse s'attendrit aussi, & se mit à pleurer ; & ce ne fut pas sans peine qu'elle releva sa Negresse, & lui dit : je vous donne la liberté, employez-la à bien servir Dieu, priez-le pour moi, & remerciez le Pere qui vous la procure. Elle prit l'acte qui avoit été dressé, & me le donnant, elle me pria d'avoir soin que sa Negresse joüit de la grace qu'elle lui accordoit. Je le lui promis, & dit à la Negresse de remercier sa maîtresse ; elle se jetta encore à ses pieds, les embrassa en pleurant, & lui dit : enfin, Madame, je prierai Dieu toute ma vie qu'il vous soit aussi bon que vous m'avez été bonne maîtresse. Je priai Madame Stapleton de la garder auprès d'elle tout le temps qu'elle ou nous serions à Saint Thomas, ce qu'elle m'accorda fort gracieusement ; & lorsqu'elle partit elle donna à la Negreſſe des hardes & quelque argent, & elle & l'autre Dame m'envoyerent un preſent, auquel je ne m'attendois pas, pour me remercier des ſervices que je leur avoient rendus.

Nos gens reçurent auſſi la ſomme dont ils étoient convenus pour le prix de la Caiche & de ſa charge, & ſe mirent ſelon la coutume à faire la débauche tant qu'ils eurent de l'argent.

Je trouvai encore à S. Thomas l'Eſculape François chez qui j'avois logé en 1701. en revenant de Saint Domingue. Comme je me trouvois en état de lui donner des marques de ma reconnoiſſance, je le fis de mon mieux, & il fut très-content ; nous allâmes enſemble voir nos refugiez François qui me firent bien des careſſes. Quoique la plûpart fuſſent fort à leur aiſe, ils ſouhaitoient paſſionnement de retourner parmi nous ; j'engageai nos gens à leur vendre préferablement aux étrangers leurs parts du pillage, & ils eurent aſſez de déference pour moi, pour le faire. Un de nos compatriotes qui avoit une ſucrerie à quelques lieuës du Bourg, me pria d'aller paſſer un jour chez lui ; j'y allai, & je fis le tour de l'Iſle ; ce n'eſt pas un long voyage, car elle n'a, ou ne m'a paru avoir que six à sept lieuës de tour ; elle est bien peuplée & bien cultivée. Les Danois ou Hollandois qui l'habitent ont des maisons fort propres ; mais il s'en faut beaucoup qu'ils entendent la conduite d'une habitation comme nos François refugiez. Ces derniers ont appris le fin du commerce des premiers, & y sont devenus assez habiles pour donner de la jalousie à leurs maîtres.

Le Lundi neuf nos deux Dames Angloises partirent dans une Barque Danoise qui devoit les porter à Saint Christophe ou à Antigues. Le Capitaine Daniel leur donna un ample passeport, aussibien qu'à la Caiche qui partit aussi. On se fit beaucoup d'honnêtetez de part & d'autre, & on se separa avec peine, parce que nous étions fort contens les uns des autres : nous avions vêcu près d'un mois ensemble dans une union & une societé aussi parfaite, que si nous eussions été de la même nation & de la même Religion, & que nous eussions été amis depuis long-temps.

Le Mardi 20. l'argent commençant à manquer à la plûpart de nos gens, j'aidai au Capitaine Daniel à les rassembler ; il fallut encore faire courir le bruit parmi eux, qu'on avoit avis d'un bâtiment

T iij

Anglois qui devoit arriver à Saint Thomas à tous momens. Cette fauſſe nouvelle les détermina à ſe rembarquer à nuit cloſe. J'avois été prendre congé du Gouverneur, & remercier Monſieur le Directeur chez qui j'avois toûjours logé, & tous les Officiers du Comptoir, deſquels j'avois receu beaucoup d'honnêtetez. Nos refugiez François m'envoyerent des rafraîchiſſemens ; il en vint quelques-uns à bord, je les retins à ſouper, ce qui fit que nous ne partîmes que ſur le minuit.

Nous prîmes la route de la grande Rüe des Vierges. Je ne ſçai par quelle raiſon le Capitaine Daniel mit en panne quand nous fûmes environ à trois ou quatre lieües de Paneſton ; je le vis à la fin quand il declara à ſes gens que ſi le vaiſſeau, dont on lui avoit parlé ne paroiſſoit point dans tout le jour, il avoit envie d'aller piller cette petite Iſle, qu'on appelle autrement la groſſe Vierge, étant bien ſeur d'y trouver de l'argent, & qu'elle ne leur coûteroit pas grande peine, ſi on ſurprenoit les Anglois deux heures avant le jour. Cela fut auſſi-tôt conclu ; nous moüillâmes entre deux Iſles pour n'être point apperçûs, & nous paſsâmes le reſte du jour à pêcher à la ligne. J'avois

Départ de S. Thomas.

déja remarqué dans mon voyage precedent que les canaux qui sont entre ces Isles sont très poissonneux, la pêche que nous fismes en celui-ci me convainquit encore davantage que le poisson fourmille dans ces endroits-là ; nous en primes presque de toutes les sortes, s'entend de celles qui mordent à l'ameçon, & en quantité. A Soleil couchant on apperçut quelque chose en mer, mais si éloigné de nous qu'on n'en pouvoit porter aucun jugement certain. Aussi-tôt on chassa dessus. On reconnut sur les dix heures que c'étoit un vaisseau assez gros qui tenoit le vent : nous manœuvrâmes pour le lui gagner en nous approchant de lui ; nous n'en étions qu'à demie portée de canon vers les deux heures après minuit. Il nous parut alors plus considerable qu'il ne l'étoit en effet, parce que la nuit nous le grossissoit ; on crut même avoir vû de la lumiere entre les deux ponts, ce qui marquoit qu'il avoit deux batteries ; de sorte que pour ne rien faire à l'étourdi, nous conservâmes le vent que nous avions sur lui, & le gardâmes le reste de la nuit. Dès que l'aube parut, nous mîmes pavillon Anglois, il le mit aussi, & l'assura d'un coup de canon. Nous vîmes alors que ce

Prise d'un vaisseau Anglois.

n'étoit qu'un bâtiment mediocre qui avoit douze canons. Nous amenâmes alors nôtre faux Pavillon & hiffâmes Pavillon blanc que nous affurâmes de trois coups de canon que nous lui envoyâmes ; il répondit affez bien avec le fien, pendant environ un horloge que nous le chaufâmes avec nôtre moufqueterie ; mais quand il vit que nous l'élongions pour l'aborder, il amena, & le Capitaine vint à bord. Il auroit mieux fait d'amener plutôt, il auroit confervé la vie à trois de fes hommes qui furent tuez, & n'auroit pas eu fix autres bleffez. Nos gens n'eurent pas feulement une égratignure. Après que la prife fut amarinée nous reprîmes le chemin de S. Thomas pour y vendre nôtre prife. C'étoit un navire de deux cens tonneaux, vieux, & chargé feulement d'eau-de-vie de cannes, de fyrops, & de fucre brut, avec quelques balles de coton, des cuirs verts, & deux caiffes de chocolat. Il alloit à la Virginie, où il devoit décharger fes marchandifes, & fe charger de poiffon fec & falé, de pois, de planches & de bois de charpente pour des habitans d'Antigues. Chemin faifant on s'accommoda avec le Capitaine Anglois, & on convint de la rançon qu'il nous donneroit pour fon vaiffeau, & fa carguaifon.

Françoises de l'Amerique. 441

Le Vendredi 13. nous mouillâmes avant jour à une demie lieuë de Saint Thomas. Le Capitaine Daniel avec son quartier-maître, & le Capitaine Anglois avec son écrivain allerent à terre ; ils reçûrent partie en argent, & partie en lettres de change sur la Martinique la somme dont on étoit convenu, qui étoit de vingt-deux mille cinq cens livres, & revinrent le soir à bord. Nous donnâmes à souper au Capitaine Anglois, & on le remit en possession de son vaisseau, dont on n'avoit tiré que quatre pieces d'eau-de-vie, & une caisse de chocolat, avec quelque petit pillage.

1705.
Retour à Saint Thomas

Nous levâmes l'ancre au point du jour le Samedi 14. Fevrier, & chacun fit route de son côté. L'Anglois nous salua de cinq coups de canon, on lui en rendit trois, & il remercia d'un.

Nous reprîmes la grande Ruë des Vierges. Nos gens oublierent leur dessein de piller Paneston, & ils firent bien ; car malgré ce que Daniel leur en avoit dit, je sçavois par un de nos Peres qui y avoit été prisonnier, que les habitans étoient très-pauvres.

Nous commencions à manquer de farine de manioc. Daniel résolut de s'en aller fournir à Saint Martin, où nous

T v

moüillâmes le Dimanche 15. après midi.

CHAPITRE XVI.

Des Isles de Saint Martin, & de Saint Barthelemy. Prise d'un Navire Anglois.

De l'Isle Saint Martin.

L'Isle de Saint Martin est située par le 18. dégrez, & un quart de latitude nord. On prétend qu'elle a quinze à seize lieuës de tour. Elle n'a ni ports ni rivieres ; on y trouve seulement quelques petites fontaines qui donnent de l'eau dans les temps de pluye, & qui tarissent aussi-tôt que la saison seche est venuë, parce qu'elles ne sont que des écoulemens des eaux de pluye ; de sorte qu'on y est réduit à l'eau de citerne, & de quelques mauvaises mares. Le terrain ne m'a pas paru fort bon, du moins dans les endroits où j'ai été ; mais il s'en faut bien que j'aye couru cette Isle autant que l'Isle à Crabes, & l'Isle d'Aves. On n'y fait que du tabac, de l'indigo, des pois, des farines de Manioc, un peu de Rocou & du sel tant qu'on en veut, car il n'y a qu'à le prendre dans les salines, où il se fait naturellement sans travail & sans dépense.

La rade où nous moüillâmes eſt à l'Oueſt-Sud-Oueſt, très bonne pour l'ancrage, mais expoſée à tous les vents qui viennent de dehors ; l'on y ſeroit fort mal dans un gros temps, & encore plus dans un Ouragan.

Les Eſpagnols avoient une Colonie ſur cette Iſle, & une Fortereſſe dont on voit encore quelques reſtes. Je ne ſçai de quelle utilité leur pouvoit être ce fort ni la garniſon qu'ils y entretenoient qui leur cauſoit une dépenſe très-conſiderable ſans leur apporter d'autre profit que celui d'empêcher que les autres Européens ne s'établiſſent dans les Vierges, ou ne profitaſſent de leurs ſalines. Ce dernier article ne valoit aſſurément pas la centiéme partie des dépenſes qu'ils faiſoient pour ſe les conſerver, puiſqu'on trouve des ſalines naturelles dans toutes les Iſles, tant celles qui ſont au vent, que celles qui ſont ſous le vent. Il eſt vrai qu'ils ont empêché pendant long-temps que l'on ne ſoit établi à Saint Barthelemi à l'Anguille, à Paneſton, Saint Thomas, Sainte Croix, l'Iſle à Crabes, & autres petites Iſles des environs ; mais comme ils n'avoient pû empêcher les Colonies Françoiſes & Angloiſes de s'établir puiſſamment à Saint Chriſtophe, Antigues, la

Guadeloupe, la Martinique, & autres Isles, ils prirent enfin le parti d'abandonner Saint Martin au commencement de 1648. Ils ramasserent pour cet effet autant de gens de travail qu'ils crurent en avoir besoin. Ils creverent & gâterent toutes les citernes, brûlerent les maisons, firent sauter la Forteresse ; & après avoir fait tout le dégast dont ils se purent aviser, ils s'embarquerent, & se retirerent à Port-ric.

Je ne sçai par quelle avanture il se trouva parmi eux quatre François, cinq Hollandois, & un Mulâtre. Ces dix hommes s'étant cachez dans les bois, lorsque les Espagnols s'embarquerent, se rencontrerent fortuitement au bord de la mer, & résolurent d'habiter l'Isle, & de la partager entre les deux nations, comme celle de Saint Christophe l'étoit entre les François & les Anglois. Ils concerterent les moyens d'executer leur dessein ; & les cinq Hollandois ayant fait une Piperie s'en allerent à Saint Eustache donner avis au Gouverneur de leur nation de ce qui étoit arrivé à Saint Martin, & de ce qu'ils avoient concertez avec les François. Ils devoient aussi avertir le Bailly de Poincy, Gouverneur de la partie Françoise de Saint Christophe,

Françoises de l'Amerique. 445

de l'état des choses, & de ce qu'ils étoient convenus avec les François qu'ils avoient laissé à Saint Martin; mais ils ne le firent pas. Au contraire le Gouverneur Hollandois de Saint Eustache envoya un Officier nommé Martin Thomas en qualité de Gouverneur, avec tout ce qu'il pût amasser de gens dans son Isle pour aller prendre possession de Saint Martin au nom des Etats Generaux leurs maîtres, prétendant par cet acte faire revivre les prétentions qu'ils avoient sur cette Isle.

1705.
Les Hollandois s'emparent de S. Martin.

Pour entendre ceci, il faut sçavoir que dès l'année 1637. les François avoient une Colonie, & un Gouverneur à Saint Martin. Les Hollandois s'y étant introduits par surprise, & s'étant ensuite trouvez les plus forts, bâtirent un Fort, & se maintinrent dans leur usurpation pendant quelques mois, jusqu'à ce que le Gouverneur Espagnol de Port-ric ayant fait un armement considerable, vint attaquer le Fort des Hollandois, & l'emporta après un siege de six semaines. Les François & les Hollandois furent faits prisonniers, & conduits à Port-ric, & en d'autres endroits, & les Espagnols demeurerent maîtres de l'Isle, y mirent une colonie & une garnison, augmenterent la Forteresse, & s'y maintinrent jusqu'en l'année 1648. que la trop grande dépense qu'ils étoient obligez de faire pour l'entretien de cette garnison, & son inutilité, les obligerent de l'abandonner.

On voit par ce recit le peu de droit que les Hollandois avoient sur cette Isle, & que la possession que Martin Thomas en prit au nom de ses maîtres en 1648. ne rendoit pas leur prétendu droit meilleur ; au contraire elle étoit une nouvelle preuve de leur mauvaise foy. Aussi les François qui étoient demeurez à Saint Martin, n'entendant point de nouvelles du Bailly de Poincy, se douterent de la perfidie des Hollandois ; mais comme ils n'étoient pas en état d'en tirer raison, ils dissimulerent sagement leur chagrin, & trouverent enfin le moyen de faire sçavoir au Bailly de Poincy tout ce qui s'étoit passé, & l'état où étoient les affaires.

Différend entre les François & les Hollandois.

Le Bailly de Poincy y envoya d'abord le sieur de la Tour avec trente hommes, pour voir de quelle maniere les Hollandois se comporteroient. Ceux-ci prirent les armes, & empêcherent le sieur de la Tour de mettre son monde à terre, prétendant être les seuls maîtres de l'Isle, comme l'ayant occupez les premiers après qu'elle avoit été abandonnée par les Espagnols. Le sieur de la Tour qui n'avoit pas assez de gens pour faire valoir les droits des François, s'en retourna à Saint Christophe, & aussi-tôt le Bailly de Poincy mit son neveu le sieur de Lonvilliers à la tête de trois cens bons hommes, & l'envoya prendre possession de l'Isle de Saint Martin, dont il l'établit Gouverneur. Il lui ordonna pourtant de n'employer les voyes de fait qu'au cas que les Hollandois ne voulussent pas lui ceder de bonne grace la partie de l'Isle, dont les François étoient maîtres, lorsqu'ils en furent chassez par les Espagnols.

Le sieur de Lonvilliers mit son monde à terre sans opposition, parce que les Hollandois n'étoient pas en état d'y mettre obstacle, & il envoya sommer le Commandant Hollandois de se retirer des quartiers François qu'il avoit occupé, ou de s'attendre à en être chassé par la force des armes, & châtié de la mauvaise foy qu'il avoit fait paroître en cette occasion. Martin Thomas prit le parti d'envoyer des députez au sieur de Lonvilliers pour traiter avec ceux qu'il voudroit nommer de sa part ; de sorte que l'accord fut bien-tôt conclu. Les terres de l'Isle furent partagées, de maniere que

1705.

Paix entre les deux nations.

les François demeurerent maîtres de tout le côté qui regarde l'Isle, appellée l'Anguille ; & les Hollandois de celui où étoit le Fort. Le quartier François se trouva beaucoup plus grand que l'autre, meilleur & plus sain. Les deux nations se prirent reciproquement sous la protection l'une de l'autre, & firent ensemble une ligue défensive. Le Pere Dutertre rapporte leur traité tout au long, il fut signé des parties interessées le 23. Mars 1648. sur une montagne qui faisoit la separation des deux quartiers, que l'on nomma à cause de cela la Montagne des Accords.

Depuis ce temps là jusqu'à la guerre de 1688. les deux nations avoient vecu en bonne intelligence ; mais les Anglois ayant été chassez des quartiers qu'ils occupoient à Saint Christophe au commencement de la guerre, on obligea tous les habitans de Saint Martin & de Saint Barthelemi de venir à Saint Christophe pour augmenter la Colonie Françoise, & occuper les quartiers dont on avoit dépoüillé les Anglois. Ceux-ci nous ayant chassé à leur tour de Saint Christophe, comme je l'ai dit en son lieu, la ruine de cette florissante Colonie entraîna avec elle celle de Saint Martin & de Saint Bar-

thelemi. Beaucoup d'habitans de ces
deux Isles perirent, d'autres s'établirent 1705.
en d'autres endroits ; de maniere qu'il
n'y en eut qu'assez petit nombre qui
retournerent à Saint Martin, après la
paix de Risvick en 1698. On leur donna
pour Commandant un des Lieutenans
de Roy qui y demeura jusqu'à ce
que la guerre s'étant allumée de nouveau
au commencement de 1702. il fut rappellé,
& nos Generaux voulurent obliger
les habitans de Saint Martin à se retirer
à Saint Christophe, ou dans quelque
autre Colonie Françoise. Mais ceux-
ci se souvenant des malheurs auxquels
leur translation precedente les avoit exposé,
ne voulurent point quitter leur
païs. Ils s'accommoderent avec les Hollandois
jurerent de nouveau leurs anciens
concordats, & demeurerent reciproquement
sous la protection les uns des
autres ; c'est ainsi qu'ils vivoient en bons
amis, & qu'ils obligeoient de vivre même
les Corsaires des deux nations qui
venoient se fournir de vivres chez eux.

Nos François n'avoient point d'Officier
du Roy à leur tête quand nous arrivâmes
à S. Martin ; c'étoit un habitant de
leur corps, Chirurgien de profession,
avec lequel j'avois fait le voyage de la

Martinique à la Guadeloupe en 1699. qui étoit leur Commandant. Je croi qu'il en avoit quelque espece de brevet du Commandeur de Quitant, lorsqu'il étoit Lieutenant General des Isles.

Outre cette charge il faisoit encore celle de Curé ; car depuis que leur Capucin avoit été assassiné par son Caraibe en 1699. pas un des Ordres Religieux qui sont établis aux Isles ne s'étoit trouvé disposé à leur donner un Curé résident, ceux qui étoient à Saint Christophe se contentoient d'y envoyer quelqu'un des leur de temps en temps, & ce secours avoit entierement cessé depuis que cette Isle avoit été prise par les Anglois. C'étoit donc Monsieur le Commandant qui assembloit son peuple les Fêtes & Dimanches dans l'Eglise, faisoit quelque lecture ou exhortation, recitoit les prieres, avertissoit des jeûnes & des Fêtes ; & comme je croi faisoit les corrections fraternelles à ceux qui s'écartoient de leur devoir.

Il faisoit encore l'Office de Juge ; & assisté du Maître d'Ecole qui lui servoit d'Assesseur ou de Procureur du Roy, & de son Frater, qui étoit le Greffier, il jugeoit souverainement, & en dernier ressort toutes les contestations qui s'éle-

1705.

Officier de Saint Martin, Curé, Juge, Medecin, & Gouverneur tout à la fois.

voient dans son Gouvernement : c'est dommage que j'aye oublié son nom, car il meritoit bien mieux que beaucoup d'autres d'avoir place dans ces memoires ; j'espere le mettre dans la seconde édition, & faire connoître à la posterité un homme, qui, à l'exemple de nos grands Prêtres de l'ancienne Loy, réünissoit en sa personne le gouvernement Ecclesiastique, Civil & Militaire, sans préjudice de l'autorité que la Faculté de Medicine, dont il étoit membre, lui avoit donné sur les Corps & les Bourses de ses habitans.

Monsieur le Commandant fut la premiere personne qui vint à moi, quand je mis pied à terre ; nous nous reconnûmes, nous nous embrassâmes, & les offres de service suivirent de près les complimens. Sa maison de ville, car il avoit une habitation à la campagne, étoit la plus apparente de dix-huit ou dix-neuf autres qui composoient la Ville de Saint Martin. L'Eglise, le Presbyterre, & la maison du Maître d'Ecole étoient à quelques cens pas delà. Monsieur le Commandant donna ordre qu'on avertit dans les quartiers qu'il étoit arrivé un Religieux, & aussi-tôt le Maître d'Ecole se mit en devoir de sonner la Messe, il avoit empoigné pour cela un gros Lambis percé qui faisoit autant de bruit qu'un cors de chasse ; c'étoit la cloche de la Paroisse, & du Capitole de cette republique ; & quoiqu'il fut près de quatre heures, & que j'eusse dîné, il vouloit me persuader de dire la Messe, parce qu'il étoit Dimanche, & me repeta plus de dix fois que je le pouvois, *in caso necessitas*. Je lui promis de la dire le lendemain, & tous les autres jours que je demeurerois dans l'Isle ; & pour faire diversion je lui demandai où il avoit étudié, me doutant bien qu'il avoit été compagnon d'étude de M. D. L. C. Doyen du Conseil Souverain de la Guadeloupe, puisqu'ils parloient latin à peu près l'un comme l'autre.

J'allai sur les cinq heures à l'Eglise que je trouvai fort propre, je visitai les vases sacrez, les ornemens & les livres, je fis de l'eau-benite, & je fis faire du pain pour la Messe ; & comme une partie de la Colonie s'y étoit assemblée, je leur fis une exhortation pour les préparer à recevoir les Sacremens de la Penitence & de l'Eucharistie. Je conferay avec Monsieur le Gouverneur sur les besoins spirituels de son Isle, afin que je pusse faire tout ce qui regardoit mon Ministere pendant que je serois avec eux.

En sortant de l'Eglise nous fûmes rendre visite au Commandant Hollandois, il n'avoit pas tant de credit que le nôtre, car il n'étoit pas Medecin, & il avoit un Ministre. Il nous reçut fort courtoisement, nos complimens se firent par interpretes jusqu'à ce que je sçûs qu'il entendoit le latin mieux que nôtre Maître d'Ecole ; pour lors nous parlâmes nous-mêmes ; il parloit peu, parce qu'il buvoit beaucoup & souvent ; il nous fit servir de la bierre, du vin de Madere, de la ponche, & du pain d'épices.

Après nôtre visite je m'en retournai chez Monsieur nôtre Commandant, où je fixai ma demeure.

J'allai à l'Eglise le lendemain avant le jour, & y demeurai jusqu'à plus d'une heure après midi ; je confessai beaucoup de personnes ; je chantai la Messe, je fis le Prône, & l'explication de l'Evangile, cinq ou six Baptêmes après la Messe, & le Catechisme aux enfans, & aux Negres.

A peine me donna-t'on le loisir de dîner qu'il fallut retourner à l'Eglise où je demeurai jusqu'à la nuit à confesser, & à faire le Catechisme. Je suppleai les ceremonies du Baptême à plusieurs enfans qui avoient été ondoyez par le Commandant, après m'être bien assuré qu'il avoit observé la forme prescrite par l'Eglise.

J'achevai le Mardi 17. de confesser le reste de la Colonie. Je chantai la Messe, & je donnai la Communion à tous ceux qui se trouverent en état de s'en approcher, & je publiai les bancs de plusieurs Mariages, dont les uns étoient à faire, & les autres à perfectionner, & c'est ce que je fis les deux jours suivans. Quand je dis que je perfectionnai quelques Mariages, je croi qu'on comprend aisément que c'étoit des gens qui n'avoient pas jugé à propos d'attendre qu'il y eût un Prêtre dans l'Isle. Ils s'étoient contentez du contrat civil, sans attendre que l'Eglise y joignit le Sacrement ; c'est ce que je fis à leur égard, & ce que j'y trouvai de merveilleux, c'est que toutes les parties après une épreuve, & une espece de novitiat de quelques années, ou de quelque mois, se trouverent si contentes les unes des autres, que pas une ne fit, ou ne témoigna la moindre répugnance d'achever ce qu'elles avoient commencé.

Toute cette petite Colonie qui ne montoit pas à plus de deux cens ames me pressa fort de m'établir chez eux. Mon

Ordre y avoit envoyé & entretenu les premiers Missionnaires qui y furent avec le sieur de Lonvilliers en 1648. & avoit accompagné les premiers habitans qui s'y établirent en 1636. On me fit voir une assez grande étenduë de terrain qui nous avoit été donnée ; & on me fit des offres très-avantageuses pour m'arrêter. Le besoin de ces pauvres gens m'y portoit, & si j'eusse été libre, je me serois consacré volontiers au service de ces peuples ; mais j'étois chargé de nôtre Mission de la Martinique, dont j'étois alors Superieur, & Vice-Prefet Apostolique ; de sorte que tout ce que je pûs faire fut de leur promettre de solliciter le Gouverneur General d'obliger les Capucins de leur envoyer un Curé, ou de se désister du droit qu'ils pouvoient prétendre avoir acquis sur cette Isle, depuis que nous avions cessé d'y entretenir des Missionnaires, auquel cas je ferois ensorte de leur en envoyer.

Les dévotions de nos Insulaires, & les Fêtes qui suivirent les mariages que je celebrai, furent cause que les farines & les pois que le Capitaine Daniel vouloit avoir, ne purent être embarqué que le Samedi au soir. Il fallut encore chanter la Messe le Dimanche, prêcher, faire le Catechisme, & puis dîner chez Monsieur le Commandant qui avoit prié le Gouverneur Hollandois & son Ministre, avec le Capitaine & le Lieutenant d'une Barque Corsaire d'Antigues qui étoit en rade auprès de la nôtre depuis deux jours. Nous nous serions battus dans tout autre lieu; mais le respect de la neutralité qui étoit entre les deux Nations, nous inspira des sentimens de paix, d'union, & même de politesse. L'Anglois nous salua avant de mouiller, & nous lui rendîmes coup pour coup. Nous le saluâmes en partant, & il nous traita de mêmes.

Départ de Saint Martin. Nous levâmes l'ancre sur les six heures du soir le 22. Février. Nous portâmes sur l'Isle de Saint Barthelemi: c'étoit encore une Colonie Françoise qui avoit eu le même sort que celle de Saint Martin, & dont les restes s'étoient retirez à Saint Martin pour y vivre en assurance. Il n'y a que trois lieuës de Saint Martin à Saint Barthelemi, & six lieuës de Saint Barthelemi à Saint Christophe. Nous rangeâmes la coste de Saint Barthelemi d'aussi près que les cayes, dont l'Isle est environnée, nous le purent permettre. Elle est bien plus petite que Saint Martin; ce qu'elle a de meilleur, & qui
ne

ne se trouve pas dans l'autre ; c'est un
Port excellent où les Vaisseaux de telle
grandeur, & en telle quantité qu'ils
puissent être sont dans une entiere seureté, étant à couvert des vents, & trouvent un fond d'une très-bonne tenuë.
Elle me parut assez montagneuse vers
son milieu ; c'est tout ce que j'en puis
dire, car nous la dépassâmes pendant la
nuit ; & nous nous trouvâmes le Lundi
au point du jour bien au vent de Saint
Christophe.

Isle de S. Barthelemi.

Je commençai pour lors à esperer d'être bien-tôt à la Guadeloupe ; car j'aurois
eu lieu de m'ennuyer d'un si long voyage,
si les services que j'avois rendus à nos
compatriotes de Saint Martin ne m'avoient consolé du retardement que cela
apportoit à mes affaires. Il arriva par
malheur qu'un canot d'Antigues qui alloit
à la Barboude, nous prenant pour être
de sa Nation, s'approcha de nous ; on le
laissa approcher jusqu'à ce qu'il ne pût
plus s'en dedire. Pour lors on lui fit
connoître sa bévûë, & on le pria de venir à bord. Il fit d'abord quelques ceremonies, deux coups de fusil qu'on tira à
son avant l'y déterminerent. Il y avoit
dedans six Blancs & quatre Negres. Ils
alloient à la Barboude porter des paquets

Prise d'un canot Anglois.

au General des Anglois Codrington qui s'y étoit allé divertir avec ses amis. D'abord nos gens résolurent d'aller enlever ce General, & je n'eus garde de m'opposer à ce dessein. Comme il falloit arriver la nuit, nous fîmes une bordée sur Antique ; & dès qu'il fut nuit nous portâmes sur la Barboude. Il ne faut pas confondre cette Isle avec la Barbade, cette belle Isle Angloise qui est au vent de toutes autres Isles, dont j'ai fait la description dans la cinquiéme partie de ces memoires ; celle-ci est au Nord-Est d'Antigue, petite, basse, sans rivieres, ni port. Elle est peu habitée, & appartient, comme je l'ai entendu dire, au General Codrington ; c'est sa menagerie, on y éleve beaucoup de moutons, de cabrittes & de volaille : on y fait du tabac, du mahis, des pois, & on y cultive le coton. La petitesse & la maigreur de son terrain ne permettent pas qu'on y fasse autre chose, & qu'on y établisse une Colonie un peu nombreuse.

Nos gens au nombre de cinquante-six se mirent dans nôtre canot, & dans celui qu'ils venoient de prendre, & conduits par deux de nos prisonniers qui avoient les mains liées derriere le dos, ils mirent à terre sur les trois heures après minuit. Ils étoient si bien guidez qu'ils surprirent un petit corps de garde de six hommes qu'ils amarrerent tous bien proprement, & desquels ils sçurent que le General Codrington étoit parti pour Antigue le jour précedent à soleil couchant. Ce fut un vrai chagrin pour nos gens, & sur tout pour quelques-uns qui étoient de la Guadeloupe qui se promettoient bien de faire payer à ce General leurs maisons qu'il avoit fait brûler en 1703. Au défaut du maître, ils s'en prirent à ses biens, sa maison fut pillée, on lui enleva douze ou quinze Esclaves ; il se trouva quelques pauvres Irlandois engagez que l'on retira de ce dur esclavage, en les faisant embarquer avec nous, & je croi que toute l'Isle auroit été saccagée, & réduite en cendre, sans la vûë d'un Vaisseau qui fit revenir promptement tout nôtre monde à bord.

Ils surprennent & pillent l'Isle de la Barboudes.

Il étoit environ midi le Mercredi 25. Fevrier quand nous commençames à porter sur lui. A mesure que nous en approchions, sa grandeur nous le rendoit plus respectable. Nous comptâmes sur son Pont & sur ses Châteaux, trente-deux canons montez. Il pouvoit avoir une autre batterie, dont nous voyons quelques sabords ouverts ; en un mot, c'étoit un

1705.

Combat contre un Vaisseau Anglois.

morceau de dure digestion. Daniel ne sçavoit à quoi se résoudre ; la plûpart de ses gens disoient que le Vaisseau étoit bien gros ; c'étoit dire qu'il le falloit abandonner & chercher une autre proye. Dans le temps qu'on consultoit, ce Vaisseau nous tira lui-même de l'irresolution où nous étions ; il se mit à faire feu sur nous, quoique nous ne fussions pas à portée, s'en fut assez pour nous faire connoître qu'il avoit peur. Aussi nôtre Capitaine s'écria, il est à nous, c'est un Marchand; allons, Pere, me dit-il, faisons vîte la priere, & buvons trois coups : aussi-tôt dit, aussi-tôt fait ; je fis la priere, on dit le *Confiteor*, je donnai l'absolution avec un mot d'exhortation, on apporta du vin, & de l'eau-de-vie, & tout le monde ventre à terre laissa tirer Monsieur l'Anglois qui avoit arboré une grande flâme, un pavillon traînant à l'arriere, & un Yiack à l'avant. Daniel seul étoit debout à l'arriere pour commander le gouvernail, & le quartier-maître à l'avant. Nous reçûmes à la fin un coup en bois, dont les éclats blesserent legerement deux de nos hommes. Daniel fit alors une bordée pour voir quel parti le Vaisseau prendroit, & asseoir un jugement plus solide. L'Anglois poursuivit d'abord sa route, & ensuite revira sur nous. Comme ces signes étoient équivoques, nous revirâmes sur lui, & il prit chasse, ce qui nous intrigua encore davantage. A la fin nous nous établîmes à sa hanche à bas bord, & nous commençâmes à le chauffer avec nos deux pieces de chasse qui étoient de six livres, & nôtre mousqueterie qui alloit par merveille. Dès qu'il paroissoit un Anglois sur les gaillards, il étoit aussi-tôt abbatu, & dès qu'on remarquoit le moindre mouvement à un sabord, il y avoit dix coups de fusil dedans. En moins de deux horloges nous lui coupâmes presque toutes ses manœuvres courantes; de sorte que ses voiles étoient la plûpart en partene. Nous eûmes pourtant un homme tué, & cinq ou six blessez; ce qui détermina Daniel à venir à l'abordage. Tout étoit disposé pour cela, & nous portions pour élonger le bâtiment à bas bord, quand nous vîmes qu'il amena son pavillon. Nôtre feu cessa aussi-tôt, le Capitaine avec Madame son épouse se mirent dans leur Chaloupe, & vinrent nous rendre visite. Je fus commis pour les recevoir, car Daniel avoit d'autres affaires. On peut croire que je le fis le plus gracieusement qu'il me fut possible. Le

V iij

1705.

Prise du Vaisseau Anglois.

Capitaine étoit blessé legerement au bras ; nôtre Chirurgien s'empressa pour visiter sa playe, qu'il ne trouva pas dangereuse, n'étant que dans les chairs. Je ne laissai pas de le faire coucher dans la Cabane de Daniel, & de donner la mienne à sa femme, que je consolai le mieux que je pûs.

Cependant Daniel fut à bord de sa prise avec cinquante hommes ; il y trouva encore 22. Anglois en vie & sains, 14. blessez & 8. morts. On jetta ceux-ci à la mer, les autres furent pansez, & des 22. autres, dix furent envoyez dans nôtre Barque, & les 12. autres avec 40. hommes des nôtres, & le quartier-Maître furent laissez dans le Vaisseau. Daniel fit mettre à part tout ce qui appartenoit au Capitaine Anglois & à sa femme, & le leur envoya sur le champ ; il ne dépoüilla pas les prisonniers, & leur fit à tous bien des honnêtetez. Ils le meritoient, car ils auroient pû nous donner plus de peine qu'ils n'avoient fait, étant dans un Vaisseau qui avoit porté autrefois 56. canons, qui en avoit réellement 32. montez, & qui auroit pû embarquer nôtre Bâtiment, comme sa Chaloupe ; & nôtre prise se trouva chargée de 380. pipes de vin de Madere avec quelques marchandises fèches. Il étoit près de sept heures quand le Vaisseau se rendit; on mit en panne le reste de la nuit pour épisser les manœuvres qui avoient été coupées, & pour mettre tout en ordre. Les écoutilles furent cloüées, & le Jeudi un peu avant le jour nous portâmes sur Antigues afin de passer entre cette Isle, & le grand Cul de Sac de la Guadeloupe.

Le Vendredi 27. sur le soir on me débarqua avec mon Negre à l'Islet à Goyanes, après un voyage de 52. jours pour faire 30. lieuës. Je laissai mon coffre à bord du Corsaire, & je n'emportai avec moi qu'un panier caraibe où étoit mon linge & mes habits. Je couchai chez mon confrere le Pere Gasset, Curé de cette Paroisse, & le lendemain je me rendis à nôtre Convent du Baillif.

CHAPITRE XVII.

L'auteur termine l'affaire d'un mariage clandestin. Raye d'une prodigieuse grandeur. Differentes manieres de pescher du poisson rouge. De la Vielle. Du Tazard, & du Balaou.

MOn arrivée fit plaisir à mes amis, & à ceux qui y avoient interest, comme le sieur Gressier, & sa prétenduë femme, (car on n'avoit point eu de mes nouvelles depuis la prise que nous avions renvoyées de l'Isle d'Aves, & on ne sçavoit que penser d'une si longue absence.)

Je fis avertir les prétendus mariez de mon arrivée ; ils vinrent me trouver aussi-tôt, & m'apporterent tous les certificats de Catholicité, de separation, & autres preuves dont ils avoient besoin. Je fis les procedures ordinaires ; & après avoir fait publier un banc dans leurs Paroisses, & dispensé des deux autres, je leur fis faire une nouvelle abjuration, après quoi je les renvoyai devant le Curé de la Cabesterre pour recevoir la benediction nuptiale. C'est ainsi que se termina cette affaire qui avoit attiré beaucoup de mauvais traitemens à nôtre Mission, & qui ne cesserent pas, quoique nous eussions fait beaucoup plus que nous ne devions pour avoir la paix, & pouvoir vivre en repos : mais il y a longtemps que les Missionnaires sont accoutumez à souffrir des traverses, quand ils veulent s'acquitter de leur devoir.

Je partis de la Guadeloupe le Samedi 14. Mars, & j'arrivai à la Martinique le lendemain un peu après midi.

Pendant que j'étois à la Guadeloupe nos Negres pêcheurs harponnerent une raye qui étoit la plus grande que j'eusse vû de ma vie, je la mesurai quand on l'eut tiré sur le sable, & je trouvai qu'elle avoit douze pieds huit poûces de large par le travers du corps, neuf pieds & demi depuis la tête jusqu'à la naissance de la queuë, & près de deux pieds d'épaisseur dans son milieu. Sa queuë avoit quinze pieds de long, vingt poûces de large à sa naissance, en diminuant insensiblement jusqu'au bout qui avoit un bon poûce & demi de diamêtre. La peau qui étoit plus épaisse que le cuir d'un bœuf étoit parsemée de mailles & d'ongles très-gros & très-forts. C'étoit une merveille que quatre hommes dans deux

Raye prodigieuse.

petits canots eussent pû amener ce monstre jusqu'à la lame. Ils l'avoient harponné, & on eut assez de peine à le tirer à terre. On se servit du foye pour faire de l'huile à brûler. Pour la chair qui étoit extremement longue, filasseuse, dure, coriace & de mauvais goût, on l'abandonna aux Negres qui salerent les meilleurs morceaux, & les endroits qui leur parurent les moins durs. Personne dans le quartier ne se souvenoit d'avoir vû une si grande Raye. Celles que l'on prend ordinairement à la Senne sont fort petites. Je n'en ai point vû qui eut plus d'un pied de largeur. Cela ne vient que de ce qu'on ne pêche pas assez avant dans la mer, parce que les filets dont on se sert ne sont bons que pour prendre le poisson qui vient à la coste ; au lieu que si nous avions des Barques, & des Tartanes de pêche pour aller en haute mer comme en Europe, nous aurions du poisson bien plus beau & plus gros.

Diverses manieres de pêcher.
Nous n'avons aux Isles que cinq ou six manieres de pêcher. La Senne, la ligne, la Traîne, le harpon & la nasse. J'ai parlé des deux derniers dans la premiere partie de ces memoires, en parlant des Tortuës à la pêche, desquelles on employe le harpon aussi bien que pour

le Lamentin, les grosses Rayes ; & lorsqu'on est en haute mer, pour les Dorades, le Germon, les Souffleurs, & autres poissons semblables ; il faut à present parler des trois autres instrumens, dont nous nous servons pour la pêche.

La Senne est un grand filet de cent ou six-vingt brasses de longueur, & quelquefois même davantage. On lui donne deux à trois brasses de largeur dans son milieu. Tout le monde sçait qu'une brasse vaut cinq pieds de Roy. Les mailles sont assez larges aux deux extremités, mais elles se retrécissent à mesure qu'elles approchent du milieu de la longueur où elles sont fort pressées, & font une maniere de poche assez profonde, d'où il est difficile que le poisson puisse sortir. Il y a du plomb tout le long d'un des côtez pour le faire aller à fond, & du liege ou autre bois leger à l'autre pour le soutenir à fleur d'eau, & le tenir étendu & à plomb. On met à chaque bout de la Senne un bâton d'une bonne grosseur aussi long que la Senne est large, aux deux bouts duquel on attache une corde assez lâche pour faire un angle vis-à-vis le milieu du bâton. On joint à cet angle une bonne corde de trente à quarante brasses de long, dont on laisse le bout à

Senne filet pour pêcher.

terre pendant qu'on s'avance en mer portant la Senne dans un canot, & la jettant à l'eau à mesure qu'on s'éloigne du rivage, en faisant un grand demi cercle. On apporte ensuite à terre la corde qui est attachée à l'autre bout de la Senne, & les gens qui sont à terre tirent à eux ces cordes, & ensuite la Senne le plus également qu'ils peuvent, en s'approchant doucement ; & se joignant à la fin ensemble, pendant que le canot se tient vers le milieu du filet, pour empêcher les poissons qui s'y trouvent pris de sauter par dessus, ce qui n'arrive encore que trop souvent. Ce filet balaye, pour ainsi dire, tout le fond de la mer, & ramasse tout le poisson qui s'y trouve. Il arrive quelquefois, quoique rarement, qu'on y prend de très-gros poissons, comme des Requins, des Pantoufliers, des Espadons ou autres poissons semblables, qui poursuivant d'autres poissons, & en trouvant un grand nombre à la coste, se trouvent renfermez avec eux dans le filet ; ce qui n'est pourtant pas un avantage pour les pêcheurs, parce qu'il arrive presque toûjours que ces gros animaux, dont on n'a que faire, coupent ou déchirent la Senne, & s'enfuyent avec ce qu'ils ont dévorez, & les autres qui étoient renfermez avec eux. Quand on s'apperçoit qu'il y a quelque poisson de cette espece dans une Senne, on lui jette au plus vîte un ameçon pour l'arrêter, ou bien on tâche de le harponner, ou de l'assomer; & on tire la Senne le plus proprement qu'il est possible, afin de les faire échoüer; car on est seur de les mettre facilement à la raison quand ils ont une fois le ventre à terre.

Il ne faut pas mettre l'Espadon au rang des poissons qui ne sont pas bons à manger; il est excellent, on en prend beaucoup dans la Mediterannée au Fare de Messine. On l'appelle Pesce Spada, ou poisson à épée. J'en ferai la description aussi bien que de la maniere dont on le pêche dans un autre ouvrage.

Espadon ou Pesce Spada.

On voit par cette manière de pêcher, que la Senne ne peut servir que pour prendre le poisson qui vient assez près de la coste, pour être renfermé dans l'espace que la Senne peut embrasser, & que celui qui se tient au large, & qui ne mord pas à l'ameçon demeure en repos. Ces filets ou Sennes doivent être faites de bonne ficelle de chanvre ou de pitte bien torse; on ne doit pas manquer de les teindre avec du Rocou, ou des restes d'Indigo pour leur donner une couleur un peu sombre, parce que s'ils étoient blancs, ils paroîtroient trop dans l'eau, & épouventeroient le poisson. On use de la même précaution pour les Folles, les Eperviers, & les lignes dont on se sert pour pêcher sur les bancs.

<small>Ligne de fond pour pêcher sur les bancs</small>

La seconde maniere de pêcher est à la ligne de fond. On choisit les endroits de la mer, dont on a reconnu la profondeur, qu'on regarde comme des bancs ou des terres plates & unies à 30. 40. & jusqu'à 120. brasses au dessous de la superficie de l'eau. Les poissons qui se trouvent en ces endroits mordent à l'ameçon; mais comme ils s'élevent rarement vers la moyenne region de l'eau, & qu'il arrive encore moins qu'ils quittent leurs domiciles, il faut les y aller chercher avec la ligne. Elle est pour l'ordinaire de bonne ficelle de chanvre ou de pite, bien filée & bien torse, depuis la grosseur d'une plume d'oye, jusqu'à celle du petit doigt. Les ameçons ou hains dont on se sert doivent être proportionnez à la grosseur de la ligne, & les uns & les autres à la force des poissons que l'on sçait par experience se trouver sur le banc où l'on va pêcher.

On attache l'ameçon à une queuë de fil d'archal, composée de sept ou huit brins tors enſemble du meilleur, & du mieux cuit qu'on puiſſe trouver. L'experience a fait connoître qu'il eſt moins ſujet à être coupé par les dents des poiſſons, ou rompu étant de cette façon, que s'il étoit ſimple, quoique de la même groſſeur que ſept ou huit brins enſemble. On donne à cette queuë deux pieds & demi à trois pieds de longueur. On attache au bout de la ligne qui joint la queuë de fil d'archal un plomb proportionné par ſa peſanteur à celle de toute la ligne, afin qu'il la puiſſe tirer en bas. On ente encore ſur la même ligne à differentes diſtances cinq ou ſix ameçons mediocres pour prendre les poiſſons qui nagent à quelque diſtance au deſſus du banc.

On ſe ſert de poiſſon pour garnir les ameçons ; celui qu'on y employe le plus ſouvent eſt le balaou, ou la ſardine.

Nous avions un Negre pêcheur à nôtre habitation de la Guadeloupe, qui étoit un des plus adroits & des plus heureux qui ait jamais exercé ce métier. Lorſqu'il ſortoit pour aller à la pêche, il demandoit aux Religieux quels poiſſons ils vouloient, & il les apportoit infailliblement. Cela le faiſoit paſſer pour ſorcier parmi ſes camarades ; d'autres croyoient qu'il mettroit une compo-

Excellent Negre pêcheur.

sition à l'apas qui attiroit le poisson, & on prétendoit que c'étoit de la graisse humaine; je n'ai pû m'éclaircir de cela avec lui, parce qu'il s'étoit perdu en mer quelque temps avant que j'arrivasse à la Guadeloupe. Mais son fils qui étoit presque aussi habile homme que lui, m'a assuré que ce qui rendoit son pere si assuré d'apporter le poisson qu'on lui demandoit, étoit la longue habitude, & la parfaite connoissance qu'il avoit des bancs, où l'experience lui avoit fait connoître les poissons qui s'y retiroient : car les poissons de banc changent rarement de demeure, & se mêlent peu avec ceux d'une autre espece que la leur. De sorte qu'avec ces connoissances, & de la graisse de chien, dont il frotoit l'apas & le fil d'archal de ses lignes, il étoit très-rare qu'il manquât de prendre le poisson qu'il vouloit avoir.

J'ai remarqué dans un autre endroit de ces memoires, qu'un Requin ou une Becune prendra plutôt un Negre qu'un Blanc, & un chien plutôt qu'un homme quand il trouve ces trois animaux à la mer; & comme cela ne peut venir que des corpuscules qui sortent differemment de ces trois corps, & frapent differemment les organes des poissons, il faut dire que la graisse de chien, dont l'apas étoit froté, répandoit une quantité confiderable de ces corpufcules attrayans qui frapoient vivement les organes des poiffons, & les excitoient à fe jetter avec impetuofité fur l'apas.

Comme ces bancs ne fe trouvent gueres plus près de terre d'une lieuë, & fouvent davantage, un Negre ne va jamais feul à cette pêche. Quand le canot eft un peu grand, on y met trois hommes: mais pour l'ordinaire les canots dont on fe fert n'ont befoin que de deux hommes; ils connoiffent qu'ils font arrivez fur le banc en fondant, ou en s'alignant à deux pointes de l'Ifle qu'ils ont remarqué, quand ils étoient juftement au lieu de leur pêche. Pour lors un des deux pêche, & l'autre foutient le canot avec fa pagalle contre les courans, & contre le vent, afin qu'il demeure toûjours au même endroit. On pêche la nuit comme le jour, & quand la nuit eft claire, c'eft un très bon temps pour la pêche.

Nous penfâmes perdre un de nos pêcheurs d'une maniere affez particuliere. La nuit étant fort éclairée, & la mer tranquille & fans vent, celui qui devoit foutenir le canot étoit affis en repos pendant que l'autre tenoit fes deux lignes &

1705.

Accident arrivé à un pêcheur.

pêchoit ; & comme dans cette situation il s'étoit assoupi, ayant un bout de sa casaque qui pendoit hors du canot, celui qui pêchoit apperçû un Requin dans le moment qu'il alloit prendre ce morceau de casaque ; il eut la presence d'esprit de se jetter sur celui qui dormoit, & lui ployant les bras en arriere, il aida au Requin à le dépoüiller de sa casaque qu'il emporta, sans quoi cet animal vorace l'auroit infailliblement tiré dans l'eau & l'auroit dévoré.

Entre plusieurs poissons qu'on prend à la ligne, il y en a deux qui meritent que j'en fasse ici la description.

Poisson rouge.

Le premier est le poisson rouge. On l'appelle ainsi, parce que sa peau & ses écailles sont d'une couleur de feu assez vive. Il a beaucoup de la figure de la tanche ; sa chair est très-blanche, & très-délicate ; ses œufs sont excellens ; il est gras & ferme, & également bon à quelque sausse qu'on le mette. J'en ai vû qui pesoient près de quarante livres ; mais ceux-là ne sont pas communs. Ceux qu'on prend ordinairement sont depuis quatre jusqu'à sept ou huit livres.

Vieille espece de poisson qui ressemble à la moruë.

Le second est presque entierement semblable à la Moruë pour la forme du corps, la peau, la chair & l'avidité qu'il a de mordre à l'ameçon. La difference qu'il y a entre ces poissons est, que je ne crois pas qu'on trouve des Moruës de deux cens livres & plus, comme on trouve de ces poissons. On les appelle des Vieilles. Leur chair est blanche, tendre, grasse, assez ferme, & s'éleve par écailles. La peau est grise, épaisse & grasse ; elles sont si gouluës, qu'elles se jettent sur l'ameçon aussi-tôt qu'elles l'apperçoivent, & l'avallent avec avidité ; mais quand elles se sentent piquées, elles se renversent tout l'estomac, comme si elles vouloient rendre par la gueule ce qu'elles ont avalé avec trop d'avidité, quoique ce mouvement ne serve d'ordinaire qu'à les étouffer plutôt, & à les empêcher de donner beaucoup d'exercice au pêcheur, à qui cela ne manqueroit pas d'arriver, si elles sçavoient se servir de leurs forces.

Je crois que ce poisson est le même que celui que les Anglois appellent Vieilles Femmes ; cependant comme les Auteurs n'en font pas une description bien exacte, je ne veux rien assurer là-dessus.

Quoique la chair de la Vieille soit excellente, étant mangée fraîche, il est pourtant certain qu'elle est plus délicate quand on la mange après qu'elle a été couverte de gros sel pendant cinq ou six heures. On se sert ordinairement de la tête pour faire de la soupe, ou pour mettre au bleu, le reste du corps se met à toutes sortes de sauffes & de ragoûts, & réüssit également bien ; ce qu'elle a de meilleur, est qu'elle ne dégoûte jamais, & que bien qu'elle soit fort nourrissante, elle est de très-facile digestion, pourvû qu'elle soit bien cuite ; car quand cette condition lui manque elle est dangereuse, du moins à ce qu'on dit dans les Isles.

J'ai connu un Capucin nommé le Pere Raphaël, qui pour en avoir mangé d'une qui n'étoit pas bien cuite, à ce qu'on disoit, avoit pensé mourir ; il avoit entierement changé de peau, & étoit demeuré tout le reste de sa vie tremblant comme un homme qui a le frisson. Je doute que le défaut de cuisson tout seul ait pû produire de si mauvais effets, ce bon Pere en devoit être quitte selon les regles pour une indigestion qui ne devoit pas avoir des suites si longues & si funestes ; & c'est ce qui me porte à croire que cette vieille avoit avalé quelques ordures qui l'avoient empoisonnée. Car comme ce poisson est fort goulu, il pouvoit avoir avalé des pommes de manceni-

Histoire d'un Capucin.

lier, des galeres, & autres choses veni‑
meuses qui ayent corrompu sa chair, &
causé ces accidens au Capucin.

On dit que les pêcheurs qui vont sur
le banc de terre-neuve appellent *Sancto‑
rum* les Moruës d'une grandeur extraor‑
dinaire. Supposé que mon idée soit juste,
& que la Vieille des Isles soit une espece
de Moruë, je doute qu'il se soit jamais
pris des *Sanctorum* de la taille & du
poids des Vieilles que j'ay vû à la Guade‑
loupe.

A propos de Vieilles, nos pêcheurs
furent un jour à deux doigts de se per‑
dre pour un de ces poissons. Pendant
qu'ils le tiroient à bord de leur canot,
un Requin vint fort incivilement les dé‑
charger d'une partie du fardeau qu'ils ti‑
roient, en coupant en deux, & empor‑
tant la moitié de la Vieille qu'ils avoient
pris. Nos pêcheurs s'étant piquez de ci‑
vilité, lui jetterent le reste des entrailles
de la Vieille attaché à un ameçon encla‑
vé dans une chaîne de fer, à l'extremité
de laquelle il y avoit une bonne & forte
ligne, dont le bout étoit amaré à l'avant
du canot. Ils avoient encore selon la cou‑
tume une masse de fer de sept ou huit
livres, dont le manche est assez long
pour atteindre, fraper & étourdir la bête.

Danger ou deux pêcheurs furent exposez.

quand ils en peuvent approcher affez près. Cela fuppofé le Requin ne manqua d'engloutir l'ameçon auffi-tôt qu'il le vit à la mer ; mais fe fentant pris, & après avoir traîné le canot affez long-temps, il s'en approcha enfin comme s'il eut voulu fauter dedans, ou le renverfer. Un des pêcheurs prit ce moment pour lui décharger un grand coup de maffe fur la tête, ce qui fit faire un faut prodigieux à l'animal, qui dans ce mouvement donna un fi grand coup de queuë fur l'arriere du canot qui étoit de bois d'Acajou, qu'il le fendit en deux pieces d'un bout à l'autre ; & s'il n'avoit pas été étourdi du coup qu'il avoit reçû, nos pêcheurs auroient mal paffé leur temps. Heureufement pour eux il prit fa route vers la terre où il s'échoüa, ayant traîné avec lui un de nos pêcheurs dans cette moitié de canot. On fut obligé d'aller chercher l'autre qui fe tenoit dans l'autre moitié du canot, avec le refte de la Vieille qui pefoit encore près de cent livres. On trouva dans le ventre du Requin ce qu'il en avoit avalé, qui n'en étoit pas plus mauvais pour y avoir féjourné deux ou trois heures.

C'eft la rencontre de ces animaux carnaffiers qui fait tout le defagrement de cette pêche ; parce qu'ils se tiennent en garde dès qu'ils voyent un canot, comme s'ils sçavoient qu'on ne fut-là que pour pêcher, & prendre du poisson pour eux. Il est vrai qu'il leur en coûte souvent la vie ; mais on est toûjours exposé a beaucoup de dangers dans de petits canots, quand on a accroché un de ces animaux là.

La troisiéme maniere de pêcher est la Traîne. On va à cette pêche deux heures avant le jour. On s'éleve au vent autant qu'on le juge à propos, après quoi on vire le canot, & on jette une ligne de chaque côté, ou quelquefois une à l'arriere. On y met un Balaou pour apas, ou seulement deux plumes blanches, comme on fait dans les vaisseaux pour prendre les Dorades, & on laisse courir le Canot. Le poisson qui s'y prend le plus ordinairement est le Tazard. C'est un poisson long, & qui ressemble assez au Brochet, excepté qu'il a la gueule plus courte. Il est vorace & hardi, il court avec avidité à la proye ; & quand on a soin de faire sautiller l'apas, soit Balaou, soit plumes, en remuant la ligne, on le voit qui se jette dessus, & qui l'englouti aux dépens de sa vie. Il est vrai qu'il donne souvent de l'exercice aux pê-

Maniere de pêcher à la Traîne.

cheurs ; car il eſt fort & vigoureux ; & quand il ſe ſent pris, il ſe donne de terribles mouvemens pour ſe décrocher. On en trouve communement de cinq & ſix pieds de longueur, & d'une groſſeur conſiderable. Sa chair eſt blanche & ferme, mais un peu ſeche ; elle eſt ſaine & d'aſſez facile digeſtion quand le poiſſon n'a rien mangé qui le puiſſe empoiſonner ; mais comme il eſt gourmand, il avale auſſi bien que la Becume tout ce qu'il rencontre, galeres, pommes de macenilier, arraignées, tout lui eſt bon ; c'eſt pourquoi quand on le prend il faut examiner ſes dents & goûter ſon foye ; car ſi celui-ci eſt amer, ou que les dents ſoient noires, c'eſt une marque certaine qu'il eſt empoiſonné, & que par conſequent on ne peut pas en manger ſans s'expoſer au danger de l'être auſſi. Selon les lieux où l'on traîne, on prend auſſi des Becunes ; j'en ai fait la deſcription dans la premiere partie. Cette maniere de pêcher eſt agreable, on joüit de la fraîcheur du matin, & on prend du poiſſon ſans ſe fatiguer. Le ſeul deſagrement qui s'y trouve eſt d'être quelquefois dévaliſé par les Requins.

J'ai parlé du Balaou ſans le faire connoître, & ſans dire de quelle maniere on le pêche.

Ce poisson ressemble assez à la Sardine, excepté qu'il a le dos plus quarré. Sa tête est comme celle de l'Orphi, c'est-à-dire qu'il a un avant-bec de deux à trois poûces de long. Sa chair est blanche, ferme, délicate, & un peu séche. Il n'a qu'une seule arrête ; quand il est cuit il se partage naturellement en deux, depuis le col jusqu'à la queuë, & la chair se separe aisément de l'arrête qui est assez foible. La longueur ordinaire de ce poisson est de huit à neuf poûces. On le fait frire, on le mange au bleu, ou à la sauce robert, comme les harangs frais ; de quelque maniere que ce soit il est toûjours très-bon, très-sain, très-nourrissant, il donne même de l'apetit, & il est de facile digestion.

Mais, à mon goût, la meilleure maniere de l'accommoder, est de le faire griller au gros sel, c'est-à-dire, qu'après l'avoir lavé on le saupoudre de gros sel que l'on laisse dessus pendant une heure ou environ, après quoi on secouë le sel qui y étoit attaché, & on le fait rôtir sur le gril pour le manger avec le jus d'orange, à mesure qu'on le tire de dessus le feu, où il suffit qu'il reste un moment pour être suffisamment cuit. Etant aprêté de cette maniere simple, il

Balaou & sa pêche.

donne un apetit extraordinaire ; & comme il est de facile digestion, on en peut manger tant que l'on veut, sans craindre qu'il fasse jamais de mal.

Ce poisson multiplie infiniment, c'est une véritable manne pour le païs. Il arrive souvent que les Sennes en renferment des lits entiers, c'est-à-dire, des bandes si grandes & si nombreuses, qu'elles couvrent quelquefois plus de cent cinquante pas en quarré de la superficie de la mer.

Pêche particuliere du Rasaou.

Outre cette maniere de le pêcher qui lui est commune avec tous les poissons qui s'approchent du rivage, il y en a une autre qui lui est toute particuliere ; c'est de le prendre la nuit au flambeau. Deux personnes se mettent dans un petit canot qu'ils laissent aller au gré du vent, & de la marée. Celui qui est assis à l'avant tient un flambeau de bagaces, ou de bois de chandelle, qu'il panche un peu vers l'eau. Plus la nuit est obscure, & plus on est assuré de faire une bonne pêche, parce que le poisson voyant la lumiere du flambeau s'empresse pour s'en approcher, en faisant des sauts & des caracoles autour du canot. Celui qui est à l'arriere a une poche de raiseau de deux pieds de profondeur, & d'environ un pied & demi de diamètre attachée autour d'un cercle, auquel est joint un manche de sept à huit pieds de long. Il passe son filet sous le poisson, qui ne regardant que la lumiere du flambeau, ne prend pas garde au filet qui est sous lui, avec lequel on l'enleve, & on le met dans le canot. Cette pêche est divertissante, & souvent très-abondante, car toutes les côtes de nos Isles sont extraordinairement poissonneuses.

Il arrive quelquefois que des lits entiers de toutes sortes de poissons s'échoüent sur les côtes, comme si c'étoit les restes d'une armée défaite, qui cherchant son salut dans la fuite, aime mieux se jetter entre les mains des hommes, que d'être la proye des autres poissons ses ennemis.

J'ai parlé dans la premiere partie de quelques autres manieres de pêcher, soit dans la mer, soit dans les rivieres, auxquelles je renvoye le lecteur.

Il arriva dans les premiers mois que j'étois Curé de la Paroisse du Maconba à la Martinique, qu'une très-grande quantité de Souffleurs s'échoüerent sur les côtes du Potiche qui est un quartier de cette Paroisse. Je croi que ce poisson est le même que celui qu'on appelle Dan-

1705.

Souffleurs ou Dauphins.

Leur description.

phin dans la Mediterannée, ou que s'il y a quelque difference, elle est fort petite. Ces animaux vont toûjours en troupes, sautant les uns après les autres, & toûjours le nez au vent, ou quand il fait calme du côté que le vent doit venir. Ils ont la tête grosse, le groüin un peu allongé, la gueule large ; leur corps est long & rond, gros auprès du col, & diminuant beaucoup vers la queuë, qu'ils replient sous le ventre quand ils veulent s'élancer ; ils semblent dans ce mouvement qu'ils ont le dos arcqué. Ils sont extrêmement gras & remplis d'huile. Il faut être dans la necessité pour manger de la chair de ceux qui sont vieux. Outre qu'elle est huileuse, elle est dure & coriace ; on dit pourtant que celle des jeunes est passable, & qu'on en peut manger, je n'en ai point fait l'experience. On ne se sert de ces poissons que pour faire de l'huile. On coupe la chair par morceaux, & on la fait boüillir pour en recueillir l'huile qui n'est bonne qu'à brûler.

Il en échoüa une fois un très-grand nombre dans l'ance de nôtre habitation du fond Saint Jacques. Tous nos voisins vinrent en diligence prendre leur part de ces poissons, & les emporterent chez eux avant que les Fermiers du Domaine du Roy en fussent avertis, parce qu'ils n'auroient pas manqué de s'en emparer; car aux Isles comme en France, ces sortent d'oiseaux ont les griffes aussi aiguës, & les serres aussi bonnes qu'en aucun lieu du monde.

On employa toute la chair de ces animaux à faire de l'huile à brûler; sur quoi on observa que les chaudieres à sucre dont on s'étoit servi pour cela, avoient duré bien davantage qu'elles n'auroient dû faire, & que la graisse qui les avoit penetré, avoit rendu le métal plus doux & plus hant.

CHAPITRE XVIII.

Mort du Sieur Lambert, Capitaine de Flibustiers. L'auteur se prepare à passer en France pour les affaires de sa Mission.

J'Apris en arrivant à la Guadeloupe la mort de mon intime ami le sieur Julien Lambert, un des plus braves & des plus heureux Capitaine Corsaire que l'Amerique ait eu depuis long-tems. Quoiqu'il eut perdu un bras dans l'affaire de Saint Christophe, il n'avoit pas laissé de se trouver l'année suivante à la défense de la Guadeloupe, & de s'y distinguer par plusieurs belles actions. Je les ai passé sous silence, parce que sa valeur étoit assez connuë, & qu'il n'avoit pas besoin du secours de ma plume, pour être estimé generalement de tout le monde. Il avoit du bien au-delà de ce qu'il lui en falloit pour vivre à son aise, & ses amis lui conseilloient de ne plus aller en mer ; mais sa bravoure ne lui permettoit pas de demeurer inutile à sa patrie, lorsqu'il croyoit lui pouvoir rendre service. Il équipa une barque de six canons, & de 80. hommes d'équipage, avec laquelle il fit pendant près de deux ans beaucoup de prises & de descentes sur les côtes des Isles Angloises, d'où il enleva des esclaves en quantité, & fit un butin considerable. Ayant enfin trouvé le dernier jour de Janvier de cette année un Corsaire Anglois plus fort que lui en hommes, & en canons, il l'attaqua avec tant de vigueur, qu'après un combat de près de quatre heures l'Anglois alloit se rendre, & avoit déja amené son pavillon, lorsqu'un des ennemis se trouvant encore en main un pistolet chargé, le

Mort du capitaine Lambert.

tira, & donna juste dans la tête du Capitaine Lambert, qui mourut quelques momens après. Ce coup fatal étonna son équipage, & l'Anglois qui s'apperçut du desordre qui étoit parmi eux, hissa de nouveau son pavillon & s'échapa ; & le corps de mon ami ayant été apporté à la Martinique fut enterré dans nôtre Eglise du Moüillage le troisiéme jour de Fevrier. Sa mort fut pleurée de toute la colonie qui l'estimoit & qui l'aimoit ; & les Anglois même qu'il avoit pris le regreterent infiniment, & lui rendirent cette justice, qu'ils n'avoient jamais connu un plus brave, plus genereux, & plus honnête homme que lui.

La mort du jeune Negre qui me servoit, suivit celle du Capitaine Lambert, il n'étoit âgé que de seize ans & demi, & à cet âge il avoit plus d'esprit, d'ordre, de fidelité & de bonne volonté qu'on n'en auroit pû desirer dans une personne beaucoup plus âgée. Quoiqu'il fut chargé de tout le détail de la maison, & qu'il eut l'inspection sur tous les autres domestiques, il menageoit tellement son tems & ses occupations, qu'il sembloit qu'il n'eut rien à faire. Il avoit une presence d'esprit merveilleuse, & une exactitude surprenante. Il mourut le 13. Juil.

let avec des sentimens très-Chrétiens, & que je pourois appeller heroïques dans un enfant, consolant ceux qu'il voyoit affligez de sa mort, & leur promettant de se souvenir d'eux, si Dieu lui faisoit misericorde. Il se confessa deux fois en 24. heures que dura sa maladie, & reçut ses Sacremens avec une très-grande pieté. Son mal étoit un Tetanos ou racourcissement de nerfs qui lui avoit été causé par une piquûre au talon trois jours auparavant. Quoique ces sortes de piquûres soient pour l'ordinaire mortelles, je croi que l'ignorance du Chirurgien qui le pansa, contribua à sa mort, & que cette piquûre n'auroit pas eu une si funeste suite, si on l'avoit dilatée ; mais il se contenta selon la methode de ces ignorans fraters d'y mettre un emplâtre de diapalme qui sécha & resserra la plaïe, & y fit venir la gangrene, & cet autre accident. Je l'aimois tendrement à cause de ses bonnes qualités. Il est vrai qu'il étoit fier & glorieux autant qu'un Negre le peut être, & c'est beaucoup dire, mais aussi c'étoit son unique défaut, qui tout défaut qu'il est, empêche souvent de tomber dans d'autres. J'avois dessein de lui faire voir l'Europe, & de l'y mener avec moi ; car la situation des affaires de nos Missions, les atteintes continuelles que l'on donnoit à nos privileges, les injustices criantes que l'on nous faisoit, & le peu de Religieux que nous avions, nous avoient obligez de nous résoudre à députer quelqu'un d'entre nous en Europe pour tâcher de trouver quelque remede à tous ces maux. Le sort tomba sur moi. Malgré toute ma résistance je fus choisi pour cet emploi. Le Superieur General m'établit par une patente son Commissaire par toute la France, & la Mission me donna une procuration très-ample pardevant Notaires pour m'authoriser dans les affaires dont j'étois chargé. On me donna une lettre de change de deux mille francs, & mes amis me firent encore des presens, tant en argent qu'en sucre, chocolat, confitures, & autres denrées du cru du païs, afin que je pusse faire des presens en France. On fit aussi charger dans le vaisseau où je devois passer de très-bonnes provisions; & après que j'eus fait mes adieux à quelques amis qui étoient du secret de ce voyage : car je fus obligé de le tenir secret, de peur que nos ennemis n'y missent quelque obstacle, je partis de nôtre Couvent du Moüillage le Samedi 8. Aoust à trois heures du matin dans un canot qui me porta au Fort-Royal où étoit le vaisseau. Nôtre Superieur General me vint conduire, nous allâmes d'abord mettre mes hardes à bord du vaisseau, & puis nous fûmes chez les Capucins, où nous dinâmes & passâmes une partie de la journée jusques sur les cinq heures du soir que nôtre Superieur General me conduisit à bord du vaisseau qui me devoit porter en France.

CHAPITRE XIX.

L'Auteur part de la Martinique. Etat de la Flotte. Des Isles Bermudes. Son arrivée à Cadix.

LE vaisseau dans lequel je m'embarquai se nommoit le Saint Paul de Marseille, il étoit monté de 24. canons, & en auroit porté 40. s'il n'eût point été en marchandise. Il étoit commandé par le sieur Gauteaulme, un des plus honnêtes & des plus polis hommes de mer que j'aye connu. Nôtre équipage étoit de 95. hommes, tous provenceaux, à l'exception d'un vieux Pilote des environs de la Rochelle. Nous avions pour Aumônier un Cordelier nommé le Pere

Comte, très-sage Religieux, & d'un grand exemple. Ce vaisseau appartenoit à Messieurs Maurellet de Marseille, & repassoit en France un de ces Messieurs qui avoit demeuré plusieurs années à la Martinique, à la tête du grand Negoce que ses freres y faisoient ; c'étoit le sieur Jean-Baptiste Maurellet, âgé d'environ 64. ans, très-honnête homme, & bon Chrétien, qui s'étoit acquis l'estime & l'amitié de tous les habitans des Isles pour sa droiture & ses manieres civiles & accommodantes. J'étois depuis long-tems de ses amis, & j'ai reçu de lui & de sa famille une infinité de marques d'une veritable affection. Nous avions dans le même vaisseau la Damoiselle Boisson, épouse du neveu du sieur Maurellet ; c'étoit une créolle de la Paroisse de Sainte Marie de la Martinique, fille du sieur l'Ecaudé Saint Aubin, dont j'ai parlé en quelque autre endroit. Cette Damoiselle pouvoit avoir 25. à 26. ans, elle étoit fort sage, fort bien faite, & d'un très-bon esprit.

Le reste de nôtre flotte consistoit en 14. autres vaisseaux, outre lesquels il y en avoit un de 40. canons nommé le Sencelar qui avoit porté des Negres à Cartagene pour le compte de la Compagnie

Etat de la flotte Françoise.

de l'Assiente. Ce vaisseau appartenoit au Roy, quoique celuy qui le commandoit ne fût pas du corps de la Marine. Ce Capitaine offroit de convoyer la flotte, mais il faisoit si fort le rencheri, & vouloit des conditions si extraordinaires & si peu usitées, que les autres Capitaines ne jugerent pas à propos de les lui accorder; de sorte qu'il prit sa route d'un côté avec un flibot, & nous de l'autre. Nous avions deux vaisseaux de 32. canons, un de 28. le nôtre en avoit 24. & le moindre 14. Tous nos Capitaines s'associerent pour se défendre les uns les autres, & se servir reciproquement de convoi jusqu'à cinquante lieuës au-delà du débouquement.

Départ de la flotte.

Nous mîmes tous à la voile la nuit du Samedi au Dimanche 9. Aoust, deux heures ou environ avant minuit, & nous perdîmes la terre de vûë sur les dix heures du matin.

Rencontre de deux Anglois.

Le 12. au matin nous nous trouvâmes par le travers de la Mone, petite Isle déserte entre Port-ric & S. Domingue. Un vaisseau Anglois qui avoit l'air d'une Caïche, accompagné d'une barque, voulut s'approcher de nôtre flotte, mais nôtre Commandant ayant fait un signal, nous carguâmes tous nos voiles,

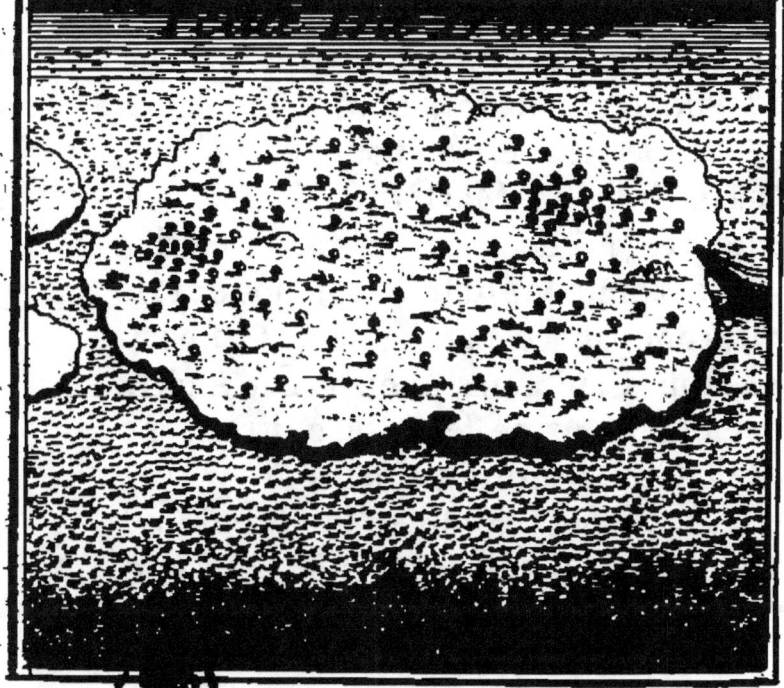

Françoises de l'Amerique. 493

1705.

pendant que deux de nos bâtimens leur allerent donner la chasse ; ils revinrent nous rejoindre trois heures après, & aussi-tôt nous éventâmes nos voiles, & portâmes à route.

Nous débouquâmes le 13. c'est-à-dire, que nous sortimes tout-à-fait des Isles, & entrâmes dans la grande Mer.

Le 14. sur le soir nôtre flotte se divisa, nous nous dîmes adieu, & nous nous separâmes. Onze de nos vaisseaux qui alloient dans les Ports du Ponent firent route au Nord ; & nous qui allions au détroit nous portâmes au Nord-Est. Nous étions en compagnie de deux autres vaisseaux, un de Nantes, nommé le Comte de Toulouse, commandé par le Capitaine Boyer ; c'étoit une prise Hollandoise de grande apparence, elle avoit 28. canons montez, & 80. hommes d'équipage, elle étoit percée pour 48. pieces. L'autre étoit de Marseille ; c'étoit une petite fregate de 14. canons, appellée la Paix, bonne voiliere & fort jolie ; elle étoit commandée par le sieur Casineri. Nos trois Capitaines avoient fait societé ensemble, pour ne se point quitter, & se défendre reciproquement.

La flotte se separe.

Le 19. nous passâmes le Tropique. Comme nous n'avions dans le bord que la Damoiselle Boisson qui n'eût point passé cet endroit-là, le conseil voulut bien la dispenser de la loi du Baptême, bien entendu qu'elle payât les frais, comme si elle eût été baptisée, & même un peu mieux.

Le 21. au matin nous vîmes un vaisseau, auquel nous donnâmes la chasse jusqu'à la nuit sans le pouvoir joindre. Il y a apparence qu'il fit fausse route pendant l'obscurité pour s'éloigner de nous, ce qui lui réüssit si bien que le lendemain nous ne le vîmes plus. Ainsi font les gens sages quand ils ne se sentent pas les plus forts.

Le 26. nous découvrîmes la Vermudé, ou les Bermudes; car c'est un assemblage de plusieurs Isles, environnées de rochers & de hauts fonds qui en rendent l'entrée très-difficile, & l'approche très-dangereuse. Elles sont fameuses par les tempêtes que l'on trouve presque toûjours dans leur parage, & par le grand nombre de bâtimens qui y ont peri. C'est ce qui les rend redoutables aux Navigateurs qui comptent leur voyage presque achevé quand ils les ont dépassées. Les courans nous y avoient porté malgré nous, & nous en mirent à deux lieuës près; nous les avions à bas bord, & nous

Vûë de la Vermude.

eûmes le bonheur de les passer avec un petit vent frais, comme un vent alisé, & une Mer unie comme une glace.

Ces Isles ont été connuës des Espagnols dès le commencement de leurs découvertes, parce qu'elles se trouvent sur la route qu'ils prenoient, & qu'on est encore aujourd'hui forcé souvent de prendre pour revenir en Europe. Si tous les vaisseaux Espagnols, & autres qui y sont peris nous avoient donné des rélations du païs, nous serions bien amplement informé de leur état.

Elles gisent par les 33. dégrez & demi de latitude septentrionale. Pour la longitude, on me permettra de n'en rien dire, de peur de tromper ceux qui s'en rapporteroient à ce que je leur dirois sur le rapport d'autrui.

Dès l'an 1522. les Espagnols résolurent d'établir une Colonie dans ces Isles ; la commission en fut donnée à un Portugais, nommé Ferdinand Camel. Rien n'étoit plus à propos que cet établissement, les habitans auroient secouru ceux que la têmpête auroit jetté sur leurs côtes, & receüilli les débris des naufrages ; ç'auroit même été un azile pour ceux qui ayant beaucoup souffert en Mer, se féroient trouvé dans le bêsoin de se radouber, ou de se pourvoir d'eau & de vivres. Il y a apparence que Camel y fut, & on le conjecture par la quantité très-considerable de cochons marons que les François, & les Anglois après eux, y ont trouvé ; car la coutume invariable des Espagnols a toûjours été de mettre de ces animaux dans toutes les terres du nouveau monde, afin qu'ils y multipliassent, & que ceux qui y aborderoient les pussent trouver, & s'en servir.

Cependant le dessein des Espagnols n'eut point de succès ; soit que les Compagnons de Camel méprisassent un païs où ils ne trouvoient point de mines d'or comme dans leurs autres découvertes, soit pour d'autres raisons qui ne sont pas venuës à ma connoissance, ces Isles demeurerent desertes, & inhahitées pendant près d'un siecle, ou du moins jusqu'à l'année 1593. qu'un vaisseau François, commandé par le Capitaine la Barbotiere fut jetté sur les côtes par la tempête, & par l'imprudence de son Pilote. Le Capitaine avec 26. hommes de son équipage, entre lesquels étoit un Anglois nommé Henri Mai se sauverent à terre, visiterent ces Isles, & trouverent sur les côtes assez de débris & d'agrez pour construire un petit bâtiment qui les porta en France. La Barbotiere ne manqua pas d'informer la Cour de sa découverte, de la bonté du païs, & des avantages que la Nation en pourroit retirer si on y envoyoit une Colonie. Mais les guerres civiles qui desoloient alors le Royaume empêcherent qu'on ne pût penser à cet établissement; & cependant Henri May étant passé en Angleterre, & ayant publié une relation de ce qu'il avoit remarqué dans ces Isles, fit naître l'envie à bien des gens de s'y aller établir. Le projet d'Henri May n'eut pourtant point de suite. Les Anglois eurent des raisons de n'y envoyer personne, dont la meilleure fut selon les apparences, que la Barbotiere en ayant pris possession au nom de son Prince, ils ne pouvoient s'aller établir dans un païs où ils n'avoient rien à prétendre qu'aprés que les François auroient entierement abandonné le droit qu'ils y avoient acquis, en negligeant pendant un long-tems de s'y aller établir.

Le Chevalier George Sommer Anglois revenant de la Virginie en 1609. fit naufrage sur les côtes de la Vermude. Il se sauva à la nage avec ses gens, & ayant trouvé le moyen de repasser en Angleterre, il publia une relation de ces

1705. Isles, auxquelles il donna son nom, les appellant Sommers-Isles, ou les Isles de Sommer, soit pour se rendre plus recommandable dans le monde, soit pour faire croire que ce n'étoit pas les mêmes que celles qu'on avoit appellées jusqu'alors Bermudes du nom du Capitaine Espagnol qui y avoit mis pied à terre le premier. Ce changement de nom ne dura point ; on ne le trouve que dans quelques vieilles cartes & routiers Anglois, & le nom de Bermudes ou Vermudes a été conservé à ces Isles. Ce que Sommer fit de meilleur pour sa nation fut d'engager plusieurs personnes de faire une Compagnie pour peupler ces Isles.

Les Anglois s'y établissent en 1612.
Ils en obtinrent enfin la permission du Roy d'Angleterre en 1612. & la Compagnie y envoya d'abord soixante hommes sous le commandement de Richard More, qui pendant les trois années de son gouvernement reçut plusieurs secours d'Angleterre, & fortifia beaucoup les deux passes, par lesquelles on pourroit venir attaquer ces Isles.

Daniel Tucker succeda à More en 1616. & eut pour successeur Butler en 1619. Depuis ce tems-là les Anglois ont continué d'y envoyer des Gouverneurs & des Colons ; ils y ont établi leurs loix,

& la forme de leur gouvernement, & en ont fait une Colonie nombreuse & riche.

On a fait de tous tems d'excellent Tabac à la Vermude ; le climat & le terrain s'y sont trouvez très-propres, aussi bien que pour les fruits, tant de l'Europe que de l'Amerique qui y viennent en perfection.

Ces Isles sont à peu prés la figure d'un arc, dont la courbure regarde le Sud & la Corde-Est au Nord. Elles sont toutes environnées de rochers, de brisans & de hauts-fonds, qui ne laissent entre eux que deux passes qu'il faut bien connoître avant de s'y engager, sur les bords desquelles on a élevé des Forts & des batteries qui mettent ces Isles en état de ne rien craindre de dehors.

La Mer qui est renfermée entre ces écueils, & qui fait de larges canaux pour la separation de ces Isles, n'est point sujette aux tempêtes, qui agitent celle qui est au dehors, c'est ce qui la rend extremement poissonneuse.

J'ai remarqué en parlant des barques dont on se sert à l'Amerique, qu'il y a à la Vermude d'excellens constructeurs de ces sortes de bâtimens. Ils n'y employent pour l'ordinaire que du cedre que nous appellons chez nous Acajou, qui rend leur ouvrage plus leger, & en quelque forte incorruptible. Outre ces barques qui peuvent faire de trés-longs voyages, ils font une forte de batteaux, dont ils ne se servent que dans l'enceinte de leur Mer tranquille pour aller d'un lieu ou d'une Isle à l'autre. Il faut y être accoutumé pour s'en servir sans frayeur; car dès qu'ils en ont hissé la voile, le bâtiment se met sur le côté, & dans cette situation court, ou plutôt vole avec une rapidité qui n'a point sa pareille.

Il faut que les Anglois ayent trouvé une grande quantité de cedres dans ce païs-là, vû le prodigieux nombre de bâtimens qu'ils en ont construit, & qu'ils construisent tous les jours. Peut-être que plus sages, & plus menagers que les François, ils ont eu soin de cultiver ces arbres, & d'en planter de nouveaux à mesure qu'ils ont abbattu les vieux. Si on avoit fait cela dans nos Isles, nous n'en manquerions pas aujourd'hui comme nous en manquons; mais c'est tenter l'impossible que de vouloir inspirer de la prévoyance à nos François Ameriquains. Ces arbres, comme je l'ai dit ailleurs, croissent trés-promptement, &

en moins de 20. ans on en peut tirer des planches de plus d'un pied de large.

Nous perdîmes de vûë ces Isles sur le soir du même jour 26. Aoust.

Depuis ce jour jusqu'au 19. Septembre il ne nous arriva rien qui merite d'être écrit. Nous eûmes presque toûjours la Mer belle, mais les vents étoient foibles, variables, souvent contraires, & encore plus souvent nous nous trouvions dans des calmes ennuyeux, pendant lesquels les courans nous faisoient dériver & perdre tout ce que la bonne conduite de nôtre Capitaine & de ses Pilotes nous avoient fait gagner. On employoit ce tems à pêcher, & les soirées aprés la Priere à faire danser nos Matelots. On peut croire qu'étant tous Provençaux ils n'avoient pas oublié le fiffre, & le tambourin. On sçait que la même personne se sert de ces deux instrumens tout à la fois, elle a le tambourin attaché au côté gauche, & le bas de la main droite, & elle tient le fiffre de la gauche, & lui donne les tons de la même main. Il ne faut pas prier les Provençaux pour les faire danser; dès qu'ils entendoient le tambourin, tout le monde étoit sur le pont; je croi que le son de cet instrument eut gueri nos ma-

Les Provençaux aiment la danse.

lades si nous en eussions eu. Pendant que les uns dansoient, les autres voltigeoient, & nous avions des Mousses & des jeunes Matelots qui en auroient donné à garder aux plus celebres danseurs de Corde.

Les trois vaisseaux qui composoient nôtre petite Escadre étoient bons voiliers. La Fregate la Paix étoit au commencement toûjours de l'avant des autres, & le Comte de Toulouse sembloit ne pas marcher si bien que les deux Provençaux ; mais soit qu'il eut enfin trouvé son assiette, soit que nous eussions perdu la nôtre, il nous devança pendant un fort long-tems.

Remarque sur les vaisseaux.

J'ai remarqué que les vaisseaux construits en Provence, sont pour l'ordinaire plus fins de voiles, que ceux qui sont bâtis en Ponent. Cela peut venir autant de la construction, que du bois que l'on y employe qui est toûjours plus sec que celui du Ponent, & que l'on épargne davantage. Mais cet avantage est balancé par un inconvenient considerable, qui est que ces bâtimens perdent aisément leur assiette, & qu'il ne faut souvent qu'une barique d'eau plus d'un côté que d'un autre pour les empêcher de marcher. Il est constant que le Comte de

Touloufe qui avoit été conftruit en Hollande marchoit plus uniment, & portoit mieux la voile que les Provençaux, qui à leur tour doubloient prefque fon fillage quand ils fe trouvoient en affiette.

Le Lundi 19. Septembre nous nous trouvâmes à fi peu de diftance des Ifles de Flores & Corvo, que je ne fçai ce qui feroit arrivé fi nous avions eu encore deux ou trois heures de nuit. Les courans, refource ordinaire des Pilotes, furent accufez de nous avoir voulu joüer un mauvais tour. On y remedia fur le champ, nous portâmes à l'Eft-Sud-Eft, & laifsâmes ces petites Ifles à bas bord. Elles font du nombre des huit ou neuf aufquelles on a donné les noms d'Açores, d'Efores, de Terceres, ou Ifles Flamandes. Le premier leur a été impofé par les Portugais qui les découvrirent en 1449. & qui y trouverent une prodigieufe quantité d'Eperviers. Les François fe fervent du fecond pour la commodité de la prononciation qui ne fouffre point les manieres gutturales dont les Portugais fe fervent. Quelques gens ont crû devoir donner à toutes ces Ifles le nom de la principale, qui eft la Tercere ou la Terciera ; & enfin les Flamans les ayant découvertes à peu prés

Les Ifles Eforres ou Terceres.

dans le même tems que les Portugais, les nommerent les Isles Flamandes, peut-être pour se conserver quelque droit sur elles. Les Geographes en ont fait present à l'Afrique. Elles sont situées entre le 38. & le 40. dégré de latitude Septentrionale.

Le Mardi 20. nous étions sur les neuf heures du matin à deux lieuës ou environ de la Tercere, que nous laissâmes à bas bord. Nous faisions petites voiles pour donner envie à quelque bon Portugais de nous venir reconnoître. Il ne seroit assurement pas sorti de nos mains sans nous donner du vin & des confitures; mais il furent plus sages que nous ne les croyions, & nous laisserent considerer leur Ville sans nous rien dire. Elle est couverte au Sud & Sud-Est par un gros cap rond, qui paroît de loin comme un Islet, sur lequel il nous parut beaucoup de fortifications. La Ville nous sembla grande, bâtie en amphiteâtre avec un Château sur la hauteur.

Le Mercredi 21. nous dépassâmes Sainte Marie que nous laissâmes encore à bas bord, toûjours contrariez par les vents qui nous empêchoient de porter à route.

Le lendemain nous vîmes un vaisseau environ à quatre lieuës au vent à nous,

Chemin

Chemin faisant nous lui donnâmes la chasse jusqu'à la nuit, qu'il fit fausse route, & s'échappa, & fit bien.

Le 30. nous vîmes Madere, les Calmes & les courans nous y avoient porté. Nous fûmes rendre visite à Messieurs Boyer & Casineri, qui nous regalerent de leur mieux, & le lendemain premier jour d'Octobre ils vinrent dîner à nôtre bord. Peu s'en fallut qu'on ne prit la résolution d'aller piller la petite Isle de Porto-Sancto qui est voisine de Madere, & aussi de la dépendance de la Couronne de Portugal : ces deux Isles furent découvertes par les Portugais en 1420. qui appellerent la plus considerable Madera, à cause de la quantité d'arbres dont elle étoit couverte. Ce fut un bonheur pour ces pauvres Portugais, & pour nous que Monsieur Maurellet s'opposa au dessein que l'on avoit de leur aller rendre visite ; car nous aprîmes étant à Cadix qu'un Corsaire François les avoit pillé depuis peu, de sorte que nôtre descente n'auroit servi qu'à les ruiner entierement sans nous apporter aucun profit.

Vûë 'e Madere.

Les vents contraires nous retinrent dans ce parage jusqu'au 4. Octobre, & s'ils avoient continué encore vingt-quatre heures, la résolution étoit prise de nous aller rafraîchir chez nos amis les Espagnols des Canaries, parce que l'eau commençoit à diminuer beaucoup dans nos vaisseaux, quoique nous eussions les autres provisions de bouche en abondance. Mais les vents étant venus un peu de l'arriere, nous portâmes sur la côte d'Afrique, afin de profiter des brises de terre qui soufflent la nuit, si les calmes du jour, & les courans continuoient à nous persecuter.

Nous vîmes la terre d'Afrique le 5. Octobre, & le 6. au point du jour nous découvrîmes un petit vaisseau à trois lieuës ou environ au vent à nous. Nous continuâmes nôtre route qui étoit aussi la sienne sans le craindre ; au contraire le prenant pour un Saltin nous comptions de le prendre, si nous le pouvions joindre, & le vendre avec son équipage à Cadix. Il s'aprocha à la fin de nous sans quitter l'avantage du vent qu'il avoit sur nous, il élongea sa sivadiere le long de son beaupré, comme un Corsaire qui veut venir à l'abordage ; mais quand il vit que nous nous partagions pour l'enfermer entre nous trois, il força de voiles & gagna de l'avant. Le Saint Paul qui s'en trouva le plus proche, força aussi de voiles pour le joindre, &

Ils donnent la chasse à un vaisseau.

nous n'en étions plus qu'à la demie portée du canon que nous allions faire joüer, lorsque nous démâtames de nôtre petit Hunier qui fit tomber à la Mer trois de nos hommes. Il fallut arriver pour repêcher nos gens, & pour nous r'ajuster. Le vaisseau que nous chassions arriva aussi-tôt sur nous, & nos deux conserves sçachant bien que nous étions en état de le recevoir, malgré cet accident, continuerent à lui gagner le vent, afin qu'il ne pût plus s'en dédire. Il vit bien l'embaras où il s'alloit jetter, s'il continuoit à porter sur nous, c'est pourquoi il vira le bord, & gagna au vent pour conserver son avantage; & comme il étoit trés bon voilier, peu chargé & net, il gagna de l'avant, & nous laissa derriere. Il fut tout le reste du jour & la nuit suivante à une lieuë au vent à nous.

Le sept nous chassâmes sur lui toute la journée, parce qu'il faisoit route au détroit comme nous, ce qui nous persuadoit encore davantage que c'étoit un Saltin, & nous donnoit plus d'envie de le joindre.

Ces Corsaires n'avoient alors que trois vaisseaux, dont le plus gros ne portoit que 24. canons. Il est vrai qu'ils sont chargez de monde, & quelquefois à craindre dans un abordage; mais on a

Y ij

bien-tôt ralenti leur fureur, quand en les approchant on fait joüer le canon à cartouche, soutenu par une bonne mousqueterie, & accompagné de grenades, & de quelques pots à feu. C'est alors qu'on voit la Mauraille se précipiter dans leurs écoutilles, & s'abandonner à la discretion de ceux qui les chauffent si rudement. Il faut pourtant en agir prudemment avec eux, & ne pas s'en approcher assez prés, pour s'exposer à être brûlé, s'il leur prenoit fantaisie de mettre le feu à leurs poudres, comme les Renegats sont accoutumez de faire. Il vaut mieux les desemparer à coups de canon, & risquer plutôt de les couler bas ; car quand ils sentent que l'eau les gagne, ils se rendent, & on les fait venir à bord. Nous perdîmes pendant la nuit nôtre prétendu Saltin.

Le 8. nous nous trouvâmes devant le détroit ; mais le vent étoit si fort, & si contraire, & la Mer si grosse, qu'il nous fut impossible d'y entrer. Tout le monde sçait ou doit sçavoir que le détroit de Gibraltar est situé entre l'Europe & l'Afrique Est & Ouest, & qu'il n'y a que ces deux vents-là qui y regnent. Quand ils sont foibles & assurez, on y peut entrer à bordées, dans toute autre disposition il n'y faut pas songer. Tanger est ruiné, & entre les mains des Maures, & Gibraltar étoit aux Anglois ; de sorte qu'après avoir soutenu toute la journée, & une partie de la nuit, pour attendre quelque changement de vent, nous résolûmes d'entrer à Cadix. Nous perdîmes pendant la nuit du 8. au 9. nos deux conserves. La brune épaisse qu'il faisoit nous empêcha de voir leurs feux.

Le 9. sur le soir nous moüillâmes devant Rota, c'est un Bourg ou petite Ville, avec quelques batteries fermées, à l'entrée de la baye de Cadix.

Nous levâmes l'ancre le dix au point du jour, nous entrâmes dans la Baye de Cadix, & moüillâmes devant la Ville environ à trois cent pas de terre sur les neuf heures du matin le 64. jour depuis que j'étois embarqué. Le Comte de Toulouse, & la Paix avoient été plus hardis que nous, & étoient entrez pendant la nuit. Nous nous trouvâmes moüillez à côté d'eux, & du bâtiment que nous avions chassé, le prenant pour un Saltin. Il étoit commandé par le sieur de l'Aigle qui s'est rendu depuis ce tems-là si fameux par ses prises, & par les belles actions qu'il a fait dans la Mediteranée pendant la derniere guerre. Son vaisseau étoit très-fin de voiles, mais il n'avoit que 14. canons, & environ soixante hommes d'équipage. Il trafiquoit aux Canaries, & faisoit la course en même tems quand il trouvoit l'occasion favorable. Il vint à nôtre bord, & nous dit qu'il nous avoit pris pour des Anglois, & que son dessein étoit d'aborder celui de nous trois qui se seroit séparé des deux autres en lui donnant la chasse. Je croi cependant qu'il y auroit pensé plus d'une fois, à moins qu'il n'eût trouvé le vaisseau de Casineri fort éloigné de nous. Car pour le Comte de Toulouse & le S. Paul, ce n'étoit pas du gibier pour lui.

Il y avoit encore assez près de nous un gros vaisseau de Marseille de 50. canons qui appartenoit en partie à Monsieur de la Touche de la Martinique. Le sieur de la Magdelaine, Lieutenant de vaisseau du Roi l'avoit commandé, & étoit mort en Amerique. Ce vaisseau venoit de Cartagene des Indes, & étoit chargé de quantité de Cacao de Caraque, de Cochenille, de Vanille, & autres marchandises du païs, sans compter beaucoup d'or & d'argent en Saumons, & en especes. On ne peut croire jusqu'où alloient les plaintes & les murmures des Espagnols à cause de ce commerce. Dès qu'ils fçûrent que nos trois vaisseaux avoient du Cacao, ils conclurent qu'ils venoient des côtes de la nouvelle Espagne, & les plus moderez difoient qu'il falloit nous confifquer, parce que nous les ruinions par le trafic que nous faifions fur leurs côtes, & nous chaffer une bonne fois des Ifles que nous occupions. Quoique nous fuffions alors dans une fituation fort délicate, parce que les Alliez étoient près de s'emparer de Barcelonne, & du refte de la Catalogne, & de pouffer leurs conquêtes bien loin, nous ne laiffions pas de nous mocquer de leurs menaces, fçachant bien que toutes les forces de la Monarchie Efpagnole n'étoient pas capables de nous chaffer de la Martinique.

Dès que nous eûmes moüillé il vint à bord un canot portant le pavillon d'Efpagne. Un Officier affez mal bâti, & encore plus mal vêtu qui étoit dedans, nous fit défenfes de mettre perfonne à terre avant que les Medecins de la Ville & les Officiers de la Santé euffent vifité le vaiffeau. Comme il vit que tout le monde paroiffoit plein de fanté, il dit qu'il alloit les preffer de venir, afin que nous euffions au plutôt l'entrée libre. On lui donna quelques réalles pour le faire fouvenir de fa parole.

1705. Il vint ensuite un autre Officier nous faire défenses de trafiquer, & de vendre aucunes de nos marchandises, sous peine de confiscation. Il laissa quatre hommes dans de petits bateaux pour nous observer, & empêcher que nous ne fissions quelque contrebande. Deux de ces espions s'allerent établir sur les bouées de nos ancres, on les en fit déloger; ils murmurerent de nôtre peu d'honnêteté, & nous menacerent, mais on eut bientôt trouvé moyen de les rendre traitable, & chacun y trouva son compte.

Les pêcheurs & autres gens qui ont accoutumé de venir au devant des bâtimens qui arrivent, ne manquerent pas de nous apporter de leurs denrées ; car les Espagnols supposent que les vaisseaux qui viennent d'un voyage de long cours, sont dépourvûs de toutes choses ; ils étoient dans la derniere surprise lorsqu'ils voyoient nos cages pleines de toutes sortes de volailles avec des moutons, des cochons & des cabrittes sur le pont en assez grand nombre pour faire encore une fois le voyage de l'Amerique. Il est vrai que tous les vaisseaux ne sont pas si bien pourvûs que le nôtre l'étoit ; car Monsieur Maurellet, sa niéce & moi avions embarqué tant de provisions, qu'on fut contraint de renvoyer des volailles à terre, parce qu'on n'avoit plus de place pour les mettre, quoique nos volailles d'Inde fuſſent en partie dans la chaloupe & en partie amarrées ſur le pont avec nos canards qui l'avoient tout entier pour ſe promener ; de ſorte qu'après la grande chere que nous avions fait pendant ſoixante-trois jours de traverſée, les repas que nous avions donnez aux Officiers, & paſſagers des deux autres vaiſſeaux quand ils étoient venus chez nous, il n'étoit pas extraordinaire qu'il nous en reſta une auſſi grande quantité. Nous n'achetâmes donc de Meſſieurs les Eſpagnols que des fruits, des pêches, des pommes & des poires, & ſurtout du raiſin excellent, dont nôtre Damoiſelle Creolle mangeoit une ſi grande quantité, malgré tout ce que ſon oncle lui pouvoit dire, qu'il étoit fort à craindre qu'elle ne tombât malade.

Nous dinâmes de bonne heure, en attendant les Medecins ; ils vinrent ſur les deux heures au nombre de deux avec un Chirurgien & deux Officiers de la Ville. Ils nous firent des excuſes de n'être pas venus plutôt nous donner l'entrée, ils nous dirent qu'on uſoit de cette précaution depuis quelque tems, à cauſe d'un vaiſſeau qui étoit venu des

Isles de l'Amerique, & qui en avoit apporté une maladie contagieuse. Ils n'avoient pas tout le tort; c'étoit en effet la maladie de Siam qui avoit fait assez de ravages chez nous, pour ne pas souhaiter qu'elle s'allât répandre chez nos amis. On leur donna le rôle de l'équipage que l'on fit monter sur le pont, & ils trouverent que nous joüissions tous d'une santé parfaite par la misericorde de Dieu.

On leur fit servir une collation magnifique de confitures des Isles; nôtre Damoiselle en faisoit les honneurs avec cette politesse & cet enjoüement qui est naturel à nos Creolles. Messieurs les Medecins en furent enchantez, & en sa consideration ils refuserent genereusement ce qu'on leur presenta pour leurs droits de visite. On les saluä de cinq coups de canon lorsqu'ils s'en retournerent. Je mis à terre sur les cinq heures du soir le dixiéme octobre mil sept cent cinq, & c'est où je finirai mes Memoires de l'Amerique qui pourront être suivis de ceux de l'Espagne & de l'Italie, si Dieu me donne assez de santé pour mettre en ordre mon journal, & les remarques que j'ai fait dans ces païs.

Fin de la sixiéme Partie.

TABLE DES MATIERES
contenuës dans la sixiéme Partie.

A

ACAJOU. Arbre fruitier. Sa description, celle de son fruit, & ses usages, Page 109
Acajou ou Cédre. Arbre excellent pour la Charpente, la Menuiserie & autres ouvrages, 304
Affiliation de quelques Religieux au corps des Missions. Ce que c'est & l'utilité qu'on en auroit retirée, 331
Afrique. Vûë de la côte d'Afrique, 506
Agneau de Moscovie, espece de Citroüille. Sa production; 289
Ajustemens extraordinaires des Flibustiers, 371
Allarme à la Martinique, causée par une Flotte Angloise, 353
Anglois. Ils assemblent leur Flotte à l'Isle de Marie-galante, pour venir attaquer celle de la Guadeloupe, 117. Ils tentent une descente aux Saintes, & sont repoussez, 143. L'état de leur Flotte, *ibidem.* Ils s'approchent du Baillif, & sont canonez, 145. Ils brûlent l'Eglise & la Maison Curiale de Goyaves, & y perdent du monde, 152. Ils font leur descente, 163. Leur perte dans cette action, 170. Ils s'emparent du Bourg, 188. Ils battent le Cavalier & le Fort, 200. Ils sont bat-

TABLE

tus, & perdent bien du monde en un combat près de la Riviere des Gallions, 216. Ils canonent sans succès les retranchemens du bord de la Mer, 239. Ils entrent dans le Fort abandonné, 239. Ils vont au Poste des trois Rivieres, & n'osent l'attaquer, 258. Ils descendent à la pointe du vieux Fort, brûlent la Chapelle, & sont battus, 259. Autre rencontre où ils perdent bien du monde, 264. Ils sont encore battus dans une course qu'ils font pour avoir des vivres, 274. Ils brûlent une partie du Bourg, 275. Ils achevent de le brûler, & s'embarquent, 277. Dommage qu'ils ont causé dans l'Isle & pertes qu'ils ont fait, 280

Arnouville. Fief de ce nom à la Guadeloupe. Sa situation, 300

Atolle. Lait de Mahis. Sa composition, & son usage, 66

Avantages que l'usage & la consommation du Chocolat peut produire au Roy & au Royaume, 88

Auger. Gouverneur de la Guadeloupe. Son Histoire, 131

Il est nommé Gouverneur de S. Domingue, 314

L'Auteur est chargé du temporel de la Mission de la Martinique, 317

L'Auteur fait achever leur Maison à la

DES MATIERES.

Martinique, & est nommé Superieur de cette Mission, 348

L'Auteur fait faire les Pâques aux habitans de l'Isle S. Martin, 452

L'Auteur arrive à la Guadeloupe après un voyage de cinquante-deux jours, pour faire trente lieuës, 463

L'Auteur part de la Martinique, & passe en France pour les affaires de la Mission. Etat de la Flotte sur laquelle il étoit embarqué, 490

B

BAgues d'or à Charnicors, faites à la Barbade, 364

Balaou, Poisson de Mer. Sa description, sa pêche, & sa bonté, 481

Bâtons charmez dont les Négres se servent, 329

Baume à Cochon, d'où il vient, comment on l'a découvert, ses vertus. Remarques de l'Auteur sur l'usage & l'application des baumes, 310

Bedarides (le P. Jacques) est nommé Superieur General des Missions des Jacobins, 315

Benjamin d'Acosta, Juif. Il a été le premier qui a cultivé le Cacao à la Martinique, vers l'année 1664. 6

Beure de Cacao. Sa composition, son usage & ses proprietez, 91

Bois de Merde. Arbre. Sa descript. 307.

TABLE

Bois-fermé. Gouverneur de Marie-Galante, 247

Boisson Angloise, appellée Salibole. Sa composition, 71

Bonite ou Germon. Poisson de Mer. Sa description, 402

Bouchu, habitant de la Guadeloupe, livré aux Anglois par ses Négres, 272

Binois, Ingenieur. Son arrivée à la Guadeloupe est cause d'un different entre le Gouverneur & l'Auteur, 123

C

Cacaoier ou Cacaotier. Arbre qui porte le Cacao, 3. Lieux où il croît naturellement, 4. Description de l'Arbre, 7. De ses Fleurs, 9. De ses Fruits, 11. De ses Cosses & de ses Amandes, 13. Différence de celui des Isles & de celui de Caraque, 15. Terrain propre pour une Cacaoyere, 16. Etenduë qu'elle peut avoir, 20. Maniere de planter les Arbres, 21. Raison de la distance qu'il faut laisser entre les Arbres, 22. Maniere de couvrir les jeunes Arbres, 28. Production de l'Amande, 30. Accidens qui arrivent aux Arbres, 32. Maturité du Cacao, & comment on le doit ceüillir, 35. Maniere de le faire fermenter ou ressuyer, 37. De le faire sécher, 39. Produit ordinaire d'un Cacaoyer,

DES MATIERES.

40. Entretien nécessaire aux Cacaoyers,
42. Revenu d'une Cacaoyere, 44
Cacao. Sa nature & ses propriétez, 45
Si le Cacao de Caraque est meilleur que celui des Isles, 50. Les Espagnols y mettent peu de difference, 52
Cacao confit. Maniere de le faire, 94
Cadis. Isle & Ville de ce nom, où l'Auteur débarque, 509
Caiche. Bâtimens de charge. Sa description, 367
Caïlus. Ingenieur General des Isles de l'Amérique; Auteur de l'Histoire naturelle du Cacao, 1
Campemens des François, après qu'ils eurent abandonné le Bourg de la Guadeloupe, 184
Canon. Observation sur le bruit & le feu du Canon, 260
Canot. Anglois pris, 457
Carangue, Poisson. Sa description, 405
Casque, espece de Limaçon de Mer. Sa description, 417
Chaux faite avec des Coquillages, est excellente, 413
Chocolat. Sa préparation & ses qualitez, 54 & 65
Chocolat à l'Espagnole & à l'Italienne. Leur composition, 63
Chocolat à la Capucine, 72
Chocolat à la Romaine, ibid.

TABLE

Chocolat à l'eau-de-vie de Cognac, 73
Chocolat d'une très-petite dépense, 78
Chocolat fait dans la perfection, 74
Chocolat aux noix d'Acajou, 95
Chocolat à la maniere des Isles Françoises, 63
Chocolatieres. Vaisseaux dont on se sert pour faire le Chocolat, 67
Chesne verd. Arbre. Sa description, 314
Chirurgien de l'Isle de S. Martin, qui étoit en même tems Curé, Gouverneur & Juge, 449
Cipre. Ciprès ou bois de Roze, Arbre. Sa description, & son usage, 351
Cloche. Lieutenant d'une Compagnie, détachée de la Marine à la Guadelope, 136.
Clusius. Sa description des Macreuses, 295
Combat opiniâtré & très-vif entre les François & les Anglois, 209
Conference de l'Auteur avec un Capitaine Protestant, au sujet des Diables & des Macreuses, 284
Contre-tems qui favorise la descente des Anglois à la Guadeloupe, 162

D

D'Angers où se trouve l'Auteur à la descente des Anglois à la Guadeloupe, 165. 168
Danger où l'Auteur se trouva étant à la chasse, 423

DES MATIERES.

Danger où se trouverent deux Pêcheurs, 477.

Description du Cacoyer, selon Gemelli Careri, 80

Destinée de deux Figures de Saints qui étoient dans l'Eglise des Jesuites à la Guadeloupe, 180

De Wert. Pilotte Hollandois. Son voïage par le Nord, pour chercher le chemin de la Chine, 296

Distribution des Troupes Françoises le long de la côte de la Guadeloupe, 160

Autre distribution des mêmes Troupes après qu'on eût abandonné le Fort, 248

Domonville, neveu de M. Auger, blessé d'un Boulet de Canon, 227

Du Chatel (Tannegui.) Son portrait & sa famille, 137

E

Erreur des François de la Guadeloupe, touchant les balles de Mousquet, 228

Espadon ou Pesce-Spada, Poisson de Mer. Sa description, 469

Etat des Troupes Françoises à la Guadeloupe en 1703. 127

Etat des Troupes Angloises, 178

F

Flamans, Oyseaux Leur description, 383.

Fou. Oyseau. Sa description, 400

TABLE

Fort de la Guadeloupe abandonné mal à propos & fans néceſſité, 240
Fregates. Oyſeaux. Leur deſcription, 393.
Graiſſe de Fregatte. Sa propriété, 398

G

Gabaret, Gouverneur de la Martinique, 203. Il conduit du ſecours à la Guadeloupe, attaquée par les Anglois, & fait bien des fautes, 207. Il veut abandonner le Fort, & en eſt empêché, 221. Il l'abandonne enfin ſans néceſſité, 229. Il abandonne un autre poſte qui met l'Iſle en danger d'être priſe, 245. Il ſe retire vers la cabeſterne, & puis il revient, 260. Il empêche une ſortie qu'on avoit reſolu, pour chaſſer les Anglois, dont une partie étoit déja embarquée, 275
Gomme d'Acajou. Son uſage, 309
Grand Goſier. Eſpece de Pelican. Oyſeau. Sa deſcription, 387
Uſage & beauté de leurs blagues, 392

H

Habitans de la grande terre de la Guadeloupe, refuſent dabord de ſe joindre au reſte de la Colonie, 122
Horloges & meſures itineraires des petits habitans de S. Domingue & de la Martinique, 85

DES MATIERES.

Hoüel (M. de Varennes.) 191

I

Isle à Crabes ou Boriquen. Sa situation, son étenduë, sa beauté, sa fertilité, 419.

Isles d'Aves ou des Oyseaux. Description de ces Isles désertes, 373

Isle de S. Martin. Description & Histoire de cette Isle & des deux Nations qui l'habitent, 442

Isle de S. Barthelemi, 456

Isle de la Barboude, prise & pillée par les Flibustiers, 459

Isles Terceres ou Esorres, 503

L

La Malmaison, Lieutenant du Roy, puis Gouverneur de la Guadeloupe, 135.

Lambert, Capitaine de Flibustiers, 485

Lambis. Espece de Limaçon de Mer. Sa description. Usage qu'on en fait & la maniere de l'apprêter, 411

La Rosa (le Marquis de ***) Vice-Amiral des Gallions d'Espagne, 53

La Roche-Guyon, Capitaine d'une Compagnie détachée de la Marine.

Le Févre, Capitaine des Enfans perdus de la Guadeloupe. Ses belles actions & sa mort, 193. & suiv.

Le Roy de la Poterie, Ayde Major de la Guadeloupe. Son Portrait & son His-

toire, 139
Ligne de fond. Maniere de s'en servir pour la pêche, 470

M

Machault, Capitaine de Vaisseau, & Gouverneur General des Isles de l'Amerique, 192. 217. 318
Macreuses. Dissertation sur leur origine & sur leurs qualitez, 288
Madere. Isle aux Portugais, 505
Maladie extraordinaire à la Martinique sur les Bestiaux, & puis sur les Négres, 339.
Maisoncelle, Capitaine d'une Compagnie détachée de la Marine, 137. 267
Maniere de travailler le Chocolat sur la pierre, 60
Masson, très-habile Chirurgien de la Guadeloupe, 343
Matelots Provençaux, aimant la danse & le beau-tems, 501
Maître d'Ecole de l'Isle S. Martin, 451
Maurecour, Habitant de la Martinique, très-grand mangeur, 413
Merville, Gentilhomme de la Paroisse de Ste Marie, à la Mart. sur les terres duquel on a trouvé des Cacaoyers naturels d'une très-grande beauté, 6
Miroir concave, dont les Anglois se servoient pour découvrir les embuscades, 212.

DES MATIERES.

Monbin. Espece de Prunier. Sa description, 312

Moyen de trouver de l'eau douce au bord de la Mer, 375

Moyen d'empêcher la viande de se corrompre, 423

Moulinet à Chocolat, 68

Mouton en robe de Chambre, 381

N

NEgotiateur Anglois tué par les Négres qu'il vouloit surprendre, 195

Négres obsedez par le Diable. Remede à ce mal, 328

Négres. Leur dévotion pour le pain beni & l'eau benie, 330

Négre. Excellent pêcheur, 471

Négresse Françoise, à qui l'Auteur procure la liberté, 433

P

PAille-en-cul, ou Oyseau de Tropique. Sa description, 399

Paneston ou la grosse Vierge. Isle Angloise à la tête des Vierges, 438

Particulier. Cochon. Maron ou Sanglier, ainsi appellé, 429

Perroquet de Mer. Poisson. Sa description & sa bonté, 409

Pierres à Chocolat, leur matiere & figure, & la maniere de s'en servir, 58

Pirogue envoyé par M. Auger, pour observer la Flote Angloise, 118

Pomet, Marchand Droguiste. Son erreur touchant le Cacao, 12
Précaution pour ne pas manquer de vivres, 269
Prise d'une Barque Angloise, 366
Prise d'une Caiche Angloise, 369
Prise d'un Vaisseau Anglois, 339
Prise d'un autre Vaisseau Anglois, 460
Poisson rouge. Sa description, 474
Procès qu'eurent les Jacobins contre des particuliers, qui s'étoient emparez de leurs terres, 336
Projet d'une entreprise sur la baterie des Anglois qui ne fut point executé, 206
Protestation du Lieutenant du Roy de la Guadeloupe, contre le Lieutenant General, 238
Ptisanne de la Guadeloupe. Sa composition & ses effets, 344

R

Raby, Lieutenant de Milice, envoyé pour reconnoître la Fl. Angl. 118
Raphaël (le Pere) Capucin. Accident qui lui arrive pour avoir mangé d'une vielle, 476
Rapport d'un Transfuge Anglois, dont on ne profita pas, 158
Raye prodigieuse, pêchée à la Guadeloupe, en 1705. 465
Remarque sur le Canon, tiré des Vaisseaux, 173

Remarques avantageuses pour le progrès
 des Arts & des Sciences, 415
Remarques sur les Vaisseaux bâtis en Po-
 nant & en Provence, 502
Riviere du Lézard à la Guadeloupe, 301
Rochefort, Conseiller au Conseil Souverain de la Guadeloupe, 299
Roziers ordinaires. Maniere de les faire
 porter des fleurs toute l'année, 352

S

SAnson, Maître de la Barque, l'Aven-
 turiere, blessé de deux coups, 216
Secours qui arrive de la Martinique à la
 Guadeloupe, attaqué par les Angl. 202
Senne. Filet pour la pêche. Sa descri-
 ption, 467
Serpent Marin pris aux Isles d'Aves.
 Sa description, 408
Signier, Prêtre. Son Histoire, 319
Souffleurs, Poissons de Mer qui échoüent
 quelquefois sur les côtes des Isles, 483

T

TAsses pour prendre le Chocolat.
 Leurs differentes matieres, formes
 & grandeurs tant à l'Amerique qu'en
 Europe, 83
Tempête qui porte la Barque où étoit
 l'Auteur aux Isles d'Aves, 359
Traîne. Maniere de pêcher aux Isles de
 l'Amérique, 479
Trompette de Mer. Espece de Limaçon

TABLE DES MATIERES.

long. Sa description & ses usages, 417

V

Vaisseau Anglois échoüé aux Isles d'Aves, pris par les Flibustiers, 361.

Vaisseau François auquel on donne la chasse, le prenant pour un Saltin, 506

Vambel, Directeur du comptoir de saint Thomas. Son procès avec les Anglois, 431.

Vanille. Plante & fruit de ce nom, 96. Lieux où elle se trouve, 98. Culture de cette Plante par l'Auteur, 100

Vanille naturelle ou sauvage, trouvée à la Martinique par l'Auteur, 103. Sa description & ses qualitez, 105. Fausse & véritable préparation de la Vanille, 106.

Vermudes ou Bermudes, Isles. Leur situation & leur Histoire abregée, 494

Vielle, Poisson de Mer, approchant de la Moruë. Sa description & sa pêche, 474.

Voyage de l'Auteur de la Martinique à la Guadeloupe, & les differentes avantures qu'il eut, 358

Fin de la Table.

www.ingramcontent.com/pod-product-compliance
Lightning Source LLC
Chambersburg PA
CBHW071413230426
43669CB00010B/1538